江苏省职业教育"十四五"规划教材

职业教育经济管理类新形态系列教材

人力资源管理

（附微课 第4版）

Renli Ziyuan Guanli

U0722481

ZHIYE JIAOYU JINGJIGUANLILEI XINXINGTAI XILIE JIAOCAI

吴少华 ◎ 主编

人民邮电出版社
北 京

图书在版编目（CIP）数据

人力资源管理：附微课 / 吴少华主编. -- 4 版.
北京 ：人民邮电出版社，2025. --（职业教育经济管理
类新形态系列教材）. -- ISBN 978-7-115-65938-5

Ⅰ. F243
中国国家版本馆 CIP 数据核字第 20252BF160 号

内 容 提 要

　　本书共九章，包括绪论、人力资源规划、工作分析与工作设计、人员招聘、员工培训、职业生涯管理、绩效考核、薪酬管理、劳动关系管理等内容，各章按学习目标、引言、正文、本章小结、练习题、综合实训的顺序展开。正文中穿插案例阅读与分析、实战演练、思考与讨论等多种类型的课堂互动教学素材和以二维码链接的微课视频、专业文章等拓展性学习内容，重点内容以波浪线标示。

　　与本书配套的教学和学习资料有课程标准、电子教案、电子课件、视频与文本案例、实训资料、练习题答案、补充习题及答案、模拟试卷及答案等（部分资料仅限用书老师下载），索取方式参见"更新勘误表和配套资料索取示意图"。

　　本书为职业院校经管类专业教科书，也可作为企事业单位管理者及人力资源管理爱好者的读物。

◆ 主　　编　吴少华
　　责任编辑　万国清
　　责任印制　胡　南

◆ 人民邮电出版社出版发行　　北京市丰台区成寿寺路 11 号
　　邮编　100164　 电子邮件　315@ptpress.com.cn
　　网址　https://www.ptpress.com.cn
　　三河市君旺印务有限公司印刷

◆ 开本：787×1092　1/16
　　印张：12.75　　　　　　　　　　　2025 年 1 月第 4 版
　　字数：308 千字　　　　　　　　　 2025 年 1 月河北第 1 次印刷

定价：49.80 元

读者服务热线：(010)81055256　 印装质量热线：(010)81055316
反盗版热线：(010)81055315
广告经营许可证：京东市监广登字 20170147 号

第 4 版前言

本书在借鉴和引用国内外大量人力资源管理研究成果的基础上，结合我国实际，对人力资源管理的基本原理、方法及应用进行了较为详细的阐述。全书共九章，包括绪论、人力资源规划、工作分析与工作设计、人员招聘、员工培训、职业生涯管理、绩效考核、薪酬管理、劳动关系管理等内容。

本书着眼于组织的实际情况，从职业院校的教学需要出发，充分体现了工学结合的原则。

编者在深入学习党的二十大报告后，以前瞻性、新颖性、实用性和可操作性为原则对本书进行了修订。

（1）根据实际工作需求编排本书的内容。书中部分案例采自企业实践，同时根据多家企业的调研结果对理论内容进行了调整，以使本书内容更加符合企业实际工作需要。

（2）各章内容按照学习目标（知识目标、能力目标、素养目标）、引言、正文、本章小结、练习题（含案例分析）、综合实训的顺序进行编排，并且正文中的重点概念和重点内容用波浪线进行了标示，以便于读者学习和记忆，有助于读者更好地理解人力资源管理理论并尽快掌握人力资源管理实务。

（3）正文内设置了案例阅读与分析、实战演练、思考与讨论等互动性栏目，以提高读者的学习兴趣。

（4）在前3版的基础上，本版以二维码链接了更多微课视频，更新了部分原有微课视频，并且对二维码链接的文本内容进行了大幅度调整，后续将持续更新完善二维码链接的相关内容。

（5）全面更新了配套教学和学习资料，更新后的资料包括课程标准、电子教案、电子课件、视频与文本案例、实训资料、练习题答案、补充习题及答案、模拟试卷及答案等，索取方式参见"更新勘误表和配套资料索取示意图"。

本书由江苏食品药品职业技术学院吴少华任主编，涟水县职业技术教育中心和江苏中央新亚百货股份有限公司提供了部分人力资源管理案例等资料。

在编写本书的过程中，我们借鉴和引用了国内外学者们的大量研究成果，在此向他们表示衷心的感谢！

　　由于编者水平所限，书中不足之处在所难免，恳请各相关院校师生和其他读者朋友在使用本书的过程中给予关注，并将意见和建议及时反馈给我们（联系方式见"更新勘误表和配套资料索取示意图"），以便本书重印、再版时进行修订和完善。

编者

目　录

第一章

绪　论

【学习目标】

知识目标: 掌握人力资源的含义及特点,掌握人力资源管理的含义及功能,了解人力资源管理经典理论,了解人力资源管理的新变化。

能力目标: 具备既考虑组织目标的实现,又考虑员工个人发展的人力资源管理理念。

素养目标: 理解从人力资源管理到战略人力资源管理的原因,培养积极探索、拓宽视野的能力。

【引　言】

无论何时,我们都能听到一些管理者抱怨:"现在的人真难管,尤其是'00 后',说话没大没小,不管工作忙不忙、急不急,下班准点走人……这些人骂不得,打不得,真没法管。"

人难管是实话,但不是现在的人难管,"难管"更不是"00 后"的"专享","70 后""80 后""90 后"都受到过此类评价。

什么都在变,就是人性没有变,大家都不是异类,只是一些管理者管人的思想比较陈旧,同时没有了解和适应新一代年轻人的思想。我们在设计人力资源管理制度时,需要充分利用趋利避害的人性特点,把利益与责任、权力捆绑在一起,把个人利益与组织利益联系起来,把个人荣辱与组织成败联系起来,使责权利一体化,一荣俱荣,一损俱损,这才是好的人力资源管理制度。

人力资源管的不是人,是人性

人为什么会难管呢?有人说,难就难在每个人的思想、性格和志趣都不相同,人难管的根本原因就是管理者老想着去管人。从管理学角度来说,人力资源管理可以理解为合理地分配、运用人力资源,使一个团队或者团体能不断地提高工作效率的管理活动。

通常,人们在一起工作会出现这样的情况:有些人工作很忙,要做较多的事情;而另外一些人无所事事,才能得不到发挥。这样就产生了人力资源浪费。因此,组织可以通过科学的安排和培训来提高另外一些人的工作效率,也就是说利用人力资源管理使 n 个人可以做 $n+1$ 个人或更多人的事(即通常所说的"1+1>2")。人力资源管理是一门科学,它能使组织更有效率。

什么是人力资源?人力资源与其他资源又有何不同?应如何管理人力资源?这些问题就是本书要讨论和回答的,学习本书,会给我们今后的工作带来较大的帮助!

第一节　人力资源管理概述

在经济全球化且市场竞争日益激烈的背景下，组织与组织之间、国家与国家之间的竞争，归根结底是人才的竞争。谁拥有了数量更多、水平更高的人才，谁就将在竞争中处于主导地位。而怎样拥有人才和使用人才成为组织面临的一个非常重要的问题。

在经济学中，资源是指为了创造物质财富而投入生产活动中的一切要素。一般来说，资源包括自然资源（土地、森林、矿藏等资源）、资本资源（资金、厂房、设备等资源）、信息资源（把信息看作一种资源，信息资源具有共享性）、人力资源（把人看作资源）。只有在人的作用下，其他资源才能发挥作用。

微课堂

人力资源管理简介

一、人力资源的含义及特点

人力资源是指人所具有的对价值创造起贡献作用并且能够被组织所利用的体力和脑力的总和。它包含了数量和质量两个概念，它不仅要求具有劳动能力，同时还要求具有健康的、创造性的劳动，能推动社会的发展和人类的进步。

对人力资源概念的界定，各国不尽一致，主要是因为经济活动人口中涉及的起点工作年龄和退休年龄不尽一致，如起点工作年龄为 16 岁或 18 岁；退休年龄为 55 岁或 60 岁，甚至是 65 岁或 70 岁等。当然，从广义的角度来说，只要有工作能力或将会有工作能力的人都可以被视为人力资源，这样可以充分表明人力资源具有潜在的效用和可开发性。实施延迟退休政策之前，我国的劳动年龄为男性 18～60 岁，女性 18～55 岁，这些人即是通常所说的适龄就业人口。从 2025 年 1 月 1 日起，我国同步启动延迟男、女职工的法定退休年龄，将用 15 年时间，逐步将男职工的法定退休年龄从原 60 周岁延迟至 63 周岁，将女职工的法定退休年龄从原 50 周岁、55 周岁分别延长至 55 周岁、58 周岁。

人力资源相对其他资源有以下几个不同的特点。

（1）能动性。能动性是人力资源与其他资源的本质区别。其他资源在被开发的过程中，完全处于被动的地位。人力资源则不同，它在被开发的过程中，有思维与情感，能对自身行为作出抉择，能够主动学习与自主地选择职业。更为重要的是，人力资源能够发挥主观能动性，有目的、有意识地利用其他资源进行生产，推动社会和经济的发展。

（2）资本性。人力资源作为一种经济性资源，具有资本的属性。任何人的能力都不是先天就有的，并且人力资源在使用过程中会有消耗（如劳动者知识和技能的老化）。为了形成劳动能力，人力资源必须接受教育培训和再教育，要对其投入必要的资金和时间。劳动能力形成后，能够在一定的时期内为投资者带来收益。人力资源资本不同于一般资本，它呈现出人力资本收益递增规律。

（3）增值性。在现代社会中，人力资源的智力价值收益率远远超过其他形式资本投资的收益率。一般来说，物力资源只有客观限定的价值，然而人力资源可以通过教育培训及实践经验的积累不断成长，能够被持续不断地开发与利用，而且越是深度开发，人力资源的价值越会成倍地增加。

（4）再生性。可再生资源是指这种资源在被开发和利用后，只要保持必要的条件就可以得到恢复。要实现人力资源的自我补偿、自我更新、持续开发，就要求人力资源的开发与管理注重继续教育，加强对人力资源的培训与开发。

（5）时效性。时效性是指人力资源的形成与作用受其生命周期的限制。作为生物有机体的个人，其生命是有周期的，每个人都要经历幼年期、少年期、青年期、中年期和老年期。其中具有劳动能力的时间是个人生命周期中的一部分，人力资源在各个时期的可利用程度也不相同。无论哪类人，都有其才能发挥的最佳期、最佳年龄段。如果其才能未能在最佳期、最佳年龄段得到充分利用和开发，就会导致人力资源的浪费。

（6）社会性。社会性是指组织中的人不是各自孤立的，个人往往隶属于某一组织并受这一组织的影响。这就要求人力资源管理必须注重个人与团队、组织的关系，努力使个人与团队、组织的关系达到协调的状态。

与人力资源相关的其他概念还有以下几个。

（1）人口资源，是指一个国家或地区所拥有的人口总量，主要表现为人口的数量。人口资源是最基本的底数，劳动力资源、人力资源、人才资源等都来源于这个最基本的资源中。

（2）劳动力资源，是一个国家或地区的劳动力人口的总称，是人口资源中拥有劳动能力的那一部分人，通常是 16～60 岁的人口群体。这一人口群体必须具备从事体力劳动或脑力劳动的能力，它偏重的是数量概念，计算公式为

劳动力资源=适龄劳动人口-劳动年龄内丧失劳动能力的人口+实际参加社会劳动的劳动年龄外的人口

（3）人才资源，是指一个国家或地区中具有较多科学知识、较强劳动技能，在价值创造过程中起关键或重要作用的那部分人。人才资源则主要突出质量概念，是人力资源中较杰出、较优秀的那部分人，表明的是一个国家或地区的人才质量。

（4）天才资源，是指在某一领域具有特殊才华的人，他们在自己的这一领域具有十分独特的创造发明能力，能在这一领域起领先作用，并具有攀登顶峰的能力。

问与答

问：请对上述五个概念进行总结。

答：这五个概念的关注点不同，人口资源、劳动力资源更多的是一种数量概念，而天才资源、人才资源更多的是一种质量概念，人力资源包含了数量和质量两个方面。这五者之间存在着包含关系和一定的比例关系，参见图 1.1。

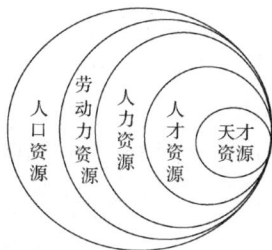

图 1.1　人力资源及相关概念之间的关系

二、人力资源管理的含义

人力资源管理作为一门独立的学科，出现于 20 世纪 60 年代中后期。它可分为宏观管理和微观管理。人力资源的宏观管理是指对社会整体人力资源进行计划、组织、控制，从而达到调整和改善人力资源状况，使之适应社会再生产的要求，保证社会经济的运行和实现社会经济发展的目的。人力资源的微观管理是指通过对企事业组织的人和事的管理，及时处理人与人之间的关系及人与事之间存在的问题，充分发挥人的潜能，并通过对人的各种活动予以计划、组织、指挥和控制，实现组织的目标。宏观管理是在国家或地区的层面上进行的人力资源管理，微观管理是在基层各组织的层面上进行的人力资源管理，人力资源管理一般是指微观管理。本

书对人力资源管理定义如下：人力资源管理是指运用现代化的科学方法，对与一定物力相结合的人进行合理的培训、组织和调配，使人力、物力保持最佳比例，同时对人的思想、心理和行为进行恰当的诱导、控制和协调，充分发挥人的主观能动性，使人尽其才，事得其人，人事相宜，顺利地实现组织目标的管理活动。

三、人力资源管理的内容

人力资源管理包含的内容众多，专家和学者对人力资源管理的研究也各有侧重，综合专家和学者的研究成果，笔者认为人力资源管理通常应包括以下具体内容。

（1）人力资源规划。人力资源规划是指为实现组织的人力资源战略，制订组织的中长期人力资源目标、计划和政策措施而实施的活动，包括对组织的人力资源现状进行分析、对组织未来的人力资源需求进行预测、对组织的人力资源进行控制与评价等活动，以确保组织能获得所需的人力资源。

（2）工作分析与工作设计。在调查分析并获取组织各个工作岗位的性质、责任、工作流程，以及能够胜任各岗位工作的人员的素质、具备的知识和技能等相关信息的基础上，编写出职位说明书和岗位规范等人事管理文件。

（3）人员招聘。根据人力资源规划和工作分析的要求，按照一定的招聘程序和招聘方法，为组织招聘、选拔所需要的人才，并录用和安排其到对应的工作岗位。

（4）人员培训。按照规定的培训流程，采取相应的培训形式与方法，进行培训与评价，以提高员工的知识水平、工作能力和工作绩效，改善员工的工作态度，进一步开发员工的潜能，提高人力资源的贡献率。

（5）职业生涯管理。鼓励和关心员工的个人发展，帮助员工制订个人发展规划，以进一步激发员工的积极性和创造性。

（6）绩效考评与管理。依据员工在一定时间内对组织的贡献和工作中所取得的成绩，对员工进行考核和评价，并及时给予反馈，以提高员工的工作绩效，为员工培训、晋升、计酬等人事决策提供依据。

（7）薪酬福利管理。薪酬福利管理包括对基本工资、绩效工资、奖金、津贴以及福利等薪酬结构的设计与管理，以激励员工更加努力地工作。

（8）劳动关系管理。协调和改善组织与员工之间的劳动关系，充分发挥工会和职工民主管理的作用，正确处理劳动争议和纠纷，保障员工的基本权利，营造和谐的劳动关系和良好的工作氛围，使组织的各项活动得以正常开展。

视野拓展

人力资源管理工作如何开好头

读者可能会有疑问：人力资源管理的八项主要工作应该由业务部门来做，却为什么要由人力资源管理人员来做呢？人力资源管理人员怎样才能做好这些工作？人力资源管理人员和业务部门怎么才能配合好？请扫描二维码了解相关内容。

四、人力资源管理的功能

现代企业人力资源管理主要有以下五种基本功能。

（1）获取功能。获取功能具体包括人力资源规划、招聘、考试、测评、选拔和录用等工作。为了实现企业的战略目标，人力资源管理部门要根据企业的组织结构和战略目标，确定职位说明书与员工素质要求，制订与企业战略目标相适应的人力资源需求与供给计划，并根据人力资源的供需计划开展招聘、考核、选拔、录用与配置等工作。这是进行人力资源管理的第一步。

（2）整合功能。现代企业人力资源管理具有的管理功能包括：通过组织文化、信息沟通，协调员工与企业、员工与员工之间的关系，使员工的个人认知和个人行为同化到组织的理念和规范中去，同时使员工间和睦相处、协调共事，取得群体认同等。整合功能具体包括以下三项子功能：①组织同化，即个人价值观趋同于组织理念，个人行为服从于组织规范，使员工对组织有认同感并产生归属感；②促进群体中人际关系和谐，以及人与组织之间的相互沟通；③矛盾冲突的调解与化解。

（3）保持功能。通过薪酬设计、考核、晋升等一系列管理活动，保持员工的积极性、主动性、创造性，维护员工的合法权益，保证员工具有安全、舒适的工作环境，以增强员工满意感，使员工能够安心工作。保持功能主要体现在：设计科学合理的绩效考核和薪酬制度，对员工工作绩效进行公正、公开考评，并给予公平合理的工资、奖励和福利。

（4）评价功能。评价是指对员工的工作成果、劳动态度、技能水平以及其他方面作出较全面的考核、鉴定和评估，评价的结果为作出相应的奖惩、职务升降、去留等决策提供依据。评价功能会随着绩效的改变而改变，因而评价是一个动态的管理过程。

（5）开发功能。通过员工培训、员工工作丰富化、员工职业生涯规划，可以促进员工业务知识的增长以及工作技巧和其他方面素质的提升。通过对员工潜能进行挖掘，可以最大限度地实现员工的个人价值，达到员工个人和企业共同发展的目的。

五、人力资源管理的意义

实践证明，重视和加强企业人力资源管理，对企业来说具有以下重要意义。

（1）有利于促进生产经营的顺利进行。劳动力是企业劳动生产力的重要组成部分，只有合理组织劳动力，不断协调劳动力之间、劳动力与劳动资料和劳动对象之间的关系，才能充分利用现有的生产资料和劳动力资源，最大限度地发挥人力资源管理在生产经营过程中的作用。

（2）有利于调动企业员工的积极性。企业中的员工是有思想、有感情、有尊严的，这就决定了企业人力资源管理必须设法为员工创造一个能满足他们需要的劳动环境。因此，企业必须善于处理物质奖励、行为激励以及思想教育工作三个方面的关系，以使员工保持旺盛的工作热情以及努力学习技术和钻研业务的态度，促使员工不断改进工作作风，从而达到提高劳动生产率的目的。

（3）有利于现代企业制度的建立。科学的企业管理制度是现代企业制度的重要内容，而人力资源管理又是企业管理中非常重要的组成部分。提高企业现代化管理水平，最重要的是提高企业员工的素质。加强对企

微课堂
从"海潮效应"看人才管理

业人力资源的开发和利用，做好员工培训教育工作，是实现企业管理由传统管理向科学管理转变不可缺少的一个方面。

（4）有利于减少劳动耗费，提高经济效益。减少劳动耗费的过程就是提高经济效益的过程。合理组织劳动力和科学配置人力资源，可以促使企业以最小的劳动消耗取得最大的经济成果。

六、如何学好"人力资源管理"课程

"人力资源管理"是一门理论性较强的课程，要想学好人力资源管理，既要讲究学习方法，又要认真研读教材。对于不懂的问题要及时请教老师或他人，积极研读辅助教学资料并充分利用网络学习资源等；要充分发挥学习小组的功能，一起研讨案例和学习资料等；还要结合实际去调查研究。

（1）强调自主学习。要科学、合理地分配好学习时间，制订适合自己的学习计划，通过阅读教材及借助网络学习资源来理解和掌握相关的基础知识。

（2）注重课堂学习。教师讲授的内容往往是教材中的重点、难点和疑点问题，通过认真听讲，可以提升对知识的理解能力、对实际问题的分析能力和解决能力。结合教材听讲有助于全面系统地了解并把握本课程的丰富内容，加深对人力资源管理的基本概念、基础知识和基本原理的理解。

（3）在阅读教材的过程中要抓住重点，认真完成每章后面的练习题，养成良好的学习习惯。

（4）通过组织学习小组进行学习和讨论。在充分发挥学习自主性的同时，同学之间也要相互鼓励、互相启发。此外，还要善于利用头脑风暴法等进行有针对性的讨论。

（5）要注意结合企业改革和发展的实际，灵活、正确地运用人力资源管理的有关基本原理，去分析和解决这些实际问题。在学习中，应从有关案例着手，掌握分析技巧，提升解决人力资源管理实际问题的能力。

第二节 人力资源管理的经典理论

人力资源管理的经典理论主要有以下几种。

一、泰勒的科学管理理论

微课堂

泰勒的科学
管理理论

泰勒（Taylor，1856—1915），美国古典管理学家。泰勒于1911年出版了《科学管理原理》一书，该著作奠定了科学管理理论的基础，并推动了科学管理实践在美国大规模推广和应用。科学管理理论的核心内容：一是管理要科学化、标准化；二是要倡导精神革命，劳资双方利益一致。实施科学管理的结果是提高生产效率，而高效率是劳资双方利益一致的基础。科学管理理论对人事管理产生了重大的影响，引发了人事管理理论和实践的一次革命。

与科学管理理论同时出现的韦伯的组织理论和法约尔的一般管理理论对现代人力资源管理都具有一定的参考作用。

问与答

问：科学管理理论有什么不足。

答：①泰勒对工人的看法是错误的。他认为工人的主要动机是经济的，工人最关心的是提高自己的收入，即提出了"经济人"的假设。他还认为工人只有单独劳动才能好好干，集体的鼓励通常是无效的。②"泰勒制"仅解决了个别具体工作的作业效率问题，而没有解决企业作为一个整体如何经营和管理的问题。

二、梅奥的人际关系理论

梅奥（Mayo，1880—1949），美国行为科学家，人际关系理论的创始人。20世纪30年代的霍桑实验研究结果使人事管理从科学管理转向了对人际关系的研究，揭开了对组织中人的行为研究的序幕。梅奥提出的人际关系理论指出：工人是社会人，不是单纯意义上的"经济人"；人际关系理论以"管理应该更多地关心人，而不是关心生产"为核心观点，强调通过团体和社会团结来重建人们的归属感；沟通才是人事管理的主要任务与必备技能。

问与答

问：人际关系理论有什么弊端。

答：①过分强调非正式组织的作用；②过多地强调情感的作用；③过分否定了经济报酬、工作条件、外部监督、作业标准等的影响。

三、组织行为学理论

组织行为学对形成个体、群体行为的动机和原因的研究促进了员工激励理论的完善和应用。20世纪50年代是员工激励理论发展卓有成效的阶段，这一时期形成的三种理论都不同程度地影响了人事管理理论的发展和实践。这三个理论分别是马斯洛的需要层次理论、麦格雷戈的人性假设与管理方式理论以及赫茨伯格的双因素理论。

1. 马斯洛的需要层次理论

马斯洛（Maslow，1908—1970），美国心理学家，提出了需要层次理论。马斯洛指出，人的需要是按重要性和层次性排序的，在满足低层次的需要后，人将会追求高层次的需要。人的需要排序从低到高为生理需要—安全需要—社会需要—尊重需要—自我实现需要，参见图1.2。

需要层次理论对人力资源管理的影响主要体现在以下方面：首先通过薪金、合同保障等来满足员工的较低层次的生理需要和安全需要，而更高层次的需要，如社会需要、尊重需要和自我实现需要则通过提供培训、职务晋升等来加以满足。

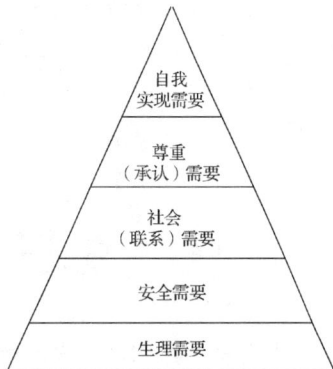

图 1.2 马斯洛需要层次理论

2. 麦格雷戈的人性假设与管理方式理论

麦格雷戈（McGregor，1906—1964），美国著名行为科学家。他提出了著名的 X-Y 理论，称传统的管理理论为 X 理论，是对"坏"员工的四种假设，而他提出的相对于 X 理论的则是 Y 理论，是对"好"员工的四种假设，并提出对这两种员工的管理方式应该是不同的。

案例阅读与分析

管理理论中的人性假设

古今中外对人性假设的研究就其探索的对象和目标来说，有不谋而合之处。首先是都承认管理的原则、模式的确定离不开对人之本性、地位的认识。孟子从"不忍人之心"而推出"不忍人之政"，即承认人之善性乃国家管理活动的出发点。而美国管理学家麦格雷戈更为直接地指出，在每一个管理决策或每一项管理措施的背后，都必定有某些关于人性本质及人性行为的假定。人性假设与管理理论、模式和方法之间的密切关系已越来越为人们所认识。

由于中西方管理理论中人性假设的提出者所处时代背景不同（封建时期/资本主义时期）、社会背景不同（农业社会/工业社会）、管理类型不同（国家管理/企业管理），因而又呈现出种种相异之处。在西方管理理论中，人性假设只是必要的前提，强调的是依据其人性假设采取相应的管理措施，改变组织环境以适应人性。在西方管理理论中，人性是一个不可变的因素。在我国传统的人性假设中，人性是整个管理活动的中心。管理实践中，不仅需要对人性作出或善或恶之判断，更强调进行去恶扬善的人性塑造，对人性进行必要的教育与调适，如"化性起伪""存心养性"。是塑造人性还是适应人性，这正是中西方管理理论中人性假设的重大分歧所在。

人性假设就是对人的本质的认识，它是建立科学管理理论的基础。在比较中探索中西方人性假设的源流和异同，对建立具有中国特色的社会主义现代化管理理论无疑具有重要的意义。

问题：根据以上内容，进一步讨论 X 理论和 Y 理论与我国传统的人之初性善和人之初性恶理念有何异同，以加深记忆和理解。

3. 赫茨伯格的双因素理论

赫茨伯格（Herzberg），美国行为科学家。双因素理论是赫茨伯格最主要的成就。赫茨伯格把那些能为员工带来积极态度、较多满意感和激励作用的因素叫作激励因素，比如成就感、同事认可、获得上司赏识、承担更多职责或具有更大的发展空间等。把那些使员工感到不满意的，属于工作环境或工作关系方面的因素（如公司政策、管理措施、监督方式、人际关系、工作条件、工资福利等），称为保健因素。

双因素理论对人力资源管理的启示是：要重视员工工作内容方面因素的重要性，特别要使员工的工作内容丰富化，尽可能满足员工多方面的需求。

第三节　人力资源管理的发展

人力资源管理是在人的价值被不断发掘的过程中得到发展的。

一、人力资源管理在西方国家的发展

一般认为，西方国家的人力资源管理经历了以下几个发展阶段。

1. 人事管理阶段

从 18 世纪末开始的工业革命，一直到 20 世纪 70 年代，这一时期被称为传统的人事管理阶段。它是伴随着 18 世纪后期工业革命的产生而发展起来的。工业革命的爆发导致大机器生产方式的产生，出现了大规模的劳动力雇佣，因而必须处理好组织中与人相关的一系列事务和活动。所以，管理科学家提醒管理者，员工不仅是"经济人"，还是"社会人"，因而只有在物质和精神两个方面对员工进行有针对性的管理，员工才会努力工作，积极创造效益。在这一时期，在内外部因素的推动下企业逐步建立起了劳动者社会保障体系。

2. 人力资源管理阶段

从 20 世纪 70 年代至 20 世纪 80 年代，企业的经营环境发生了巨大的变化，影响企业经营的各种不确定性因素不断增加。因此，权变管理理论应运而生，它强调管理的方法和技术要随企业内外环境的变化而变化，应当综合运用各种管理理论。在这种背景下，管理科学家提出了人力资源的概念，认为相对于其他资源，人力资源更加需要管理者的重视，因为只要善于发掘这种资源，就可以使其发挥巨大的作用，对生产产生强大的推动力。20 世纪 80 年代初期，欧美出现了很多人力资源开发和管理组织，人事部门改名为人力资源管理部门，企业从强调对物的管理转向强调对人的管理。

3. 战略人力资源管理阶段

20 世纪 80 年代以后，西方经济发展过程中一个突出的现象就是企业兼并。为了适应企业兼并发展的需要，企业必须制定明确的发展战略，从战略的角度思考人力资源管理的问题。战略人力资源管理把人力资源管理视为一项战略职能，以"整合"与"适应"为特征，着重关注两个方面的内容：一方面是人力资源管理应被完全整合进企业的战略；另一方面是人力资源管理实践作为日常工作的一部分应被各级管理者与员工接受。

二、人力资源管理在我国的发展

一般认为，我国的人力资源管理经历了以下几个发展阶段。

1. 古代人事管理的思想

我国古代文化典籍之中蕴藏着丰富的人事管理思想，在人才的重要性、如何选拔人才、如何用好人才等方面都有很多精辟的论述。①关于人才的重要性，唐太宗的名言"为政之要，惟在得人"就把"得人"看作"为政"的关键。康熙皇帝更是将人才提到治国的首要位置，认为"致治之道，首重人才"。②关于如何选拔人才，汉朝的王符指出："德不称其任，其祸必酷；能不称其位，其殃必大。"他强调的是一个人的品行和能力必须与其职位相符，否则就会带来严重的后果。③关于如何用好人才，诸葛亮曾说过："古之善将者，养人如养己子：有难，则以身先之；有功，则以身后之；伤者，泣而抚之；死者，哀而葬之；饥者，舍食而食之；寒者，解衣而衣之；智者，礼而禄之；勇者，赏而劝之。将能如此，所向必捷矣。"这段话说明，作为将军，如果能爱兵如子，以心换心，以情感人，满足士兵不同的需要，就能调动士兵的积极性，军队必将战无不胜。宋代政治家王安石指出："一人之身，才有长短，取其长则不问其短。"其强调应用人之长。这些思想对于今天的人力资源管理者来说都有值得借鉴之处。

2. 近代人事管理

19世纪40年代至新中国成立前，这一时期的人事管理具有两个基本特点：一是带有浓厚的封建色彩，企业大多是家族性质的小型私人企业。许多企业实行包工制度，将工作包给包工头，然后由包工头招收工人，组织生产，进行监督，发放工资。二是学习并引进了西方资本主义国家的科学管理方法。一些规模较大的企业学习并引进了泰勒的科学管理理论，开始对人员进行比较规范的管理。

3. 新中国成立以后人力资源管理的发展

新中国成立以后，我国人力资源管理的发展可分为改革开放前和改革开放后两大阶段。新中国成立初期，随着社会主义改造的完成，企业为国家所有，企业员工是企业的主人。与经济体制相适应，我国实行了"统包统配"的就业制度，企业不自行招聘人员，人事管理基本停留在档案管理和资料统计阶段，未形成真正意义上的人力资源管理。

改革开放以后，随着我国经济体制改革的不断深入，国有企业的劳动人事工作在不断进步。1979年，国务院颁布了《关于扩大国营工业企业经营管理自主权的若干规定》（以下简称《规定》），重新规定了企业人事管理的职责权限范围。《规定》指出：允许企业根据生产需要和精简、提高效率的原则决定自己的机构设置和人员配备；有权根据国家下达的劳动指标招工，进行岗前培训；有权对成绩优异、贡献突出的员工给予奖励；有权对严重违反劳动纪律的员工予以处分，直至辞退。随着这些规定的落实，企业在用人方面有了更大的空间，正常的员工进出渠道逐步形成；劳动人事管理制度逐渐完善，劳动定额管理、定员定编管理、技术职称评聘、岗位责任制等在企业中得到推广；工资管理得以规范化，打破了分配的平均主义，增强了工资的激励作用；推行了对员工的工作业绩考核。所有这些都表明，我国企业的劳动人事管理工作发生了巨大的变化，已经初步具备人力资源管理的某些功能和作用。

现在，人力资源管理在我国得到了蓬勃发展，人力资源管理的理念深入人心，各类组织对人力资源管理的重视达到了前所未有的程度。但是，我们也应清醒地认识到，我国人力资源管理总体水平有待进一步提升：管理理论、管理技术和管理方法基本来自西方，只是略有发展，还没有形成自己的体系；部分人力资源管理从业人员的专业化程度不高，没有接受过系统的教育和培训，影响了人力资源管理作用的发挥；一些组织的人力资源管理水平还不高，人力资源管理的战略作用没有得到体现；等等。

📖 视野拓展

如何留住关键人才

据调查，企业关键人才离职的主要原因包括对薪酬不满意、觉得未获得肯定、缺乏成长空间及企业管理水平太差等。推荐读者扫描二维码学习相关内容，了解并探讨企业留住关键人才的办法。

三、人力资源管理新变化

人力资源管理并不是一成不变的，而是随着时代的发展会不断出现新的管理模式。在国际化的大背景下，为了适应新经济对企业生存和发展的要求，人力资源管理发生了一系列新的变化。

（一）人力资源管理的新特征

随着我国经济进入"新常态"及世界经济增长速度逐渐放缓，我国企业人力资源管理呈现出如下新特征。

1. 人才流动加剧

（1）经济管理体制改革的深化促进了人才流动。我国经济管理体制和国有企业改革进一步深化，人才的地区所有制、城乡所有制、单位所有制等不断被打破，本地人和外来人、城市人和农村人、干部和工人等的身份界限逐渐淡化，不论身份只论能力的人才市场机制作用得到进一步加强，人力资源管理制度下的职业化给人才平等竞争和充分流动提供了广阔的空间。

（2）经济的持续稳定增长带动了人才流动。我国区域经济发展战略不断调整，已经形成以长三角地区、珠三角地区、京津唐—环渤海地区等三大城市圈为核心，西部大开发、东北振兴和中部崛起的区域发展战略格局。为了振兴地方经济，各级地方政府通过招商引资、人才引进等，发起了新一轮的人才竞争，跨省区的人才流动和劳动力流动更加频繁。

（3）经济全球化加剧了人才流动。进入 21 世纪以来，经济全球化趋势日益明显，科学技术的不断创新，高新产业的不断发展，跨国公司的人才竞争，尤其是高级经营管理人才和热门技术人才竞争日趋激烈，这些变化使得人才流动的范围不断拓宽，人才的职业选择范围不断扩大，人才流动呈现国际化趋势。

2. 以"知识型员工"为中心的人力资源管理

先进技术的引入使得只具备少量或单一工作技能的员工所面临的工作岗位选择大幅减少，同时也使得要求有综合性技能的工作岗位相应增加。这就要求员工由普通的"劳动者"向"知识型工人"转变。而作为"知识型工人"，很可能仅掌握了一定的综合性知识和技巧，"知识型员工"的职责还包括计划、决策等具有较强策划性的工作，只有能够胜任这些工作才能实现由"知识型工人"向"知识型员工"的转变。人力资源管理要关注"知识型员工"的特点，重点是开发与管理"知识型员工"，对不同的"知识型员工"采用不同的管理策略。

微课堂
数字化人力资源管理

3. 人力资源管理成本大幅提高

导致人力资源管理成本大幅提高的因素主要有以下几个。

（1）选聘环节费用增加。许多外资企业和国内大型企业在招聘录用环节上都煞费苦心，设计了鉴别人才的各种方法，开发了选聘人才过程中使用的各种测试软件，支出了招聘人员的差旅费等，这些都使选聘人才的成本、费用不断提高。

（2）人员培训周期较长。大型企业都有一整套比较科学和完整的人力资源规划，根据员工不同职业生涯规划的特点和要求对员工进行培训，包括技术培训，根据员工个人在企业中的定位及发展等按计划、分阶段进行培训，人员培训的周期较长，这也导致了人力资源管理的成本大幅提高。

（3）人才流失风险增大。企业投入人才选聘和培训的费用较高，企业往往寄希望于选聘来的人才能够给企业带来现实而有效的回报，因此就会建立一系列绩效评价和考核指标，并逐步完善其考核评价体系。而绩效评价考核是一把双刃剑，一旦运用不慎，不但不能充分发挥员工的积极性和主动性，还可能会产生对抗和冲突，甚至会造成人才流失，给企业造成损失。

思考与讨论

双重契约化的企业和员工关系与夫妻关系是不是很相似？

4. 双重契约化的企业与员工关系

双重契约化的企业与员工关系，一方面要依据劳动法和劳动合同法的规定，确定员工与企业双方的权利、义务、利益关系；另一方面又要求通过对企业文化的培育，使企业与员工在价值观上达成共识，使企业与员工之间建立起信任和承诺关系，使企业与员工双方的心理期望达成默契，促进企业与员工的共同成长和发展。

5. 人力资源管理的外包化

人力资源管理外包已比较普遍，即通过契约与合同的方式将企业的人力资源专业性职能业务委托给外部专业化人力资源服务公司。简单地说，就是聘用企业外部的员工来完成原本由内部员工承担的人力资源管理工作。

微课堂

人力资源管理外包

这样一来，企业内部的人力资源管理者可以将更多的精力用在对企业价值更大的管理实践开发上。

视野拓展

人力资源工作的出路在哪里

面对企业复杂的情况，人力资源管理工作的出路在哪里？人力资源管理工作究竟应该如何定位？在企业快速发展的同时，人力资源管理部门应该如何帮助企业进一步成长？

（二）人力资源管理的新方法

经济学家一般认为，工业化的发展是"三分靠技术，七分靠管理"，尤其是人力资源管理，更是企业发展的巨大动力。下面所讲的几种人力资源管理的方法是进入战略人力资源管理阶段后出现的新方法。企业经营管理者可以结合我国国情和企业自身的特点，对这些管理方法进行借鉴和创新。

1. "抽屉式"管理

"抽屉式"管理是指建立起职位分类制度。通俗地说，"抽屉式"管理即在每个管理人员办公桌的抽屉里，都有一个明确的职务工作规范，在管理工作中，既不能有职无权，也不能有责无权，更不能有权无责，必须职、责、权、利相互结合。当今一些大中型企业都非常重视"抽屉式"管理和职位分类，并且都在"抽屉式"管理的基础上，不同程度地建立了职位分类制度。

2. "危机式"管理

"危机式"管理又称为"末日管理"，实际上是企业向员工灌输一种危机意识，这种管理方法最早出现在美国。随着全球范围内经济竞争日趋激烈，一些世界著名的大企业开始出现不同程度的亏损和衰退。为了使企业持续稳定地健康发展，必须很好地与员工进行沟通，向他们表明企业存在危机的可能性和现实性，激发全体员工不断改革创新、积极向上，以避免"末日"的来临。

3. "一分钟"管理

"一分钟"管理的具体内容为：一分钟目标、一分钟赞美及一分钟惩罚。一分钟目标就是企业中的每个人都将自己的主要目标和职责明确地记在一张纸上，在一分钟内读完，并且据此定期检查自己的工作。一分钟赞美的具体做法是企业的经理经常花费不长的时间，在员工所做的事情中，挑出正确的部分加以赞美，起到激励作用。一分钟惩罚是指某件事应该做好，却没有做好，应对有关的人员及时进行批评，提醒其注意避免同样的错误再次发生。

4. "破格式"管理

"破格式"管理是指打破传统的"年功制"论资排辈式分配制度和用人制度，大力推行根据工作能力和成果决定员工职务升降的"破格式"的新人事管理制度。"破格式"管理有助于维持员工的积极性和创造性。

5. "合拢式"管理

"合拢式"管理表示管理必须强调个人和整体的配合，以达到整体和个体的高度和谐。它的具体特点是：放手让下属做决策，自己管理自己。企业与员工之间形成一种融洽、和谐、充满活力的气氛，激发出员工的内驱力和自豪感。

> 📹 **微课堂**
> 人工智能对人力资源管理的影响

6. "走动式"管理

"走动式"管理主要是指企业上级主管经常到生产经营第一线了解实际情况，与员工交流沟通，打成一片。管理者既要听取员工对经营管理的一些好的建议，也要吸纳一些不同的意见，甚至是反对意见，还要关心员工的生活状况，有较强的亲和力。"走动式"管理可避免各职能部门的管理者形成官僚作风，从而提高工作效率。

📖 **视野拓展**

人力资源管理新趋势

滚滚长江东逝水，世界上唯一不变的是一切都在变。

人力资源管理工作需要跟上时代的发展，运用新理念和新方法解决新问题，为企业创造应有的价值。

本章小结

本章对人力资源管理作了总体介绍。

人力资源是指智力正常，具有各种劳动能力的人口总称。它具有能动性、资本性、增值性、再生性、时效性和社会性等特点。

人力资源管理是指运用现代化的科学方法，对与一定物力相结合的人力进行合理的培训、组织和调配，使人力、物力保持最佳比例，同时对人的思想、心理和行为进行恰当的诱导、控制和协调，充分发挥人的主观能动性，使人尽其才，事得其人，人事相宜，顺利地实现组织目标的管理活动。

现代企业人力资源管理主要有获取功能、整合功能、保持功能、评价功能和开发功能。

人力资源管理经典理论有泰勒的科学管理理论、梅奥的人际关系理论和组织行为学理论等。

西方国家的人力资源管理经历了人事管理阶段、人力资源管理阶段和战略人力资源管理阶段等三个发展阶段。

人力资源管理的新特征包括：人才流动加剧、以"知识型员工"为中心的人力资源管理、人力资源管理成本大幅提高、双重契约化的企业与员工关系、人力资源管理的外包化。人力资源管理的新方法有"抽屉式"管理、"危机式"管理、"一分钟"管理、"破格式"管理、"合拢式"管理和"走动式"管理等。

练习题①

一、名词解释

人力资源　　　人力资源管理　　　战略人力资源管理

二、单项选择题

1.（　　）不是人力资源的特点。
　　A．能动性　　　　B．增值性　　　　C．引致性　　　　D．再生性

2. 马斯洛需要层次理论中人的需要的层次，从高到低排列正确的是（　　）。
　　A．生理需要—社会需要—安全需要—尊重需要—自我实现需要
　　B．生理需要—安全需要—尊重需要—社会需要—自我实现需要
　　C．自我实现需要—安全需要—尊重需要—社会需要—生理需要
　　D．自我实现需要—尊重需要—社会需要—安全需要—生理需要

3. 人际关系理论是由（　　）提出来的。
　　A．泰勒　　　　　B．梅奥　　　　　C．麦格雷戈　　　　D．赫茨伯格

---

① 本书练习题中包含一些超范围题目，建议读者自行分析寻找答案或查找相关资料后寻找答案。

4. （　　）表示管理必须强调个人和整体的配合，创造整体和个体的高度和谐。
    A．"抽屉式"管理　　　　　　　　　　B．"合拢式"管理
    C．"破格式"管理　　　　　　　　　　D．"一分钟"管理

三、多项选择题

1. 人事管理和人力资源管理的区别有（　　）。
    A．管理的出发点不同　　　　　　　　B．管理的视角不同
    C．管理的功能不同　　　　　　　　　D．管理的作用不同
2. （　　）属于人力资源管理的功能。
    A．整合功能　　B．评价功能　　　　C．开发功能　　　　　D．调节功能
3. 人力资源管理在西方国家的发展经历了（　　）等阶段。
    A．人际管理阶段　　　　　　　　　　B．人事管理阶段
    C．人力资源管理阶段　　　　　　　　D．战略人力资源管理阶段

四、判断题

1. 人力资源作为诸多生产要素中的一种，具有主动性的特征。　　　　　　（　　）
2. 无论是过去还是现在，从人力资源的角度来看，员工总是被动的。　　　（　　）
3. 聘用企业外部员工执行原本由内部员工来完成的任务成为一种新的趋势。（　　）

五、简答题

1. 如何理解人力资源和人力资源管理的概念？
2. 人力资源管理的内容有哪些？
3. 简述人事管理与人力资源管理的主要区别。
4. 人力资源管理有哪些新的特征？
5. 人力资源管理的意义有哪些？
6. 为什么人力资源管理工作不适合"友善"的人？

六、案例分析题

高管访谈录

作为一名督导，我的职责是在现场检查营业人员的在岗状态和工作情况。记得有一天刚上班半小时，我就发现有一名营业员在试衣间里坐岗（站岗的对立面，营业员要求站岗，编者注），于是我想通过谈话对她进行了解：是故意违纪还是有其他什么情况。

在询问之前，我先做了情绪调整，在确定自己可以很平静地说话时，开始了与该营业员的交流："才上班就感到很累吗？"眼神里没有丝毫的责备。营业员抬起头，眼睛红红地告诉我："小孩今年中考，分数与预计的成绩相差很大，一家人都在发愁。"听完后，我将这名营业员带到办公室，首先是安慰并表示理解，然后再根据她家的具体情况对她进行了开导，前后花了近一小时，她在我的劝说下重新看到了孩子的希望，解开了心里的疙瘩并连声道谢，还主动承认今天的坐岗行为是违纪的。其实我在心里也在感谢她呢！她让我知道有效的管理绝不是简单地

用规章制度去对照员工的工作行为，而是应深入员工的内心，了解她们的需要，这比开罚单要有效得多。

资料来源：江苏中央商场新亚百货股份有限公司内部资料

思考讨论：

1. 该督导是以一种什么样的人性观来对待员工的？
2. 此案例体现了一种什么样的人力资源管理方法？它的作用何在？
3. 你认为该督导的做法是否完美？还有哪些需要改进的方面？

综合实训

一、实训内容

选一个企业或其他组织部门，采访负责人或员工对人力资源管理了解多少，问一问他们是否了解人力资源管理和人事管理的区别。

二、方法步骤

1. 以8~10人为一组对上述实训内容进行调研和讨论。
2. 每个小组派一名代表在课堂上用2~3分钟的时间进行交流发言。

三、实训考核

教师对小组讨论交流的结果给予点评。

第二章

人力资源规划

【学习目标】

知识目标： 了解人力资源规划的概念、作用和内容，掌握人力资源规划及供求预测的方法。

能力目标： 掌握人力资源需求、供给预测的定性和定量分析与计算。

素养目标： 培养积极承担社会责任的理念和担当意识。

【引　　言】

凡事预则立，不预则废

组织的管理工作首先从做规划（计划）开始，规划有助于减少未来的不确定性。人力资源管理的重要性在于它的战略地位，而人力资源管理战略地位的保证是人力资源规划的制定与实施。人力资源规划是组织计划的重要组成部分，是各项具体人力资源管理活动的起点与依据。

就像一个出色的裁缝可以用最少的布料做出一套舒适称身的服装，有效的人力资源规划可以充分使用组织的员工，使组织的人力资源配置得到优化。

现在很多组织都面临着人才短缺的难题，业务高速发展却缺乏相应的人才，员工频繁辞职或跳槽使组织的一些工作难以为继，工作效率的低下让管理者大为光火。组织出现人才短缺的问题，固然有许多原因，但其中不可忽视的一个原因就是组织的人力资源规划没做好。

（1）业务发展问题。业务高速发展的组织常常会出现这样的情况：急需人才时，匆匆赶到人才市场进行招聘。出现这种情况时，组织是否应反思一下：自身有没有人员的短期需求规划？保障业务长期发展的人才梯队建设是否妥当？

（2）人员流动问题。当今人员流动已成为趋势，组织应对人员的流动做好准备，尤其是关键业务的人员储备。如果没有做好这类规划，组织就会对人员的突然离职措手不及，更严重的是骨干人才的跳槽往往会使组织的业务大受影响，甚至可能会使组织的业务陷入瘫痪。

（3）培训开发。组织的有些岗位经常缺乏合适的人选，一个重要的原因就是没有预先规划，培训不足，造成员工的能力不足。

（4）绩效管理。组织现有人员的绩效不高，一个重要原因是缺乏科学的绩效评估。

要解决上述问题，就有必要学习人力资源规划。

人才短缺是可以预防的，通过人力资源规划，对想跳槽的员工进行激励，对不称职的员工进行培训，提高员工的忠诚度，增强员工的凝聚力，这样可以避免组织出现临时抱佛脚、慌忙被动的局面。本章将具体讨论和分析人力资源规划的概念、人力资源供求预测、企业劳动定员、人力资源规划的控制与评价等内容。

第一节　人力资源规划概述

人力资源规划是指预测未来的组织任务和环境对组织的要求，以及为完成这些任务和满足这些要求而提供所需人员的过程。它包括以下三方面的含义：①从组织的目标与任务出发，组织的人力资源质量、数量和结构要符合其环境和生产技术条件的要求；②在实现组织目标的同时，也要满足个人的利益；③保证人力资源的规划与未来组织发展各阶段的需求相适应（动态）。

视野拓展

以下是人力资源规划中经常会遇到的问题：一家液压杆生产企业全面采用了自动化设备，所需员工大幅度减少，但技术型员工严重不足，企业应裁员并招聘吗？不少老员工为企业服务多年，直接裁员倒简单，但感情上的压力和来自社区的压力是不得不考虑的事项；某医药公司投标团队的成员专业性有待提高，原想从外部招聘一名专业性更高的主管，但数月过去，一直找不到合适人选，要不要将几位优秀员工送去进修？一家物流公司中层管理人员流失率一直处于高位，招聘压力很大，后续怎么办？

科学、合理地进行人力资源规划真的那么难吗？难道是企业人力资源管理者不知道人力资源规划的原理和方法吗？科学、合理的人力资源规划（编制）原理和操作方法其实并不难，难的是缺乏操作所需要的各种数据。一旦数据缺乏问题得以解决，这一切就会变得简单！

在学习本章内容之前，我们可先通过图 2.1 整体了解一下人力资源规划流程。

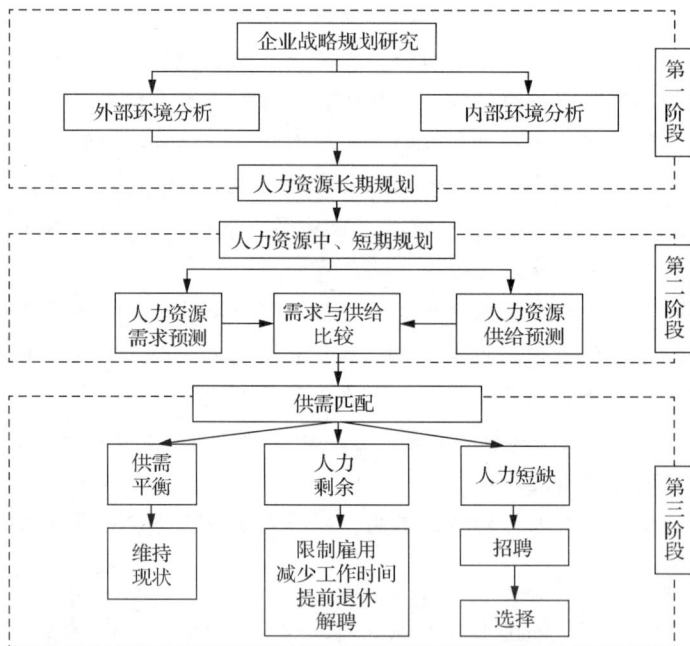

图 2.1　人力资源规划流程

一、人力资源规划的目标

人力资源规划是指将组织的经营战略和目标转化为对人力资源的需求计划，从人力资源规划超前和量化的角度研究、制定组织人力资源管理的具体目标。这些目标包括以下几个方面：①在充分利用现有人力资源的基础上，进一步获得和保持一定数量的具备某种特定技能、某些专业知识、某些特殊能力的人员；②能够较准确地预测组织中潜在的人员过剩或人员不足的情况；③建立一支高素质、运作灵活的队伍，增强组织适应未知环境的能力；④降低组织在关键环节上对从组织外部招聘人员的依赖性。

▶ 微课堂

人力资源管理
理念与规划

为了达到上述目标，人力资源规划需要关注的主要问题有：①组织需要多少人员；②这些人员应具备哪些技术、知识和能力；③组织现有的人力资源能否满足当前的需求；④组织是否需要对员工进行进一步的培训；⑤组织是否需要进行外部招聘；⑥组织对人员进行培训或从组织外部进行招聘的时间要求；⑦如果为了减少开支或由于经营状况不佳而必须裁员，组织应采取怎样的应对措施；等等。

视野拓展

如何优化人力资源配置

人力资源是组织发展的基石。无论是组织的高层制定战略、发挥领导才能，还是执行层承接战略、落地实施，每一个环节都必须依靠合格的人才来执行。人力资源要在质量与数量上满足组织的整体战略或各项业务目标的需求。组织要通过一系列的人力资源业务流程（如招聘、薪酬设计、培训等）来达到人力资源规划的目标。如何优化组织的人力资源配置，是一个值得探讨的问题。

二、人力资源规划的动态性

由于组织的战略目标、所处的内外部环境都处在变化和发展当中，为了使组织适应这些变化和发展，也必须对人力资源规划进行相应的检查和更新，以适应新的情况。

人力资源规划的动态性体现在以下几个方面：①信息的动态性；②根据组织内外部环境的动态变化，及时制定和调整组织的人力资源规划；③执行人力资源规划的灵活性；④具体规划措施的动态性和动态监控人力资源规划的实施过程。

案例阅读与分析

A企业是一个成长速度比较快的高科技企业，去年年初，企业高层与人力资源部共同配合，聘请专业咨询机构为企业制定了比较完善的人力资源规划，规划的执行情况一直不错。但是，最近几个月出现了一些问题，让企业的高层十分头疼：①企业的关键技术职位出现了人才短缺现象，让企业在产品质量保证方面有些力不从心；②企业的关键岗位员工流失比较多，尤其是几个非常优秀的关键岗位员工的跳槽，让A企业猝不及防。A企业觉得自身的发展陷入了瓶颈。

评析：A企业的问题很大程度上在于忽视了人力资源规划的动态性，没有对企业的人力资源规划进行有效监控与评估。对于高速成长中的高科技企业而言，企业战略要适时进行必要的调整，由于技术的更新比较迅速，对关键岗位员工的需求规划和培训规划应根据企业需要的变化进行相应的调整。并且，市场的人力资源供求状况也处于变化之中，企业应当据此对人员的激励方式作出相应的调整，否则就非常容易出现关键岗位员工的流失。因此，企业需要对人力资源规划进行动态监控、评估和调整，使企业的人力资源规划在变化的内外部环境下，与企业的战略保持一致。

三、人力资源规划的作用

人力资源规划的作用表现在以下几个方面：①人力资源规划是组织发展战略总规划的核心内容；②人力资源规划有利于组织管理的有序化；③人力资源规划有利于更好地控制人工成本；④人力资源规划有助于调动员工的积极性和创造性。

有了人力资源规划，员工才清楚自己适合到哪些岗位工作，需要弥补哪些短板等。当组织所提供的岗位与员工自身的需求大致相符时，他们就会努力工作，在工作中会表现出主动性、积极性和创造性。

问与答

问：人力资源规划需要注意什么？

答：人力资源规划以未来为导向，主要关注两个方面的内容：一是组织未来需要什么样的人才；二是为了实现组织的目标，应该制定什么样的人力资源政策。

四、人力资源规划的内容

人力资源规划包括总体规划与业务计划两部分内容。在对组织战略与竞争战略进行分析的基础上，人力资源总体规划会提出人力资源管理工作总的方向，以保证人力资源工作重点与战略导向一致。人力资源业务计划则是人力资源总体规划的展开和具体化，每一项业务计划都由目标、任务、政策、步骤、预算等五部分构成。这些业务计划实施的结果应能保证人力资源总体规划目标的实现。

（1）总体规划。人力资源总体规划明确了组织中人力资源管理阶段工作的方向与重点，规定了组织具体人力资源管理和开发等工作的指导原则，该原则应与组织战略和竞争战略保持一致。人力资源总体规划需要明确组织人力资源管理的战略目标、规划的周期及规划的范围。

（2）配备计划。组织中存在不同部门、不同职务和不同工作类型的人员分布，配备计划就是要确定合适的组织人员分布规模及与之对应的人员结构，这是确定组织人员需求的重要依据。

（3）使用计划。使用计划是指在对人力资源需求进行分析与评估的基础上，对组织现有人员进行调整的计划。其具体内容包括人员的晋升、轮换、降职、继任者计划、岗位轮换计划与职业开发计划等，主要内容是人员的晋升与轮换。

（4）招聘计划。招聘计划的内容包括总体的招聘需求，不同岗位招聘的渠道分析，招聘成本控制与招聘流程，招聘与选拔的责任界定，各类型岗位选拔流程与方法的确定，等等。通过需求分析、供给（分析）预测与使用计划等三方面的综合分析，组织能够清晰地了解人力资源规划期内需要招聘人员的数量与质量的情况。

视野拓展

招聘时应只挑选最合适的人

最适合企业的员工不一定是专业技能水平最高的人。招聘时首先要考虑候选人能否认同本企业的企业文化，其次才看他的工作胜任能力和学习能力。那些高学历、经验丰富、业绩斐然的候选人固然吸引眼球，但在招至麾下之前，要认真地考虑以下几个问题：他有多少潜能可以被激发出来？他将来被竞争对手挖走的可能性有多大？在企业人力资源规划期内，如何保证招聘员工的数量与质量？

（5）培训与开发计划。培训与开发计划是人力资源规划中的重要组成部分，它包括组织全员培训开发规划、员工职业道德的教育计划、员工职业技能的培训计划、专门人才的培养计划等，它是组织的员工培训与开发工作的整体计划。

（6）职业生涯计划。职业生涯计划就是组织为了不断地提高其员工工作的满意度，制订员工的需求与组织的发展和需要相统一的员工个人成长、发展的计划。一般情况下，组织只能为骨干员工而不是为所有的员工制订职业生涯计划。

（7）绩效管理调整计划。绩效管理是人力资源管理的核心任务之一。绩效管理调整计划就是在原有的员工绩效管理制度的基础上，根据组织的需要对绩效管理制度进行相应的更新，比如绩效指标更新、绩效评估方式更新、绩效改善计划更新等。

（8）薪酬调整计划。薪酬调整计划是人力资源规划中的重点。其具体内容包括薪酬结构变化，工资、奖金与福利基准或标准变化，另外还需要考虑法律等因素导致的薪酬变化等。实施薪酬调整计划可以使企业适应地区、行业薪酬水平的变化。

（9）劳动关系计划。劳动关系计划是关于组织如何减少和预防劳动争议，改进劳动关系的计划。

（10）人力资源预算。人力资源预算包括薪酬预算和人力资源管理与开发预算两个关键部分。薪酬预算包括工资预算、福利预算与奖金预算；人力资源管理与开发预算包括招聘预算、培训开发预算、咨询顾问预算、管理费用预算等四个部分。薪酬预算根据企业历史营业额与薪酬支出的比例关系确定；人力资源管理与开发预算需要根据具体项目或内部规定进行测算。应在制定各项分预算的基础上，制定出人力资源的总预算。

五、人力资源规划的编制程序

人力资源规划的编制程序如图2.2所示。

（1）收集人力资源信息。人力资源信息主要包括：岗位对人员的经验、能力、知识、技能要求等方面的信息；工资名单上人员的信息；员工的培训、教育等情况。人力资源的主要信息是人员调整情况，一般可从员工的档案及有关记录中查寻，这些信息是进行工作分析的基础。

（2）预测人员需求。人力资源的需求取决于组织生产的产品或者提供的服务等因素，每个因素的影响并不相同，在人员需求预测过程中，选择胜任的预测工作人员十分重要，因为预测工作人员的判断力决定了预测结果的准确性。预测工作人员要能根据影响组织人力资源需求的各种因素，在组织历史人事档案和有关资料的基础上，正确地预测未来的员工需求类型和数量。

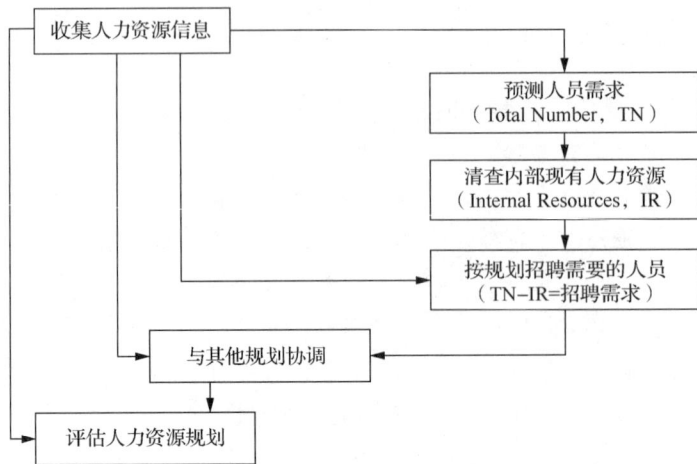

图 2.2　人力资源规划的编制程序

（3）清查内部现有人力资源。通过调研，组织首先要弄清楚全体员工与其对应岗位的合适性，对岗位不适合者要进行调整和培训。对现有一般员工做到以岗定人，对有特殊技能的员工做到以人定岗。在调查内部员工岗位情况后，对空缺的岗位可明确哪些岗位可以从组织内部人员中选拔补充，哪些岗位需要从外部招聘人员。通过对内部员工情况进行调查，还可筛选出有培养前途的员工，并为其制订相应的培养发展计划。

（4）按规划招聘需要的人员。组织可以从内部和外部劳动力市场招聘岗位需要的员工，一般应优先考虑为内部员工提供岗位调动和职务晋升的机会。首先应在组织内部实行公开招聘，任何人均可应聘，内部员工不能满足招聘需求时，再对外招聘所需的人才。这种先内后外的招聘方式可以使员工增强对组织的认同感，并提高他们的工作积极性。

（5）与其他规划协调。人力资源规划必须与组织战略、经营和资金等规划相协调，其他规划对人力资源规划会起到制约的作用，人力资源规划也会为其他规划服务。

（6）评估人力资源规划。在评估人力资源规划时，组织要客观、正确地审核人力资源规划的有效性，并进行相应的成本—效益分析，没有经济效益的规划是失败的规划。在对规划进行评估时，组织还要征求基层管理人员的意见，因为他们是规划的执行者和受益者，只有得到组织中大多数人赞同的人力资源规划才是好的人力资源规划。

第二节　人力资源需求预测

人力资源需求预测是指组织对未来一段时间内组织所需的人力资源数量和种类进行预测的过程。科学合理的人力资源需求预测是整个人力资源规划成功的关键，组织要全面考虑组织内部和外部影响人力资源需求的各种因素，准确把握组织发展与人力资源需求之间的关系。人力资源需求预测按时限可分为短期预测、中期预测和长期预测。其中，短期预测不到 1 年，中期预测为1～5年，长期预测为 5 年以上。人力资源需求预测的方法有很多，总体上可分为定性方法和定量方法等两大类。

一、人力资源需求预测的定性方法

人力资源需求预测的定性方法有很多，下面简要介绍常用的四种方法。

1. 现状预测法

现状预测法是一种简单的人力资源需求预测方法，适用于短期预测。这种预测方法假定组织的员工总数与组织结构完全能适应未来的需求，人力资源规划人员要测算出规划期内有哪些岗位上的人员应晋升、降职、退休或调出本组织，再准备调动哪些人员去弥补空缺的岗位。

2. 经验预测法

经验预测法是指组织根据以往的人力资源需求经验对未来人力资源需求进行预测的方法，适用于生产技术较稳定的组织的中、短期人力资源需求预测。组织采用这种方法预测人力资源需求时，一方面要注意经验的积累，包括保留人力资源历史档案，并收集和参考有关的人力资源需求预测的数据，从而减少人力资源需求预测的偏差；另一方面也要认识到，这种预测方法针对不同对象预测时，预测结果的准确程度会有所不同。经验预测法对容易测量工作量的岗位，人力资源需求预测的准确性较高；而对难以测量工作量的岗位，人力资源需求预测的准确性较低。这种预测方法也被称作比率分析法，是组织根据生产经营计划及劳动定额或每个员工的生产能力、销售能力、管理能力等进行的预测。例如，一个纺织厂根据经验了解到每个员工可以负责看管 10 台机器，那么，如果该企业在未来某个时间要扩大生产规模，就可以据此来确定需要增加的员工人数。

3. 德尔菲法

德尔菲法的基本特点：一是专家参与，博采众长；二是匿名进行，专家单独作出自己的判断；三是多次反馈，预测过程往往需要经过几轮反馈，使专家意见互相补充、启发，并渐趋一致；四是采用统计方法，将每一轮反馈来的预测结果用统计方法加以处理，作出定量的判断。

要使德尔菲法奏效，应遵循下列原则：第一，给专家提供充分的信息以使其能作出正确的判断。也就是说，要给专家提供已收集到的历史资料以及有关的统计分析结果。第二，所问的问题应是一个主管人员能答复的问题。例如，不问人员需求的总的绝对数字，而问人员可能需要增加的百分比，或者只问某些关键人员（如市场部经理或工程师）的预计增加数。第三，不要求专家答复问题完全准确。允许专家粗估数字，并让他们说明预计数字的准确程度。第四，尽可能简化预测过程，特别是不要问那些与预测无关的问题。第五，保证所有专家能从同一角度理解组织人员的分类和其他状况，如组织各岗位的职务名称、部门名称等要有统一、明晰的概念，以便于理解和描述。第六，组织预测的人员要向高层管理人员和专家讲明预测对组织效率和经济效益等方面的积极作用和影响，以争取他们对用德尔菲法预测人力资源需求的支持。《未来》杂志曾报道，从 20 世纪 60 年代末至 70 年代中期，专家会议法和德尔菲法（以德尔菲法为主）在各类人力资源需求预测方法中所占比重由 20.8%增加到 24.2%。20 世纪 80 年代以来，我国也有很多组织采用德尔菲法对人力资源需求进行了预测、决策分析和编制规划。

4. 描述法

描述法是指人力资源规划的制定者通过对组织将来某一时期人力资源需求的可能目标和因

素进行描述、分析和综合，预测人力资源的需求量。这种描述具有假定性，为了适应环境与其他因素的变化，人力资源规划的制定者可为决策者提供几种可供选择的人力资源需求方案。例如，描述或假设某企业未来3年的产品和技术等情况变化的以下三种可能。

（1）同类产品的销量可能稳定地增长，同行业中没有出现新的竞争对手，行业技术也没有新的突破。

（2）同行业中出现了几个新的竞争对手，同时技术方面也有较大的突破。

（3）同类产品的销量可能会跌入低谷，物价暴跌、市场疲软、生产停滞，行业技术可能会有新的突破。

组织可以根据上述不同的描述或假设的情况，预测和制定相应的人力资源需求备选方案。但是，这种方法是建立在对未来状况的描述、假设的基础上的，而未来具有很大的不确定性，时间跨度越大，对环境变化就越难以进行描述和假设。因此，用描述法预测长期的人力资源需求有一定的困难。

二、人力资源需求预测的定量方法

对人力资源需求进行定性预测主要依靠经验，如有足够的历史数据和因素变量，组织还可以用定量方法更准确地进行人力资源需求预测。

下面将介绍人力资源需求预测常用的几种定量方法。

1. 趋势预测法

趋势预测法，是指组织对过去5年或者更长时间内的员工变化情况进行分析，然后以此为依据来预测组织未来人员需求的定量预测方法。这种预测方法既可以对组织进行整体预测，也可以对组织的各个部门进行结构性预测。趋势预测法的预测步骤如下。①选择相关变量。选择相关的主要因素，这些主要因素的变化会直接影响组织对人力资源的需求，如销售量、生产率等。②分析相关变量与人力资源需求之间的关系，由此形成一种劳动生产率指标，如台/（人·年）等。③计算生产率指标。可根据以往5年或5年以上的劳动生产率指标值，求出其平均值。④计算所需人数。用相关变量除以劳动生产率得出所需的人数。

表2.1　某空调制造公司人力资源需求

年份	产量（万台/年）	劳动生产率[台/（人·年）]	员工需求量（人）
20×2	20	50	4 000
20×3	30	55	5 455
20×4	40	55	7 273
20×5	60	50	12 000
20×6	70	60	11 667
20×7	80	54	14 815
20×8	100	54	18 519

【例2.1】某空调制造公司20×2年至20×8年的产量、劳动生产率和员工需求量见表2.1。

根据历史数据，可算出20×2年至20×6年的平均劳动生产率为54台/（人·年），根据公司对未来产量的预测可以预测出20×7年的员工需求量为

800 000÷54≈14 815（人）

预测出20×8年的员工需求量为

1 000 000÷54≈18 519（人）

2. 比例法

比例法，即依据现有业务与人力资源的比例关系来推算未来业务发展情况下所需人员的数量。如旅游酒店的客房数与职工数的比例一般为1.5∶1，根据这个比值可以预测出旅游酒店员

工的需求量；同样，根据旅游行业直接从业人员与间接从业人员的比例一般为 1 : 6 的现状，可以由统计出的直接从业人员数估算出间接从业人员的需求数。

3. 全员劳动生产率估算分析法

全员劳动生产率估算分析法，是根据劳动生产率和生产总值的变动情况来确定未来人力资源需求数量的一种预测方法。

【例 2.2】某星级酒店 20×6 年的营业总收入为 400 万元，职工总数为 50 人，全员劳动生产率为 8 万元/人，根据近 5 年的情况来看，劳动生产率每年增长 5%左右。假如该酒店预测至 20×7 年营业收入要达到 500 万元。那么根据上述数据就可以计算出，到 20×7 年该酒店需要增加的职工人数为 500÷[8×(1+0.05)]-50≈10（人）。

4. 区域比较法

区域比较法，是指根据某个国家、地区或单位在某个相似发展时期的人力资源情况，设想规划国家、地区或单位未来的人力资源供需情况的预测方法。比如，我们可以通过和旅游业发达的国家进行劳动生产率的比较，找出我们在某些方面和这些国家的差距，从而确定我们的努力方向，拓展旅游人力资源开发的空间。

5. 回归分析预测法

回归分析预测法，是指通过了解一个或一系列变量的变化来预测另外一个变量的预测方法。回归分析预测法的关键是要建立一个科学的回归方程式，用以反映变量和变量之间的关系。根据这个回归方程式，就可以在了解一个或一系列变量的基础上预测出另外一个变量的数值。回归分析预测法有一元回归分析预测法和多元回归分析预测法。回归分析预测法不仅适合短期的人力资源预测，而且也适合中、长期的人力资源预测。

【例 2.3】某公司需要预测未来一年的人力资源需求，因此收集了过去多年的人力资源需求数据及公司营收增长率、行业增长率、全球国内生产总值增长率等数据。通过回归分析（过程略），建立了如下的多元回归模型：

$$Y=100\%+0.5X+0.3H+0.2G$$

其中，Y 表示职工人数增长率，X 表示预计公司营收增长率，H 表示预计行业增长率，G 表示预计全球国内生产总值增长率。设，预计下年度公司营收增长率为 6%，行业增长率为 4%，全球国内生产总值增长率为 0.5%，则下年度职工人数增长率为

$$Y=100\%+0.5×6\%+0.3×4\%+0.2×0.5\%$$

$$Y=104.3\%$$

在实际应用中，需要注意数据的准确性和完整性，以及模型的可靠性和准确性，这样才能得出可信的预测结果。

6. 计算机模拟法

影响人力资源需求的因素非常多，大型组织的管理系统中一般都有较完善的人力资源、生产、销售、财务等各种内部数据，以及其他必要的外部数据，并且通过大数据、人工智能等技术手段在人力资源规划软件中建立了自己的人力资源需求模型，这样可以为人力资源决策提供更准确、更细致的数据支持。

三、人力资源需求预测方法的选择

在人力资源需求预测中，<u>定性方法在小型组织中应用较多，而定量方法则在大型组织中得到较广泛的应用。定性方法适合用来制订人力资源需求短期计划，而定量方法在中、长期人力资源需求预测中应用较多。</u>

组织在进行人力资源需求预测时，应在遵循以下三个原则的前提下选用适合本组织的预测方法。

（1）定性与定量方法相结合。随着组织规模的扩大，影响人力资源需求的因素会变多，灵活地将定性和定量方法相结合常常会得到较合理并符合实际的预测结果。

（2）定量方法的选择和应用要通过较严格的检验。由于定量预测模型涉及较多的变量和参数，因此选择的变量和制定的参数必须经过多次试验才能确定其有效性，从而保证定量预测模型的预测可信度。

（3）预测模型并非越复杂就越科学。人力资源需求预测模型对某个组织来说是否合适，关键要看该模型对该组织的人力资源需求预测是否有效。如果复杂模型众多相关因素中的某些因素对该组织的人力资源需求状况并不产生影响，其预测往往会事倍功半。

四、人力资源需求预测的步骤

人力资源需求预测可分为现实人力资源需求预测、未来人力资源需求预测和未来因人力资源流失而需要补充人员数量的预测等三个部分。预测的具体步骤如下。

（1）根据工作分析的结果来确定职务编制和人员配置。

（2）进行人力资源盘点，统计人员的缺编、超编及符合职务资格要求的人员情况。

（3）将上述统计结果与各级管理者进行讨论，修正统计问题。

（4）将（3）中的最终统计结果作为现实人力资源需求量。

（5）根据组织的发展规划，确定各部门的工作量。

（6）根据工作量的增长情况，确定各部门需要增减的人数，并进行汇总。

（7）将（6）的结果作为未来人力资源需求量。

（8）统计预测期内的退休人员。

（9）根据历史数据，对未来可能发生的离职情况进行预测。

（10）将（8）（9）两项的统计和预测结果进行汇总，得出未来因人力资源流失而需要补充的人员数量。

（11）对现实人力资源需求量、未来人力资源需求量和未来因人力资源流失而需要补充的人员数量进行汇总，得出组织整体人力资源需求量。

第三节   人力资源供给预测

人力资源供给预测也称为人员拥有量预测，是组织人力资源预测的一个关键环节。<u>只有</u>

进行人力资源供给预测并把它与人力资源需求量相比较之后，组织才能制定出人力资源的具体规划。人力资源供给预测分为内部供给预测和外部供给预测等两种。人力资源供给预测具体步骤如下。

（1）进行人力资源盘点，了解组织现状。

（2）分析组织员工的历史变动情况，统计出员工变动和调整的具体数据。

（3）向各部门的管理者了解可能会出现的人事调整情况。

（4）将（2）（3）的情况汇总，得出组织内部人力资源供给预测数据。

（5）分析影响外部人力资源供给的地域性因素：①组织所在地的人力资源整体现状；②组织所在地的有效人力资源的供求现状；③组织所在地对人才的吸引程度；④组织的薪酬对所在地人才的吸引程度；⑤组织能够提供的各种福利对当地人才的吸引程度；⑥组织本身对人才的吸引程度。

（6）分析影响外部人力资源供给的全国性因素：①全国相关专业的大学生毕业人数及就业情况；②国家在就业方面的法规和政策；③组织所处行业在全国范围内的人才供需状况；④全国范围内组织所处行业从业人员的薪酬水平和差异。

（7）根据（5）（6）的分析和统计，得出组织外部人力资源的供给预测数据。

（8）对组织内部人力资源供给预测数据和组织外部人力资源供给预测数据进行汇总，得出组织人力资源供给预测总的数据。

一、组织内部人力资源供给预测

组织内部人力资源供给预测方法主要有以下几种。

1. 管理人员继任计划法

管理人员继任计划法是预测管理人员内部供给情况的较简单的预测方法。其具体做法是，人力资源管理部门对组织的每位管理人员都进行详细的调查，并与决策人员共同确定哪些管理人员具备升迁到更高职位的条件。具体过程是：①确定需要制定接续规划的管理职位；②确定每个管理职位的接替人选，所有可能的接替人选都应该考虑到；③评价接替人选，主要是判断其目前的工作状况是否达到了晋升的要求，组织可以根据评价的结果将接替人选分为可以马上接任、尚需进一步培训、自身问题较多三种情况；④组织要将接替人选的个人职业目标与组织目标相结合，要考虑其职业发展需要。组织要根据评价的结果，对尚需进一步培训的接替人选进行有针对性的培训，使之能更快地胜任将来可能从事的工作，但这种安排应尽可能与接替人选的个人目标相吻合并获得其同意。管理人员继任计划法是通过一张人员继任图（见图2.3）来预测组织内的人力资源供给状况的。

2. 马尔可夫分析法

马尔可夫分析法是根据过去人事变动的规律，来推测出未来的人事变动趋势的一种预测方法。下面以某公司人员流动情况为例来说明应用马尔可夫分析法进行组织内部人力资源供给预测的过程。

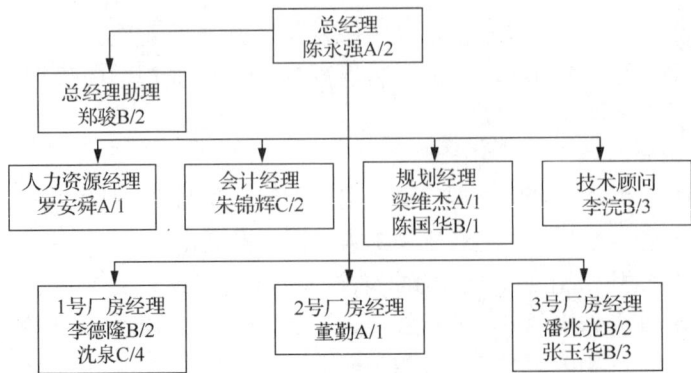

注：框内姓名代表可能接替职位的人员。A：可以晋升；B：需要培训；C：不适合该职位。
1：优越；2：良好；3：普通；4：欠佳。

图 2.3　人员继任图

【例 2.4】表 2.2 中的每一个百分数表示组织从一个时期到另一个时期，两个相邻职位之间人员变动和离职人员数量的年平均百分比。一般以 5～10 年为周期来估算年平均百分比。周期越长，根据组织过去人员的变动情况推测出的组织未来人员变动的情况就越准确。

表 2.2　某跨国公司人力资源供给情况的马尔可夫分析

（A）

职位	人员变动概率				
	H	B	S	Y	离职
高层领导（H）	80%				20%
部门经理（B）	10%	70%			20%
工程师（S）		5%	80%	5%	10%
技术员（Y）			15%	65%	20%

（B）

职位	初期人员数量	H	B	S	Y	离职
高层领导（H）	40	32				8
部门经理（B）	80	8	56			16
工程师（S）	120		6	96	6	12
技术员（Y）	160			24	104	32
预计的人员供应量		40	62	120	110	68

表 2.2（A）表明，在任何一年里，平均 80% 的高层领导留在该组织内，只有 20% 的高层领导离职。组织内有 65% 的技术员留在原工作岗位，15% 的技术员被晋升为工程师，20% 的技术员离职。用这些数据来表示各岗位工作人员变动的概率，就可以推测出未来组织各岗位工作人员变动的情况。将计划初期组织各岗位工作人员的数量与各岗位工作人员变动的概率相乘，然后将相乘得到的数据再纵向相加，即得到组织内部未来劳动力的净供给量，如表 2.2（B）所示。

如果组织下一年规模与上一年相同，可以预计组织下一年能够提供同样数量的高层领导（40人）和同样数量的工程师（120 人），但部门经理将减少 18 人，技术员将减少 50 人。提供这些人员变动的数据，便于决策者提前采取相应的措施，来解决劳动力供给与组织需求不匹配的问题。

实战演练

表 2.3　某公司各职位现有人数和每年平均变动率

职位	现有人数	每年平均人员变动率			
		经理	科长	业务员	离职
经理	10	80%	0	0	20%
科长	20	10%	80%	5%	5%
业务员	60	0	5%	80%	15%
总人数	90				

运用马尔可夫分析法对某公司业务人员明年的供给情况进行预测：根据表 2.3 内各职位人员现有人数和每年平均变动率，再画一个表格计算和填写出各职级人员的变动数和需补充的人数。

3. 档案资料分析法

组织一般借助数据库系统来管理组织内人员的档案，对组织内人员的档案资料进行分析和研究，可以预测组织内人力资源的供给情况。

案例阅读与分析

YY 公司是一家制造业企业，由于技术更新换代速度很快，员工需要不断更新自己的技能以适应生产线的变化。然而，由于历史原因，公司内有很多老员工，这些员工的技术水平已经无法满足新的生产需求。为了解决这个问题，YY 公司决定进行人力资源供给预测。

YY 公司首先对现有的生产线进行了分析，了解了每条生产线所需的技术和技能；然后，结合公司的未来发展战略，预测了未来一定时期内所需的员工数量和技能；接下来，公司制订了一系列招聘和培训计划，以吸引具有相关技能的新员工来替代老员工。与此同时，公司还为老员工提供了培训机会，帮助他们更新自己的技能。

通过实施这些计划，YY 公司在保证生产线正常运行的同时，也提高了员工的技能水平和工作效率。这不仅有助于公司的业务发展，还有助于提高员工的工作满意度和忠诚度。

评析： 在人力资源内部供给预测实际工作中，记录和评价员工拥有哪些技能、能力、经验以及培训经历的数据库非常关键，如果没有数据库支持，YY 公司制订老员工转岗和培训计划的工作量将会成倍增加。

二、组织外部人力资源供给预测

组织外部人力资源供给的来源主要包括社会失业人员、各类学校毕业生、转业退伍军人、其他组织流出人员等。组织在预测外部人力资源供给情况时，应主要考虑社会经济状况、当地的就业观念、本组织的吸引力等因素。影响外部人力资源供给的主要因素包括以下两个方面。

（1）地区性因素。组织要考虑以下因素：组织所在地和附近地区的人口密度；组织所在地的就业水平、就业观念；组织所在地的技术、文化教育水平；组织所在地对人才的吸引力；组织本身对人才的吸引力；其他组织对人才的需求状况；组织所在地人才的供给状况；组织所在地的住房、交通、生活条件等状况。

（2）全国性因素。组织要考虑以下因素：全国劳动人口的变动趋势；全国对各类人才的需求程度；全国各级各类学校的毕业生规模与结构；教育制度变革产生的影响，各级各类学校改变学制、改革教学内容等对人才供给的影响；国家就业法律法规的影响；等等。

第四节　企业劳动定员

企业劳动定员，也称劳动定员或企业人员编制，是指在一定的生产技术组织条件下，企业为保证生产经营活动的正常进行，应按一定素质要求，预先规定企业需配备的各类人员的数量。

一、企业劳动定员与劳动定额的区别与联系

企业劳动定员与劳动定额的区别与联系有以下几点。

（1）从概念的内涵来看，企业劳动定员是对劳动力使用数量和质量的规定，它与劳动定额的内涵，即对活劳动消耗量的规定是完全一致的。

（2）从计量单位来看，企业劳动定员通常采用的劳动时间计量单位是"人·年""人·月""人·季"，与劳动定额所采用的劳动时间计量单位"工·日""工·时"没有"质"的差别，只有"量"的不同。

（3）从实施和应用的范围来看：在企业中能够实行劳动定额管理的人员，也可以实行企业劳动定员管理；而不能实行企业劳动定额管理的人员，仍可实行企业劳动定员管理。

（4）从制定的方法来看，制定企业劳动定员的方法主要有：①按劳动效率定员；②按企业设备定员；③按企业岗位定员；④按企业某类人员的比例定员；⑤按企业组织机构、职责范围和业务分工定员。在上述五种方法中，前三种方法与劳动定额存在着直接的联系，而后两种方法是制定劳动定额的基本方法，如用经验估工、统计分析、技术测定等方法制定企业劳动定额标准。

二、企业劳动定员管理的作用

企业劳动定员作为企业生产经营管理的一项基础工作，对企业人力资源开发与管理具有重要的作用。

（1）企业合理的劳动定员保证了企业科学地用人。先进合理的企业定员标准，有利于企业在用人方面精打细算，合理地使用人力资源，用尽可能少的企业劳动力生产出尽可能多的产品，从而提高企业的劳动生产率。

（2）企业合理的劳动定员是企业人力资源规划的基础。企业按定员标准编制企业各岗位员工的需求计划，是企业编制人力资源规划时应遵循的原则。

（3）企业科学合理的劳动定员是企业内部员工调配的主要依据。了解企业的劳动定员，掌握各个岗位需要多少员工和需要什么条件的员工是企业人力资源调配的基础，科学合理的企业劳动定员是人员调配的主要依据，而科学合理的企业人员调配工作又使企业劳动定员标准得以贯彻和执行。

（4）先进合理的企业劳动定员有利于提高企业员工的素质。合理的企业劳动定员能使企业各岗位的工作实现满负荷运转，从而需要企业在岗的所有人员必须兢兢业业，并且具备一定的技术业务水平，否则便不能胜任自身的工作。企业劳动定员还有助于激发企业员工钻研业务技术的积极性，从而提高企业员工的素质。

三、企业劳动定员的原则

企业劳动定员工作的核心是保持企业先进合理的人员结构水平（各岗位人员定员配置比例情况）。企业劳动定员的原则主要有：①企业劳动定员必须以企业生产经营目标为依据；②企业劳动定员必须以精简、高效、节约为目标；③企业各岗位人员的比例要合理；④做到人尽其才，人事相宜；⑤企业要创造一个贯彻执行劳动定员标准的良好环境；⑥要适时修订企业劳动定员标准。

四、企业核定用人数量的基本方法

企业核定用人数量的基本依据是企业制度规定的总工作任务量和各岗位人员的工作（劳

动）效率。

$$某岗位用人数量 = \frac{企业制度规定的总工作任务量}{某岗位人员工作（劳动）效率}$$

（一）传统的核定定员的方法

1. 按劳动效率核定定员

按劳动效率核定定员的计算公式如下：

$$定员人数 = \frac{计划期生产任务总量}{工人劳动效率 \times 出勤率}$$

2. 按设备核定定员

按设备核定定员（适合机械操作类工作）的计算公式如下：

$$定员人数 = \frac{需要开动设备台数 \times 每台设备每天开动班次}{工人看管定额 \times 出勤率}$$

3. 按岗位核定定员

岗位一般分为设备岗位和一般工作岗位两类。

（1）设备岗位核定定员，应考虑的内容包括：看管（操纵）设备的岗位数量、设备岗位负荷量；设备岗位危险程度、人员看管（操纵）设备需要走动的距离；人员生产班次、倒班及替班的情况；设备单人看管（操纵）或多人多岗共同看管（操纵）的情况。

$$岗位定员人数 = \frac{各岗位同时看管（操纵）设备的生产工作时间总和}{正常工作时间 - 正常休息时间}$$

（2）一般工作岗位核定定员，适用于核定有一定岗位，但没有看管（操纵）设备，而又不能实行定额的人员，如检修工、检验工、值班电工等。这种企业劳动定员方法主要根据企业的工作任务、岗位区域、工作量，以及实行兼职作业的可能性等因素来确定企业一般工作岗位定员的人数。

4. 按比例核定定员

按比例核定定员是指按占员工总数或某一类人员总数的比例，来计算某岗位人员的定员人数。如果某岗位人员的数量随着员工总数或某一类人员总数的增减而增减，就可找出它们之间的变化规律，确定它们之间的比例关系，并可以将其作为计算定员的依据。例如，食堂工作人员和就餐人数之间，托儿所工作人员和入托儿童之间，教职员工和学生人数之间，工会工作人员、管理人员、运输人员、勤杂人员和员工总数之间，都存在这种比例关系。企业根据就餐人数、入托儿童总数、学生人数、员工总数就可计算出相关人员的定员人数。

$$某岗位的定员人数 = 员工总数或某类人员总数 \times 定员比例（百分比）$$

5. 按组织机构、职责范围和业务分工的不同核定定员

可以根据企业内部的组织机构及其职责范围情况，并结合企业组织机构内部的业务分工和岗位职责来核定定员。由于企业管理和工程技术等工作定额难以量化，所以通常综合使用按劳动效率核定定员和按岗位核定定员两种方法核定企业管理人员和工程技术人员的定员，并结合对实际工作的调查情况进行调整。

在核定定员时，企业应考虑的影响因素有：企业的管理层次；企业的机构设置与分工；工

作效率；企业的管理层次与所需管理人员之间是否呈正相关关系。企业的机构设置与分工越细，需要的有关人员就越多，反之则越少；企业的工作效率高，表明企业人员精干，所需工作人员就少，反之则多。

（二）核定定员的新方法

1. 数理统计方法

企业可以将其管理人员按职能分类，然后根据各岗位工作量的影响因素来分别计算确定相关的定员人数。运用回归分析法分析企业管理人员与其工作量各影响因素的关系。要获得较准确的定员人数，企业就需要收集并了解几十个同类型企业的有关资料和数据，然后进行回归分析。

2. 零基定员法

零基定员法是企业核定二三线人员定员人数的一种方法。它是根据零基预算法的原理，以零为起点，按企业各岗位的实际工作负荷量确定定员人数的方法。

零基定员法的具体步骤：①按月核定各岗位工作量；②核定各岗位工作量负荷系数；③通过工作分析和岗位评定建立各类岗位工作量负荷系数标准；④初步核定各岗位定员人数。

零基定员法的关键是核定企业各岗位的工作量。生产性、服务性的岗位工作量容易核定；核定管理岗位的工作量要做好工时抽样和工作日写实。

【例2.5】某印刷集团公司下属的印制厂购置了25台C型数字化印制设备。由于供货方提供的定员资料不够完整，厂方领导要求人力资源部在最短的时间内，制定出该类设备的定员方案。于是人力资源部组建了测评小组，测评小组首先对已经试运行的5台设备进行了全面的测定，通过工作日写实，发现看管该种设备的岗位有3个工作点，甲点工作时间为300工分，乙点工作时间为220工分，丙点工作时间为280工分，根据以往的经验，该种设备的个人需要与正常休息时间为60工分，工作班时间为480工分，此外，根据20×9年的计划任务量，该种设备每台每天需要开动2个班次，才能满足企业生产任务的需要。已知过去3年该厂员工的平均出勤率为96%。根据上述资料：

（1）核算出每台设备的看管定额（人/台）；

（2）核算出20×9年该类设备的定员人数。

解答过程如下：

（1）由于是多人一机共同看管的设备，按岗位核定定员，公式如下：

$$岗位定员人数 = \frac{各岗位同时看管（操纵）设备的生产工作时间总和}{正常工作时间 - 正常休息时间}$$

$$= \frac{300 + 220 + 280}{480 - 60}$$

$$= 1.905 \approx 2（人/台）$$

即0.5（台/人）。

（2）核算该种设备定员总人数：

$$定员总人数 = \frac{需要开动设备台数 \times 每台设备每天开动班次}{工人看管定额 \times 出勤率}$$

$$= \frac{25 \times 2}{0.5 \times 0.96} = 104.17 \approx 104（人）$$

第五节　人力资源规划的控制与评价

组织在不同时期都可能会出现人力资源供需失衡的状况。一是扩张期：组织的人力资源需求旺盛，人力资源供给不足，人力资源部门要用相当多的时间进行人员的招聘和选拔。二是稳定期：表面上，组织的人力资源已趋于稳定，但组织仍动态地存在着人员退休、离职、晋升、降职、补充空缺、不胜任岗位、调整等情况，组织可能隐含着结构性失衡状态。三是衰退期：组织的人力资源总量过剩，人力资源需求不足，人力资源部门需要制定裁员、下岗等政策。

一、人力资源供给与需求的平衡与协调

组织的人力资源供需调整可分为人力资源缺乏调整和人力资源过剩调整等两种。

1. 人力资源缺乏调整的方法

组织如果有内部调整、内部晋升等计划，则应该先实施这些计划，如仍不能满足组织的人力资源需求，则应从组织外部招聘相关人员。

（1）组织内部招聘和晋升。当组织出现职位空缺时，管理人员首先要考虑从组织内部的现有成员中进行招聘，现有成员通常是组织最大的招募来源。有关资料显示，79%的美国公司通常采用以组织内部招聘为主、以外部招聘为辅的政策，而且组织中90%以上的管理职位都是由组织内部的人员来担任的。组织内部招聘和人员晋升的优点包括：组织能够简化人员招聘程序、减少人员招聘费用、降低人员招聘风险；组织采用内部招聘方式尤其适合招聘一些关键的管理人员；能够减少组织对员工进行岗位培训的费用和成本；能够有效地激励组织内部员工；能为组织内部员工提供更多的发展机会；有助于提高组织的劳动生产率；有利于培养组织员工的奉献精神。组织内部招聘和人员晋升的缺点包括：招聘人员的范围有限，容易造成某些职位空缺；招聘过程易受决策者主观偏见的影响。

（2）从组织外部招聘。从组织外部招聘人员的优点主要包括：选择范围广，选择余地大；能为组织注入新鲜血液和活力；更容易避免偏见，易于管理。从组织外部招聘人员的缺点包括以下几个方面：组织一般要借助各种广告媒体和宣传媒介对外进行招聘，招聘工具的设计和制作通常需要由专业部门和人员来完成，费用和成本较高；招聘部门对组织外部的应聘者没有太多的了解，只能通过应聘者的个人资料来获取相关信息，为了能够在众多应聘者中选出符合招聘条件的候选人，招聘部门必须认真地对候选人的资格进行审查和评定，并对候选人进行严格的能力测试等；会产生一定的费用和支出；从组织外部招聘人员还会影响组织内部部分人员的积极性。

（3）继任计划。继任计划是指人力资源管理部门对组织内的每位管理人员进行详细的调查，并与决策层一起确定哪些人有条件和资格晋升到更高层次的职位上，然后再绘制出相应的人员继任图（见图2.3），列出各个岗位可以替换的人选（以备空缺）。继任计划的内容属于组织的秘密，不宜公开。

（4）技能培训。当企业即将出现经营转型时，企业应及时对员工进

▶ 微课堂

企业人力资源供给与需求平衡的分析

行培训，培训新的工作知识和技能，以确保企业转型后，原有的员工能够符合新的岗位和职务的任职资格要求，能尽快地胜任新的工作。

2. 人力资源过剩调整的方法

人力资源过剩时可采用以下几种调整方法。

（1）提前退休。在国家法律规定的范围内，组织可以适当地放宽退休的年龄和条件限制，让一部分符合相关条件的员工提前退休，如果将退休的条件修改得有足够的吸引力，会有更多的员工愿意接受提前退休。

（2）减少人员补充。当组织出现员工退休、离职等情况时，若某一岗位人员过剩，组织就无须对此岗位进行人员补充。

（3）增加无薪假期。增加无薪假期，如组织规定员工有一个月的无薪假期，在这一个月的假期中，员工没有薪水，但员工在次月可以照常上班。

（4）裁员。裁员是组织调整人力资源过剩的一种无奈但有效的方法。组织在裁员时，首先，要制定优厚的裁员政策，裁减那些主动离职的员工；其次，应裁减工作考评成绩较差的员工，并对被裁减者发放优厚的失业金等补偿费用。

（5）共享员工。可将富余员工成批调剂给缺工组织，或者允许员工个人办理"停薪留职"后自己找临时性工作，以保证将来人力短缺时能迅速召回可用的员工。这种方式和增加无薪假期一样，组织要负责为员工缴纳社保等。

📚 案例阅读与分析

综合媒体报道　企业难免遇到"用工荒"或部分员工无活可干的情况。早在2020年，在政府的协调下，部分企业之间开展了用工余缺调剂合作，在不改变劳动合同的情况下，员工富余企业在一定期限内将部分员工调剂到缺工企业工作，自此"共享员工"开始流行，被越来越多的企业所接受。

2024年春，"共享程序员""共享设计师""共享财务"等类型的"共享员工"成为企业招聘的热门选择，此类"共享员工"和2020年的"共享员工"有了一些不同，更多的是企业和员工通过招聘平台取得联系，一位员工可同时为多家企业服务。企业通过招聘"共享员工"不仅可临时补充员工数量，还有可能节省用工成本；有些"共享员工"也可在自己缴纳社保的情况下灵活就业且有更高的收入。这种模式和传统的业务外包、劳务派遣和招聘临时工都不太一样，应该能成为正常用工模式的有益补充，是值得探索的一种用工模式。不过，这种用工模式在社保、劳动保护方面还有待进一步探索。

评析："共享用工"模式使人力资源的流动效率大大提升：临时性人力资源过剩企业可以在不裁员的情况下，让富余员工有工可做；临时性人力资源紧缺企业可以快速找到可用员工，避免招工不及时给自己带来损失；喜欢灵活就业的员工在享受"灵活"的同时还可从事多份工作，甚至还可能获得较正常就业更高的报酬；处在职场空窗期的劳动者更容易找到临时性工作，增加一些收入。总体上来说，"共享员工"模式是人力资源缺乏调整和人力资源过剩调整的一种新方法。

二、人力资源规划的评价

人力资源规划评价，是对组织人力资源规划所涉及的各个方面及其所带来的效益进行综合评估的过程，也是对人力资源规划所涉及的有关政策、措施以及招聘、培训发展和报酬福利等方面的内容进行的综合评价。

人力资源规划的具体评价内容如下。①实际人员招聘数量与预测的人员需求量的比较。②劳动生产率的实际水平与预测水平的比较。③实际的人员变动率与预测的人员变动率的比较。④实际执行的人力资源规划行动方案与理论上的人力资源规划行动方案的比较。⑤实施人力资源规划行动方案的实际结果与预测结果的比较。⑥劳动力的实际成本与预算额的比较。⑦人力资源规划行动方案的实际成本与预算额的比较。⑧人力资源规划行动方案的成本与收益的比较。

人力资源规划评价的必要性体现在以下几个方面。

（1）通过对人力资源规划的评价，组织可以听取管理人员和员工对组织人力资源管理工作的意见和建议，动员组织内广大管理人员和员工参与人力资源管理工作，以利于组织调整人力资源规划方案及改进人力资源管理工作。

（2）人力资源成本是组织运作中的主要成本之一。对这样一个重要的成本项目，管理者必须对人力资源规划加以评价，以便对组织成本进行统一管理。

（3）通过评价人力资源规划，人力资源管理人员可以调整人力资源管理方面的项目及其预算。

总之，一个组织应通过定期与非定期的人力资源规划评价，及时地引起组织高层领导对人力资源管理工作中存在问题的重视，使有关人力资源管理的政策和措施得到及时改进并落实，以调动组织内员工的积极性，并不断提高组织人力资源管理的效益。

视野拓展

如何管理如一盘散沙的团队

本章小结

人力资源规划是预测未来的组织任务和环境对组织的要求，以及为完成这些任务和满足这些要求而提供所需人员的过程。

人力资源需求预测是指组织对未来一段时间内组织所需要人力资源的数量和种类进行预测的过程。人力资源需求预测是否科学合理，是组织整个人力资源规划能否成功的关键。组织要全面考虑组织内部和外部影响人力资源需求的各种因素，准确把握组织发展与人力资源需求之间的关系。人力资源需求预测按时限可分为短期预测、中期预测和长期预测，预测方法可分为定性方法和定量方法两大类。

人力资源供给预测是组织人力资源预测的一个关键环节。只有进行人力资源供给预测并把它与人员需求量比较之后，组织才能制定出人力资源的具体规划。人力资源供给预测可分为内部供给预测和外部供给预测两种。

组织在不同时期都可能出现人力资源供需失衡的状况，所以组织人力资源管理部门的重要工作之一就是要不断地控制和调整人力资源结构，使组织的人力资源始终处于供需平衡状态。

只有这样，组织才能有效地提高人力资源利用率，降低组织的人力资源成本。

　　人力资源规划评价，是对组织人力资源规划所涉及的各个方面及其所带来的效益进行综合评估的过程，也是对人力资源规划所涉及的有关政策、措施，以及招聘、培训发展和薪酬福利等方面进行的综合评价。

练习题

一、名词解释

人力资源规划　　　人力资源需求　　　人力资源供给　　　人力资源需求预测
人力资源供给预测　　定性分析法　　　定量分析法　　　德尔菲法

二、单项选择题

1. (　　) 是对组织人员总量、构成、变动的整体规划。
　　A．人力资源规划　B．人员规划　　　　C．资源劳动力规划　D．市场劳动力规划

2. 1～5年的组织人力资源规划称为 (　　)。
　　A．长期规划　　　B．中期规划　　　C．短期规划　　　D．组织规划

3. 要确定合适的组织人员分布规模及与之对应的人员结构的人力资源计划称为 (　　)。
　　A．配备计划　　　B．使用计划　　　C．招聘计划　　　D．职业生涯计划

4. 某车间轮班生产某产品的产量任务为2 000件，每个工人的每班产量定额为5件，定额完成率为100%，工人出勤率为90%，该工种每班的定员人数应为 (　　)。
　　A．400　　　　　B．444　　　　　C．450　　　　　D．463

5. 某车间计划在明年生产A产品2 000件，B产品500件，C产品200件，这三种产品每件的工时定额分别为20小时、30小时、40小时，计划期内定额完成率为120%，工人出勤率为90%，废品率为8%。该工种的定员人数应为 (　　)。
　　A．28　　　　　B．32　　　　　C．35　　　　　D．42

6. 组织搞好劳动定员工作的核心是 (　　)。
　　A．保持先进合理的定员水平　　　　B．制定合理的劳动定额
　　C．保证各类人员比例协调　　　　　D．做到人尽其才，人事相宜

三、多项选择题

1. 从规划的期限上看，组织的人力资源规划可分为 (　　)。
　　A．长期规划　　　　　　　　　　B．人力资源费用规划
　　C．中期计划　　　　　　　　　　D．企业组织变革规划
　　E．短期计划

2. 人力资源规划的内容包括 (　　)。
　　A．总体规划　　　B．配备计划　　　C．使用计划
　　D．招聘计划　　　E．人力资源预算

3. 根据狭义人力资源规划的内涵，其任务在于根据组织内外部环境和条件的变化，运用科学的方法（　　　）。

　　A．对组织人力资源的需求和供给进行预测

　　B．使组织人力资源供给和需求达到平衡

　　C．实现人力资源的合理配置

　　D．制定相应的人力资源政策和措施

　　E．有效地激励员工

4. 人力资源需求预测的定性方法有（　　　）。

　　A．现状预测法　　　B．经验预测法　　　C．德尔菲法

　　D．描述法　　　　　E．趋势预测法

5. 组织内部人力资源供给预测方法有（　　　）。

　　A．管理人员继任计划法　　　　B．马尔可夫分析法

　　C．档案资料分析法　　　　　　D．零基定员法

　　E．全员劳动生产率估算分析法

6. 人力资源缺乏调整的方法有（　　　）。

　　A．组织内部招聘和晋升　　　　B．从组织外部招聘

　　C．继任计划　　　　　　　　　D．技能培训

　　E．增加无薪假期

四、判断题

1. 为了能够对组织的人力资源现状进行正确分析，首先要确定所分析的人力资源对象和分析的时间空间范围。　　　　　　　　　　　　　　　　　　　　　　　（　　）

2. 组织的人力资源需求预测一般比较复杂，需按步骤、有计划地进行。　　　（　　）

3. 人力资源需求预测任务一定由组织的人力资源管理部门提出。　　　　　　（　　）

4. 在预测组织人力资源的供给时，组织应先预测外部供给情况，然后再考虑内部供给情况。　　　　　　　　　　　　　　　　　　　　　　　　　　　　　　　　（　　）

5. 组织的人力资源晋升规划形式主要有内部选拔、个别补充和公开招聘等三种形式。（　　）

6. 对组织人力资源规划进行修订时，最好采用滚动修订方法，以避免组织的人力资源产生较大的波动。　　　　　　　　　　　　　　　　　　　　　　　　　　　　（　　）

7. 如果已经获取组织未来所需的人员总数及结构状况的预测资料，则组织未来的人员短缺情况也就可以确定了。　　　　　　　　　　　　　　　　　　　　　　　　（　　）

8. 影响组织人力资源供给的地域性因素主要包括地区预期经济增长率、预期失业率和全国范围内的劳动力市场状况等。　　　　　　　　　　　　　　　　　　　　　（　　）

9. 组织人力资源失衡调整的具体方法有聘用临时工、延长工作时间、内部晋升、实行管理人员接替计划、技能培训、扩大员工工作范围等。　　　　　　　　　　　　（　　）

五、简答题

1. 组织人力资源需求的预测方法有哪些？

2. 组织人力资源供给预测应考虑哪些因素？应收集哪些存量信息？

3. 如何使组织人力资源供需保持综合平衡？

六、案例分析题

公司人力资源规划的制定

何人现任和平公司人力资源部经理助理。11月中旬，公司要求人力资源部在两星期内提交一份明年的人力资源规划初稿，以便在12月初的公司计划会议上进行讨论。人力资源部经理王盛将此任务交给了何人，并指出必须考虑以下情况。

（1）公司的现状。公司现有生产及维修工人850人，文秘和行政职员56人，工程技术人员40人，中层与基层管理人员38人，销售人员24人，高层管理人员10人。

（2）统计数字表明，近5年来，公司的生产及维修工人的离职率为8%，销售人员的离职率为6%，文秘和行政职员的离职率为4%，工程技术人员的离职率为3%，中层与基层管理人员的离职率为3%，高层管理人员的离职率为1%，预计明年不会有大的改变。

（3）按公司已制定的生产发展规划，文秘和行政职员要增加10%，销售人员要增加15%，工程技术人员要增加6%，生产及维修工人要增加5%，高层、中层和基层管理人员不增加。

要求： 基于上述情形为公司提出合理可行的明年的人员补充规划，其中要列出现有的、可能离职的以及必须增补的各类人员的数量。

思考讨论：

1. 假设你是何人，你将如何编制这份人力资源规划？

2. 应如何设计编制人力资源规划的流程？

综合实训

一、实训内容

选一个较熟悉的企业，对企业人力资源需求和供给情况进行调研，了解企业如何对人力资源需求和供给进行预测，结合所学知识提出合理建议。

二、方法步骤

1. 以8～10人为一组对上述实训内容进行调研和讨论。

2. 每个小组派一名代表在课堂上用2～3分钟的时间进行交流发言。

三、实训考核

教师对小组讨论交流的结果给予点评。

第三章

工作分析与工作设计

【学习目标】

知识目标：了解工作分析的含义与内容，掌握工作分析的主要程序和方法，了解工作设计的主要方法。

能力目标：掌握职位说明书的设计和撰写方法。

素养目标：通过工作分析，理解岗位职责和任职条件的内涵，培养严格履行岗位职责、遵守规章制度的意识。

【引　　言】

李××是某医药公司的一位业务员。他有很强的事业心，也有自己的追求，喜欢展示自己的才能。他善于与陌生人打交道，并能独立地开展工作，但李××喜欢自由，不太愿意受约束。连续几年，他的销售业绩在公司一直名列前茅，他因此被提升为营销部主任。

李××走上行政管理工作岗位后，每天都要看文件和经营报表，经常有下属来与他谈工作，他还要带着下属去拜访客户，自己几乎没有独立活动的时间，这让他感到很不适应，工作一段时间后，他对下属的事便能不管尽量不管，也很少主动与其他部门沟通。几个月后，下属、领导和其他部门对李××都有了看法，他也感到很郁闷。

上述例子告诉我们：在所有的组织里都会有一些很优秀的员工，但是在一个岗位上很优秀的员工，在另一个岗位上就不一定很优秀，甚至连最基本的工作都可能做不好。人力资源管理的一个重要职能，就是要使人与岗位相匹配，把每一个员工都放在最合适的岗位上，只有这样才能充分地发挥员工的才能，也才能使组织的任务有效地完成，使组织和员工双方都比较满意。

要做到组织人员与岗位的合理匹配，人力资源管理者就要学会工作分析和工作设计。

组织的工作分析是确定完成各项组织岗位工作所需的技能、责任和知识的系统过程，它需要对一个岗位每项工作的内容进行清楚、准确的描述，对完成该岗位工作的职责、权力、隶属关系、工作条件等提出具体的要求。工作分析调研有多种方法，如访谈法、问卷调查法、实地观察法、工作日志法等。这些调研方法可根据实际需要组合使用。

工作设计就是在工作分析的基础上，对完成工作的方式以及某种特定工作所要求完成的任务进行界定的过程。工作设计有许多方法，具体方法的选择与组织的业务特点和岗位层次有关。

第一节 工作分析概述

在人力资源管理工作中，组织不仅要知道需要多少名员工，还必须知道每个工作岗位的具体工作内容及工作岗位对员工的素质要求，这就是工作分析。只有做好这项工作，才能做好人力资源的计划和管理。当今市场环境瞬息万变，组织的工作环境也需要随之进行调整。新的工作岗位不断产生，旧的工作岗位要重新设计，一份组织工作分析报告也许两年之后就需要调整，所以，建立一个适当的工作分析体系非常重要。

一、工作分析的基本含义

现代管理学将工作分析定义为一种确定完成各项工作所需技能、责任和知识的系统过程。工作分析是组织人力资源管理工作的基础，其分析质量对组织各方面管理都有较大的影响。

具体地讲，工作分析（即岗位工作分析，也称职务分析、职位分析或岗位分析）就是全面收集组织各工作岗位的有关信息，对各工作岗位从工作内容（what）、责任者（who）、工作地点（where）、工作时间（when）、如何工作（how）以及为何要这样做（why）等六个方面（简称"5W1H"）展开调查研究，然后再将这些岗位的工作任务、内容和要求进行书面描述、整理成文的过程。

> 工作计划六个方面的内容也简称"5W1H"，两者有何不同？

二、工作分析的内容

工作分析的内容包括工作描述和工作要求。

示例

某酒店保安员职位说明书

【职位描述】

1. 常规巡逻，确保负责的区域内无异常或安全违规情况。
2. 记录、报告和跟踪涉及安全的事项以及违反酒店和公司政策的事件。
3. 留意任何人的异常活动，包括酒店员工和客人。
4. 执行由安保主管或酒店经理所指派的其他工作，每位员工应在其能力范围内执行领导人员提出的所有合理要求。

【任职要求】

1. 身高1.75米以上，具有高中以上文化程度。退伍军人优先。
2. 处理事情要迅速、果断、准确。
3. 具有较强的协调能力，懂得必要的安全保卫知识。

1. 工作描述

工作描述就是确定工作的具体特征，它包括以下几个方面的内容。

（1）工作名称。明确描述具体是什么工作。

（2）工作目标。工作的最终目标，叙述时要简明扼要。

（3）工作职责。工作职责是围绕工作目标来确定的，要实现一个岗位的工作目标，就必须明确岗位工作人员负责的工作范围及承担的职责。

（4）工作任务和程序。工作任务和程序包括确定所要完成的工作任务，完成工作所需要的资料、机器设备与材料，工作流程，工作人员间的联系方式以及上下级关系等内容。

（5）工作条件。工作条件包括工作环境的温度、光照度、通风设备、安全措施、建筑状况，工作的地理位置等情况说明。

（6）职业条件。职业条件应说明组织某工作岗位的工资报酬、奖金制度、工作时间、工作季节性、晋级机会、进修和提高的机会、该岗位在本组织中的地位以及与其他岗位的关系等。

（7）岗位素质要求。岗位素质要求是组织对某工作岗位人员的最基本要求。

（8）考核指标。考核指标是指组织用什么标准衡量这个岗位的工作结果，考核指标要量化，比如机器保养岗位的考核指标就是机器设备完好率要达到98%。

工作描述要注明直接领导、所属部门、直接下属、相关部门、需配备的仪器和设备以及工具等内容。

2. 工作要求

工作要求主要说明从事组织某工作岗位的人员必须具备的能力、资质和其他特殊的要求。

（1）任职资格。任职资格主要包括任职者的教育背景、工作经历、技能要求等内容。

（2）能力要求。能力要求包括任职者的领导、组织、协调、创新、分析能力，信息处理能力，人际交往能力和表达沟通能力等内容。

（3）心理素质。心理素质是对任职者的个性、心理特点的要求。

（4）职业品质。职业品质主要是对任职者的敬业态度、职业纪律的要求。

（5）身体素质。身体素质主要是对任职者身体素质方面的特殊要求。

制定工作要求的目的是确定能胜任岗位工作的重要个体特征，以此作为筛选、任用和调配某岗位工作人员的依据，组织既可以用经验判断的方法确定这些信息，也可以通过统计分析的方法来确定。

视野拓展

工作分析相关名词

- 工作要素：工作中不能再分解的最小运作单位。例如，工作人员从工具箱中取出夹具、将夹具与加工件固定在机床上、开启机床、加工工件等均是工作要素。

- 工作任务：工作人员为了达到某工作目的所从事的一系列活动。工作任务可以由一个或多个工作要素组成。例如上述各项工作要素组合起来就是"加工工件"这项工作任务。

- 工作责任：工作人员在工作岗位上需要完成的主要工作任务或大部分工作任务，它可以由一个或多个工作任务组成。

- 工作职位：根据组织目标为个人规定的一组工作任务及相应的职责。工作职位与工作人员是一一匹配的，也就是说有多少工作职位就有多少工作人员，二者的数量相等。工作职位和工作岗位有一定区别，但经常被混用。

● 工作职务：一组工作责任相似或相同的工作职位的集合。通常工作职位与工作职务是不加区分的，但二者在内涵上还是有很大的区别：工作职位是工作任务与工作责任的集合，它是人与事有机结合的基本单元；而工作职务是同类工作职位的集合，它是工作职位的统称。

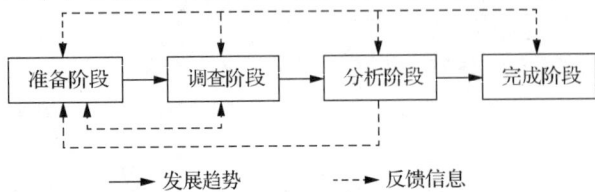

准备阶段 → 调查阶段 → 分析阶段 → 完成阶段

—→ 发展趋势　---→ 反馈信息

图 3.1　工作分析各个阶段的关系

三、工作分析的程序

组织的工作分析是一个全面评价过程，其程序主要包括准备、调查、分析和完成等四个阶段（见图 3.1）。

1. 准备阶段

准备阶段是工作分析的第一个阶段，具体的工作内容如下：①由工作分析专家、岗位在职人员、上级主管组成工作小组；②确定调查和分析岗位的样本，同时考虑岗位样本的代表性；③利用现有文件与资料（如岗位责任制、工作日记等），对岗位工作的主要任务、主要责任、工作流程进行分析和总结；④把岗位各项工作分解成若干工作要素和环节，确定工作的基本难度；⑤找出原来职位说明书中存在的问题，或在新职位说明书中提出拟解决的问题，为后期对职位说明书进行修改和完善打下基础。

2. 调查阶段

调查阶段是工作分析的第二个阶段，主要任务是对岗位的整个工作过程、工作环境、工作内容和工作人员等方面做一个全面的调查。该阶段的具体过程如下：①编制各种调查问卷和调查提纲；②到工作场地进行现场考察，了解岗位工作流程，记录关键事项，确定岗位工作必需的工具与设备，考察岗位工作的工作条件与工作环境；③对主管人员、在职人员进行问卷调查，并与他们进行面谈，收集与该岗位工作有关的各种信息，征求他们对该岗位工作的意见和建议，同时做好面谈记录，并注意面谈的方式和方法；④如有必要，工作分析人员可直接参与调查工作，或通过实验的方法分析各因素对该岗位工作的影响。

3. 分析阶段

分析阶段是工作分析的第三个阶段，主要任务是对岗位工作的特征和工作人员特征的调查结果进行深入全面的分析和总结。分析阶段的具体过程如下：①仔细审核、整理获得的各种信息；②创造性地分析并找出岗位工作和工作人员的关键要素；③归纳、总结出工作分析的必需材料和要素。

4. 完成阶段

完成阶段是工作分析的最后一个阶段，此阶段的任务就是根据工作分析的规范和信息编制出岗位的"职位说明书"。完成阶段的具体过程如下：①根据工作分析的规范和经过分析处理的信息编制"职位说明书"；②将编制的"职位说明书"与实际工作进行对比；③根据对比的结果决定是否需要再次进行调查研究；④修正"职位说明书"；⑤若需要，可重复②～④的过程，对特别重要的岗位，其"职位说明书"可能需要进行多次修订；⑥形成最终的"职位说明书"；⑦将"职位说明书"应用于实际工作中，并注意收集工作中的反馈信息，不断完善

"职位说明书"；⑧对工作分析的整体工作进行总结和评估，并将"职位说明书"归档保存，为今后完善工作分析提供经验。

视野拓展
以人定岗好还是
以岗定人好

四、工作分析的方法

目前已经形成了许多较为成熟的工作分析方法，如以工作为中心和以人为中心的工作分析方法。下面介绍工作分析中一些较成熟的方法。

1. 访谈法

访谈法是通过研究者与被研究者直接接触、直接交谈的方式来收集资料的一种研究方法。要预先准备访谈提纲；与主管密切配合，找到最了解工作内容、最能客观描述工作职责的员工，尽快与员工建立融洽的感情氛围（知道对方姓名、明确访谈目的及选择对方的原因），访谈中应该避免使用生僻的专业词汇；访谈者应只能被动地接受信息；就工作问题与员工有不同意见，不要与员工争论；员工对组织或主管有抱怨，也不要介入；不要流露出对某一岗位薪酬

微课堂
访谈法示例

的特殊兴趣；不要对工作方法与组织的改进提出任何批评与建议；请员工将工作活动与职责按照时间顺序或重要程度顺序排列，这样就能够避免一些重要的事情被忽略。

访谈法的优点：是一种被广泛采用、相对简单、便捷的搜集信息的方法，而且适用面较广；经常被作为其他信息收集方法的辅助，如当问卷填写不清楚时、观察员工工作存在的问题时等；通过访谈能探查到一些不为管理层知晓的内容，如工作态度、工作动机等较深层次的东西或一些管理问题；方式亲切，能增进访谈者与员工的关系。

访谈法的缺点：对访谈者技巧要求高，如运用不当可能影响信息搜集的质量；信息失真（员工害怕效率革命而带来薪酬变化）；打断员工的正常工作，有可能造成生产的损失；可能会因问题不够明确或不够准确而造成双方误解或信息失真。

为了使访谈能够顺利有效地进行，访谈者应注意以下几点：①事先应对访谈对象有了解；②要尽可能结合受访者当时的具体情况和状态进行访谈；③访谈的问题应该由浅入深、由简入繁，尽量自然过渡；④为避免访谈跑题，访谈者需要适当地调节和控制访谈的方式和内容；⑤无论是提问还是追问，访谈者提问的方式及内容都要适合受访者的具体情况；⑥访谈者在回应受访者时，要避免随意评论；⑦在访谈中，访谈者要特别注意自己的非语言行为；⑧访谈者还要注意访谈的结束方式。访谈前，访谈者应预先准备好访谈记录表。

示例

常见访谈问题

你所做工作的具体内容是什么？　　　　　　你所在职位的主要职责是什么？

你在工作中遇到了哪些问题，你又是如何处理的呢？

你的工作环境与别人的有什么不同呢？

做这项工作需具备什么样的受教育程度、工作经历、技能？

做这项工作必须具有什么样的文凭或工作许可证？

这项工作的职责和任务是什么？　　你所从事的工作的基本职责是什么？

你的工作绩效标准有哪些？　　　　你真正参与的活动都包括哪些？

你的责任是什么？　　　　　　　　你的工作环境和工作条件是怎样的？

你所做的工作对身体的要求是怎样的？　　你所做的工作对情绪和脑力的要求是怎样的？

你所做的工作对安全和健康的影响如何？　　在工作中你有可能会受到身体伤害吗？

你在工作时会暴露于非正常工作条件下吗？

示例

访谈记录表

姓　　名：	日　　期：	地　　点：
任职时间：	现任职位和级别：	
部　　门：	组　　别：	主管姓名：

1. 工作目的：

2. 主要职责：

3. 次要职责：

4. 使用设备：	连续使用	经常使用	偶尔使用

2. 问卷调查法

问卷调查法是研究者通过事先设计好的问题来获取有关信息和资料的一种调研方法。调研者以书面形式给出与研究目的有关的一系列问题，让调研对象以答卷的方式回答，然后，调研者对问卷进行回收，对调研对象的答案进行整理和分析，以获取有价值的信息。问卷调查法是工作分析中比较常用的一种调研方法。

问卷调查法的优点是可以节省人力、时间和经费，采用网络问卷则更省时、省力。然而要获得可靠和有价值的工作分析信息，调研者必须选择对该工作熟悉并具有一定文字表达能力的调研对象，同时调研者还要与调研对象充分合作，才能取得预期的效果。工作分析问卷调查表的内容主要包括工作名称，所在单位名称，调研对象姓名、工作上受何人领导，处理工作的程序与方法，工作中必须使用的材料与设备，必须具备的知识、技能和经验等。

　　一般而言，问卷调查法有以下几个缺点。

　　（1）缺乏弹性。大部分问卷中的问题都由问卷设计者预先设计好回答范围，这使得调研对象作答比较受限，可能会遗漏一些更细致、深层的信息。对于复杂的问题，简单的答案并不能提供所需的全部信息。

　　（2）容易误解。发放的问卷是由调研对象自由作答的，而调研者为了不给调研对象压力，一般不会当场检查答案，这样容易出现调研对象漏答、错答等问题。

　　（3）回收率和有效率较低。在问卷调查中，问卷的回收率和有效率达到一定的比例才能让调研样本有代表性和价值，但邮寄出去的问卷，回收率和有效率往往不高，因为其对调研对象没有任何约束，这会对调研样本造成很大的影响。

示例

工作分析问卷调查表

姓　　名_____　工作名称_____　部　　门_____

工作编号_____　主管姓名_____　主管职位_____

1. 任务综述（请简单说明你的主要工作）

_____

_____

2. 特定资格要求（说明完成由你承担的工作需要什么学历、经历、职业技能等级证书或许可证）

_____

_____

3. 设备（列举为完成本工作需要使用的设备或工具等）

设备名称　　　　　　　　　　平均每周使用小时数

_____　　　　　_____

_____　　　　　_____

4. 日常工作任务（请你尽可能详细地描述日常工作内容，并根据工作的重要性和每项具体工作所花费的时间由高到低进行排列）

_____

_____

5. 工作接触（请你列出在公司内部或外部所有因本工作而与你发生联系的部门和人员，并根据接触频率由高到低进行排列）

_____

_____

6.　决策（请说明你的工作中包含哪些决策）

_____

_____

7.　文件记录责任（请列出需要由你准备的报告或保存的所有文件，并说明文件应交给谁）

_____

_____

8.　工作环境与条件（请详细描述你的工作环境与条件）

_____

_____

9.　资历要求（请描述胜任本工作的人最低应达到什么样的资历要求）

最低受教育程度_____专业或专长_____工作经历_____

工作年限_____特殊培训与资格_____特殊技能_____

10.　其他信息（请写出前面各项中没有涉及的但你认为对本工作很重要的其他信息）

_____

_____

3.　实地观察法

实地观察法是观察者有目的、有计划地运用自己的感觉器官或借助科学观察工具，能动地了解处于自然状态下的社会现象的一种研究方法。实地观察法有几个显著特点：①它是观察者有目的、有计划的自觉认识活动。②它是运用两类观察工具进行观察的活动。这两类观察工具一是人的感觉器官，其中最主要的是人的视觉器官——眼睛；二是科学的观察工具，如照相机、摄影机、望远镜、显微镜、录音机、探测器，以及观察表格、观察卡片等。③实地观察法的观察过程是一个积极的、能动的反映过程。④观察对象通常是处于自然状态下的社会现象。总之，在工作分析中，实地观察法的观察过程是由观察人员到现场实地观察员工工作中的实际表现，并记录员工在工作中所耗费的时间等信息的过程。实地观察法适用于对一些比较简单、不断重复，又容易观察的工作进行分析和研究。

示例

工作分析观察表

被观察者姓名：_____　日　期：_____观察时间：_____

观察者姓名：_____工作类型：_____工作部门：_____

观察内容：

1.　什么时候开始正式工作？_____　　2.　上午工作多少小时？_____

3.　上午休息几次？_____　　4.　第一次休息时间从_____到_____

5.　第二次休息时间从_____到_____　　6.　上午完成了多少件产品？_____

7.　平均多长时间完成一件产品？_____　　8.　与同事交谈几次？_____

9.　每次交谈约多长时间？_____　　10.　室内温度_____摄氏度

11.　喝了几次水？_____　　12.　什么时候开始午休？_____

13. 出了多少次品？ _____   14. 搬运了多少原材料？ _____

15. 工作地点的噪声是多少分贝？ _____

4. 工作日志法

工作日志法是让员工用写工作日志的方式，详细记录每天的工作内容。员工通过对自己一段时间内所做的工作内容进行系统的记录，能提供一个较完整的岗位工作情景。工作日志不仅对工作分析有用，而且也是员工对其岗位工作进行自我诊断的工具。工作日志法的具体做法是由分析人员事先设计好工作日志单，让员工按照要求在工作期间及时填写岗位工作内容。与其他工作分析方法相比，工作日志法适用于对工作循环周期较短、工作状态较稳定的岗位工作进行分析和研究。

■ 示例

工作日志单

填写日期： 年 月 日 工作开始时间： 工作结束时间：

序号	工作活动内容	工作活动结果	时间消耗	备 注

5. 资料分析法

为了降低工作分析的成本，分析人员应当尽量利用组织现有的资料。例如，利用已制定的岗位责任制等方面的资料，可大致了解每个岗位的工作任务、职责、权限、工作负荷、任职资格等，这能为进一步进行工作调查与分析奠定基础。

岗位责任制是企业特别是大中型企业十分重视的一项制度。但是，岗位责任制只是规定了岗位工作的责任与任务，并没有规定岗位工作的其他要求，如岗位工作的社会条件、工作条件、聘用条件、工作流程以及任职条件等。如果根据企业的具体情况，在岗位责任制的基础上添加上述必需的岗位工作条件等要求，则可形成一份完整的职位说明书（即岗位任职说明书，本书忽略其与岗位说明书、职务说明书的细微区别）。

6. 关键事件法

关键事件是指能使工作成功或失败的主要事件。关键事件法要求管理人员、员工记录工作行为中的关键事件的信息，包括以下几个方面：①导致关键事件发生的原因和背景；②关键事件中员工特别有效或多余的行为；③关键事件的后果；④员工自己能否支配或控制关键事件的后果。

分析人员在收集到这些关键事件的信息以后，再对它们进行分类，可总结出某岗位工作的主要行为特征和行为要求。关键事件法既能获得岗位工作的静态信息，也能获得岗位工作的动态信息。

■ 问与答

问：使用关键事件法时，注意事项有哪些？

答：①调查期限不能太短。②关键事件的数量应足够说明问题，事件数量不能太少。③正反两方面的事件要兼顾，不能偏颇。

📖 视野拓展

销售工作的十种关键行为

①对用户、订货和市场信息进行收集和研究；②提前做出销售工作计划；③与销售部门的管理人员交流信息；④对用户和上级以诚相待；⑤能够说到做到，讲信用；⑥坚持为用户服务，了解和满足用户的要求；⑦向用户宣传企业的其他产品；⑧不断掌握新的销售技术和方法；⑨在新的销售途径方面有创新思路和方法；⑩能够维护企业形象、及时结清账目、工作态度积极主动。

根据销售工作的十种关键行为，企业可以设计销售人员的招聘方案、工作考评表、薪酬标准和培训方案等。

五、职位说明书和工作规范

工作分析的成果是职位说明书或工作规范。职位说明书与工作规范最大的不同在于职位说明书是以"职位"为主角，而工作规范是以负责某工作的"员工"为主角。

1. 职位说明书

职位说明书可定义为描述某项工作的任务、职责、工作情况与活动的内容，是工作分析的书面成果。职位说明书的内容主要包括工作名称、工作职责、任职条件、工作所要求的技能，工作对工作人员个性的要求也可以写在职位说明书中。职位说明书必须包括该项工作区别于其他工作的信息，提供有关该项工作是什么、为什么要做、要怎样做以及在何时何地做的清晰信息。它的主要功能是让员工了解该项工作的概要，明确工作程序与工作标准，阐明工作任务、职责。职位说明书有助于员工聘用、考核与培训等工作的顺利进行。

📖 问与答

问：工作分析和职位说明书的区别是什么？

答：工作分析是完成职位说明书的前提。职位说明书是制定岗位职责的依据。职位说明书是对岗位职责全面的概括。根据职位说明书，可细化出更专业、更详细的工作标准。

2. 工作规范

工作规范是要求员工在岗位上需具备的知识、技术、能力和其他特征的清单，工作规范是工作分析的另一项书面成果，有时可能与职位说明书合并在一起。工作规范主要包括工作行为中重要的个人特质，针对"什么样的人适合此工作"而写，是人员甄选的基础。工作规范的内容以工作岗位所需的知识、技术、能力为主。

从传统的人力资源管理来说，职位说明书以描述岗位工作内容为主，而工作规范以描述工作人员岗位资格要求为主，工作规范主要用来指导如何招聘和选用人员。为减少文件的数量，常将职位说明书与工作规范合并在一起——把工作规范作为职位说明书中岗位工作人员任职资格和条件的一项内容。

3．职位说明书的编制和保存

职位说明书应该由组织一线管理人员来编制，或者由组织相关部门的管理人员来编制。因为组织的一线管理人员了解其所在部门的工作，比人力资源管理部门的管理人员更清楚自己所在部门的职责，人力资源管理部门在职位说明书编制过程中往往只能起到辅助作用。职位说明书应印制三份：一份放在一线管理人员那里，方便管理人员平时依据职位说明书对员工的工作进行监督和指导；一份交给员工自己保管，使员工在平时工作中能够参照执行；一份留存人力资源管理部门。

示例

××公司车间技术员职位说明书

职务： 车间技术员　　**部门：** 技术开发部　　**职务编号：** 00058　　**职务等级：** 8

日期： 20×6 年 6 月 8 日

工作范围： 从事实验工作，包括零部件的设计、加工、装配和制造过程中的各类实验。

工作职责：

1．根据图纸或工程师的口头指示，运用各种机械工具或设备，加工、制造产品；

2．与工程师及车间主任共同改进生产工艺；

3．能够操作机床、使用焊枪并能从事钳工的工作；

4．按照有关生产图纸及说明书进行试验工作；

5．指导本车间工人的操作。

仪器、设备及工具：

普通车床、成型机、钻孔机、磨削机、电锯、冲压机、测量仪及其他手工工具。

任职条件：

高职院校毕业，或具有同等学力，具备 3 年以上操作各种机械设备的经验，有较强的理解、判断能力，会看生产图纸，能熟练完成实验操作，身体健康。

示例

××公司品质保证部经理职位说明书

一、岗位标识信息

岗位名称： 品质保证部经理　　**隶属部门：** 品质保证部

岗位编码： 108205　　　　　　**直接上级：** 生产副总经理

工资等级： 经理 3 级　　　　　**直接下级：** 质量主管、质量监督人员

可轮换岗位： 无　　　　　　　**分析日期：** 20×2 年 12 月

二、岗位工作概述

负责公司内所有与产品品质相关的工作，不断降低保证产品质量的成本，达到公司产品品质指标。

三、工作职责与任务

（一）负责公司产品品质保证

1. 负责进料质量保证

（1）负责供方资格的认定；

（2）负责进料过程的监控、优化、提升；

（3）对提交的有关原材料的问题予以解决。

2. 负责公司产品质量控制

（1）制定公司整体产品质量控制方案、分解产品质量控制任务；

（2）监控产品质量控制方案的实施情况及产品质量合格率变化，针对实际存在的问题进行改进。

3. 负责最终产品质量控制

（1）保证出货的产品质量符合客户对质量的要求；

（2）了解客户需求、熟悉行业标准，为不断提升产品质量做出努力；

（3）能针对客户反馈信息，改进产品质量控制方案，杜绝重复问题发生。

（二）负责产品质量体系运行控制

（1）保证公司各项工作严格按照质保程序文件执行；

（2）制订质保内审计划，负责质保内审工作，提交质保管理评审资料和文件。

（三）对下属进行培训、指导和评估

1. 培训、指导

（1）从产品标准和客户需求方面对下属进行培训和指导；

（2）根据下属的技能和特长来分配工作，并进行相应的指导。

2. 评估

（1）评估下属的工作效果；

（2）评估相关工作职能的情况。

（四）审核审批与质量体系有关的各类文件

（1）维护现有文件的有效性；

（2）发生文件变更时，对已更新文件的有效性进行评估，予以审批；

（3）引入外来文件时，确认外来文件的有效性、适用性。

（五）执行公司 5S 规范

（六）完成上级委派的其他任务

四、工作绩效标准

1. 产品质量符合公司业务计划要求

2. 产品质量符合客户要求

（1）内部质量体系运行有效；

（2）下属工作及绩效符合公司要求。

五、岗位工作关系

1. 内部关系

（1）所受监督：受总经理、副总经理的监督；

（2）所施监督：对本部门下属及相关职能部门进行监督；

（3）合作关系：与其他部门经理发生联系。

2. 外部关系

（1）在材料质量控制方面与供应商发生联系；

（2）在产品质量、回访方面与客户发生联系；

（3）在接受常规检查和监督、咨询方面与产品认证机构、质量认证机构发生联系。

六、岗位工作权限

（1）对所属人员的岗位调动权；

（2）对所属人员的工作指导权；

（3）对所属人员的工作分配权；

（4）对所属人员的工作监督、考核权；

（5）对所属人员的违纪违规行为的纠正权；

（6）对所属人员的违纪、违规事实处理权和处理申报权；

（7）资金使用的审核权；

（8）对供应商的审核权和决定权；

（9）对产品质量的最终判定权；

（10）对工艺要求文件的制定权、审核权、审批权。

七、岗位工作时间

在公司制度规定的正常上班时间内工作，有时需要加班。

八、岗位工作环境

在办公室、车间工作，主要在办公室上班，在车间工作时，会接触到噪声、轻微粉尘和刺激性气味。

九、知识要求

（1）熟悉印刷电路板的制作程序；　　　　（4）掌握管理专业知识；

（2）掌握管理专业所需的外语知识；　　　（5）掌握统计学知识。

（3）掌握计算机基础知识；

十、岗位技能要求

（1）具备基础的计算机操作能力；　　　　（3）具备组织协调能力。

（2）具备内部审核员资格；

十一、受教育水平及工作经验要求

具有管理学或相关专业的大学本科或以上学历，有5年以上企业一线工作经验，需担任主管职务2年以上。

十二、其他素质要求

任职者需具有强健的体魄、充沛的精力、良好的视力、强烈的责任心，年龄在45岁以下，无性别要求。

实战演练

新公司成立是先做工作分析还是先做职位说明书

支招： 职位说明书中很多内容都必须通过工作分析以及岗位评估来完成，所以一般先进行工作分析和岗位评估。

需要提醒的是，太过完善的制度和流程也有两面性，它会制约初创企业的发展，也会成为成熟企业改革的羁绊。

实战操作： 还有什么好的建议和措施？

案例阅读与分析

正值生产高峰，维护不及时的机床发生故障停机，临下班的操作工只得协同维修工修好了机床。因近期机床全部超负荷运转，焦头烂额的维修工去检查、修理其他机床，留下满地的油污。疲惫不堪的操作工想回家休息，车间主任要求操作工在下个班次的操作工到岗前把地板打扫干净，操作工拒不执行，给出的理由是：职位说明书里并没有包括清扫的条文。车间主任顾不上去查职位说明书，找来一名服务工做清扫工作。但服务工同样拒绝，他的理由是职位说明书里没有包括这类工作，这类工作应该由勤杂工来完成，因为勤杂工的责任之一是做好清扫工作。车间主任威胁服务工，说不打扫就要解雇他，服务工才勉强同意打扫，但是干完以后立即向公司投诉。

有关人员收到投诉以后，审阅了操作工、服务工和勤杂工这三类员工的职位说明书。操作工的职位说明书上规定操作工有责任保持机床的清洁，使之处于可操作的状态，但并未提及清扫地板；服务工的职位说明书上规定服务工有责任以各种方式协助操作工，如领取原料和工具，应随叫随到，即时服务，没有清扫工作；勤杂工的职位说明书确实包括了各种形式的清扫工作，但他的工作时间是从工人下班以后才开始的。

评析：工作中难免会有职位说明书没有涉及的"意外"工作，这就需要管理者临时协调。比较完善的职位说明书可大大降低管理者临时协调的工作量，并能减少矛盾、提高工作效率。案例中的这家企业应完善职位说明书，明确规定工作时间机床周围地板的清洁工作由谁来做。

在进行工作分析时，一般需明确以下事项：岗位的具体工作事项，从事这些工作的目的，这些工作的服务对象，完成这些工作的人，工作时间安排，开展工作的地点，开展这些工作的方法。

第二节　工作设计概述

工作分析的目的是确定某项工作的任务和性质，并分析哪些人能从事这项工作，从事该项工作的人应具备哪些知识、技能和经验；而工作设计指在工作分析的基础上，研究和分析工作如何做才能更好地促进组织目标的实现，以及如何提高员工工作满意度和调动员工的工作积极性。因此，工作设计必须考虑组织和员工两方面的实际情况和要求，以高效率地实现组织目标为前提。

总之，工作设计是指为了有效地达到组织目标和满足员工个人工作需要而进行的相关工作内容、工作职能和工作关系的设计。

一、工作设计的内容

工作设计的内容是工作设计的重点，一般包括对工作的广度、工作的深度、工作的完整性、工作的自主性以及工作的反馈性等五个方面的内容进行设计。

（1）工作的广度，即工作的多样性。如果工作设计得过于单一，员工在完成工作的过程中就容易感到枯燥和厌烦，因此，组织在进行工作设计时，应尽量使工作多样化，使员工在完成工作任务的过程中要完成一些不同的工作活动，以使其保持对工作的兴趣。

（2）工作的深度。组织在工作设计过程中应从易到难进行设计，具有一定的层次，从而对员工工作的技能提出不同程度的要求，以增强工作的挑战性，激发员工的创造力并提升员工克服困难的能力。

（3）工作的完整性。在工作设计过程中，要考虑让员工承担全过程的工作任务，保证员工工作的完整性，以使员工有成就感。即使是流水线作业中一个简单的工作程序，也要让员工承担全过程的工作，这样才能使员工见到自己的工作成果，感受到自己工作的意义。

（4）工作的自主性。组织要给员工适当的自主权，这样能增强员工的工作责任感，使员工感到自己受到了信任和重视，并使员工认识到自己工作的重要性，提高员工的工作热情。

（5）工作的反馈性。员工工作情况的反馈包括两方面的信息：一是同事及上级对自己工作的反馈，如对自己工作能力、工作态度的评价等；二是工作本身的反馈，如完成工作的质量、数量、效率等。工作反馈信息能使员工对自己的工作绩效有较全面的认识，起到正确引导和激励员工的作用，有利于培养员工精益求精的工作作风。

视野拓展

（1）工作任务：工作任务是指在布置工作时，要指明工作的名称、来源、完成的地点和时间，完成工作的标准和要求，工作流程，工作结果的确认等，一般用于组织的绩效考核。在布置工作任务时，要考虑工作是简单重复，还是复杂多样，工作要求的自主性程度怎样，以及工作的整体性如何。

（2）工作职能：工作职能是指每项工作的基本要求和方法，包括工作责任、工作权限、工作方法以及协作要求。

（3）工作关系：工作关系是指员工在工作中所发生的与他人之间的联系，谁是他的上级、谁是他的下级、他应与哪些人进行信息沟通等。

（4）工作结果：工作结果主要是指工作的成绩与效果。

（5）对工作结果的反馈：对工作结果的反馈主要是指工作本身的直接反馈（如员工能否在工作中体验到自己的工作成果）和他人对员工所做工作的间接反馈（如员工的同级、上级、下属人员的反馈意见）。

（6）任职者的反应：任职者的反应主要是指任职者自己对工作本身以及任职者对组织奖惩的态度，包括任职者的工作满意度、出勤率和离职率等。

（7）人员特性：人员特性主要是指组织相应工作对人的特性要求等。

（8）工作环境：工作环境主要包括组织工作活动所处的环境特点、环境条件等。

一个好的工作设计可以减少单调重复性工作产生的不良效应，可以充分调动员工的工作积极性，也有利于建设整体性的工作系统。

二、工作设计的方法

工作设计一般分为两种情况：一种是按照一定的要求和原则对组织中新设置的岗位进行的工作设计；另一种是对目前组织中已经存在的缺乏激励因素和员工满意度比较低的工作或岗位进行工作再设计。工作设计的方法有多种，包括工作轮换、工作扩大化、工作丰富化、辅助性工作设计和以员工为中心的工作再设计等方法。

> **实战演练**
> 对熟悉的企业或学校某岗位的任职者工作内容进行调研和分析。

1. 工作轮换

工作轮换就是让员工在不同部门或在某一部门内部相近的不同岗位上进行轮换。员工长期从事同一岗位的工作，难免会觉得枯燥乏味，而且大部分员工往往也不希望只从事单一的工作，他们希望能够从事相近岗位的不同工作，掌握更多的技能。这种工作设计的目的在于让员工积累更多的工作经验。其本意是组织根据不同的工作情况，要求员工具有不同的工作技能，从而提高员工的内在报酬水平。但赫茨伯格对此持否定意见，他认为工作轮换是"用一个零代替另一个零"。

思考与讨论

为什么说工作轮换是"用一个零代替另一个零"，而工作扩大化是"零上加零"？

2. 工作扩大化

工作扩大化是指组织扩展员工工作的任务和职责，扩展后的工作内容与员工以前承担的工作内容非常相似，只是工作内容在水平方向上得到了扩展，不需要员工具备新的工作技能。如让一名原来只操作一台机器的员工负责两台或三台机器的操作，但并不赋予他更深层次的责任。所以，工作扩大化并没有改变员工工作枯燥和单调的现状。赫茨伯格批评工作扩大化是"零上加零"。

3. 工作丰富化

工作丰富化是指在工作中组织赋予员工更多的责任、自主权和控制权。工作丰富化与工作扩大化、工作轮换都不同，它不是水平地增加员工的工作内容，而是垂直地增加工作内容。工作丰富化会使员工承担更多更重要的任务、更大的责任，使员工有更多的自主权和更高程度的自我管理，还能够及时知晓工作绩效的反馈情况。工作丰富化思想对工作设计的影响较大，形成了一个较著名的工作丰富化特征模型。

组织通常可以采取下列措施来实现工作丰富化：第一，形成自然的工作单位，使每个员工只为自己的部门工作，这可以改变员工原有的固定工作内容。第二，实行任务合并，让员工从头到尾完成一项工作，而不是只让他承担工作中的某一部分。第三，建立员工和客户的关系，即让员工和客户有接触的机会。第四，让员工规划和控制自身的工作，即员工可以自己安排工作进度，处理遇到的问题，并且自己决定上下班的时间。第五，开辟畅通的反馈渠道，让员工能够迅速地知晓自己的工作绩效情况，对工作进行调整或修正，争取工作绩效最大化。工作丰富化特征模型如图3.2所示。

思考与讨论

为什么说工作丰富化和工作扩大化、工作轮换都不同？

平时在家帮父母买菜、洗菜、烧菜等包含工作轮换、工作扩大化和工作丰富化的内容吗？

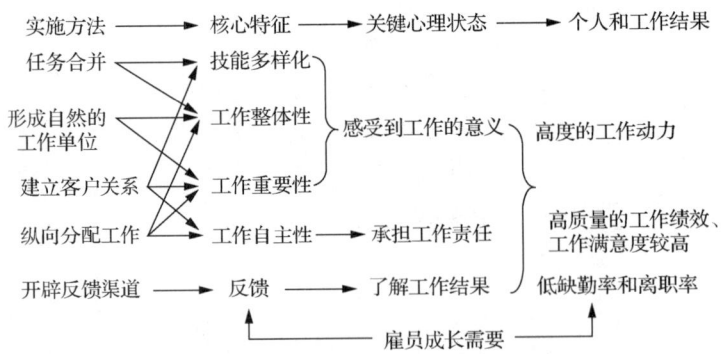

图3.2　工作丰富化特征模型

4. 辅助性工作设计

辅助性工作设计通常采用缩短工作周和弹性工作制的方式。辅助性工作设计改变了员工固定的工作时间，能够调动员工的积极性，可起到提高生产率的作用。

例如，可以通过缩短工作周把员工每周5天内工作40个小时，调整为每周工作4天，每天工作 10 小时，再通过错开工作时间，使得在工作日中都有员工在工作。它的优点在于员工每周的平均工作天数减少，员工花费在路上的时间就减少了，员工的迟到率和缺勤率往往就会下降，员工工作的满意度也能得到提高。它的缺点是延长工作日的工作时间容易使员工感到疲劳，导致发生工作安全事故的可能性提高；实行缩短工作周的企业与实行传统工作周（5天×8小时）的企业在联络时可能会发生时间不吻合的情况。实践表明，企业实行 4 天×10 小时的工作周模式只在短期内有较好效果，所以企业应根据实际情况有选择地运用缩短工作周模式。

弹性工作制是指在完成规定的工作任务或固定工作时间长度的前提下，员工可以灵活地、自主地选择工作的具体时间，以代替统一、固定的上下班时间的制度。美国实行弹性工作制的企业较多，弹性工作制适用于工作比较独立的专业人员。弹性工作制的优点是员工自己能够掌握工作时间，在降低员工缺勤率和离职率的同时，能够实现员工个人要求与企业要求的一致，同时能为提高员工的工作绩效创造良好的条件。弹性工作制的缺点是为了确保员工工作时间符合规定，企业需要建立较复杂的管理监督系统。

5. 以员工为中心的工作再设计

以员工为中心的工作再设计是一个将组织战略、使命与员工对工作的满意度结合起来，从员工角度出发，鼓励员工参与工作设计方面的研究和探讨，充分采纳员工对工作设计的改进建议，进行工作再设计的过程。但是必须要求员工说明这些工作设计建议对实现组织的整体目标有哪些益处、实现的途径是什么，这样不仅可以提高员工对工作的满意度和工作积极性，提升员工的工作业绩，也有利于更好地实现组织目标。

每个组织使用的工作设计方法都可能不同，组织也可以对不同层次的员工和不同的工作类别采用不同的工作设计方法。根据实际情况，一个组织可以使用一种工作设计方法，也可以同时使用几种不同的工作设计方法。

三、影响工作设计的主要因素

一个成功、有效的组织工作设计，必须综合考虑各种因素，组织既需要对工作进行有计划的周密安排，充分了解员工的具体素质、能力及各个方面的因素，也要考虑到组织内部的管理方式、劳动条件、工作环境、政策机制等因素。进行工作设计时，组织必须具体考虑以下几方面的因素。

1. 员工因素

人是组织活动中最基本的要素，员工需求的变化是工作设计不断更新的一个重要因素。组织工作设计的一个主要内容就是要使员工在工作中得到最大的满足，随着文化教育和经济发展水平的提高，人们的需求层次也在不断提高，除了获得一定的经济收益外，他们还希望自己能在工作中得到更好的锻炼和发展，所以，他们对工作设计的要求也提高了。

组织只有重视员工对工作设计的要求，并开发和引导员工的工作兴趣，给他们的成长和发展创造有利条件和环境，才能更好地激发员工的工作热情，增强组织对员工的吸引力，才能留住人才。否则，会导致员工的不满意程度逐渐增加，会导致员工对工作不认真以及生产低效，最终会导致人才流失。因此，组织在进行工作设计时，要尽可能地使工作特征与要求适合员工的个人特征，使员工能在工作中最大限度地发挥潜力。

2. 组织因素

工作设计最基本的目的是提高组织工作效率，增加产出。工作设计离不开组织对工作的要求，在进行具体工作设计时，应注意以下几点要求。

（1）工作设计的内容应包含组织所有的生产经营活动，以保证组织生产经营总目标顺利并有效地实现。

（2）全部工作设计构成的责任体系应能够保证组织总目标的实现。

（3）工作设计应有助于发挥员工的个人能力，提高组织工作效率。

这就要求组织在进行工作设计时，要全面权衡组织经济效益原则和员工的职业生涯及心理上的需要，找到最佳平衡点，在保证每个员工满负荷工作的同时，达到组织和员工"双赢"的目的。

3. 环境因素

环境因素包括人力资源供给和社会期望两方面因素。

（1）工作设计必须从现实情况出发，不能仅凭主观愿望，而要考虑与人力资源的实际水平相一致。例如，在人力资源素质总体不高的情况下，工作设计的内容应相对简单些，组织应结合人力资源的实际情况引进技术，否则没有合适的人员运用引进的技术，将造成资源浪费，影响组织的经济效益。

（2）社会期望是指人们希望通过工作满足些什么。不同员工的需求层次是不同的，这就要求组织在进行工作设计时应考虑一些人性方面的内容。

激励越来越受到组织管理者的重视，因为组织通过了解员工从事工作的内在动机来激励和促进员工，能使员工在高效率、富有创造力的状态下工作。工作设计直接决定了员工在其所从事的工作中干什么、怎么干，有无机动性，能否发挥主动性、创造性，有没有形成良好的人际关系，等等。好的工作设计能保证员工从工作本身去寻得意义与价值，可以使员工了解到工作的重要性和自己所负的责任，及时了解工作的结果，从而产生内在激励作用，形成高质量的工作绩效及对工作的高度满足感。组织达到最佳激励水平能为充分发挥员工的主动性和积极性创造条件，这样组织才能形成持续发展的竞争力和优势。

📖 视野拓展

岗位评估实例分析

岗位评估是指通过一些方法来确定企业内部岗位与岗位之间的相对价值。岗位评估的结果为企业薪酬的内部均衡提供了调节的依据。

📘 本章小结

现代管理学将工作分析定义为一种确定完成各项工作所需技能、责任和知识的系统过程。工作分析是组织人力资源管理工作的基础，其分析质量对组织各方面管理都有较大的影响。具体地讲，工作分析就是全面收集组织各工作岗位的有关信息，对各工作岗位从工作内容

（what）、责任者（who）、工作地点（where）、工作时间（when）、如何工作（how）以及为何要这样做（why）等六个方面（简称"5W1H"）展开调查研究，然后再将这些岗位的工作任务、内容和要求进行书面描述、整理成文的过程。

工作设计指组织在工作分析的基础上，研究和分析工作如何做才能更好地促进组织目标的实现，以及如何提高员工工作满意度和调动员工的工作积极性。因此，工作设计必须考虑组织和员工两方面的实际情况和要求，以高效率地实现组织目标为前提。

工作设计的方法有多种，包括工作轮换、工作扩大化、工作丰富化、辅助性工作设计和以员工为中心的工作再设计等。

练习题

一、名词解释

工作分析　　　工作任务　　　工作职责　　　工作岗位　　　工作描述　　　工作规范
职位说明书　　　工作设计

二、单项选择题

1. 国外有关学者从管理角度提出了著名的工作分析公式，把工作分析所有回答的问题归纳为（　　）。

　　A．4W1H　　　　　B．5W1H　　　　　C．6W1H　　　　　D．7W1H

2. 工作丰富化的手段不包括（　　）。

　　A．增加与上下级的沟通与反馈　　　　B．组成自然的工作单位

　　C．形成任务组合范围较大的工作　　　　D．纵向增大工作负荷

3. 实地观察法适用于对一些（　　）的工作进行分析和研究。

　　A．比较简单　　　B．比较复杂　　　C．不能重复　　　D．不容易观察

4. 收集工作分析信息的方法有以下几种，缺乏弹性的工作分析方法是（　　）。

　　A．访谈法　　　　B．实地观察法　　　C．问卷法　　　　D．工作日志法

5. 在进行工作分析时，所需获得的相关信息中并不要求包括（　　）的内容。

　　A．工作对人的要求　　　　　　　　B．工作中所需资源

　　C．工作对家庭的要求　　　　　　　D．工作中人的行为

6. 如果工作分析的目的是确定绩效考核的标准，那么其侧重点应该是（　　）。

　　A．该岗位的工作职责　　　　　　　B．衡量每一项工作任务的标准

　　C．确定每一岗位的相对价值　　　　D．岗位工作量

7. 采用工作日志法进行工作分析，适用于（　　）。

　　A．工作循环周期较短、工作状态较稳定的职位

　　B．简单且易规范的工作

　　C．以脑力劳动为主的工作

　　D．非常规性的工作

8. 在进行工作分析时应有针对性地选择一种或多种方法，这样才能取得较好的效果，下列哪个不是选择的依据？（　　）

    A．根据目标进行选择　　　　　　　　B．根据具体对象进行选择

    C．根据岗位特点进行选择　　　　　　D．根据实际条件进行选择

9. 为了使工作设计能满足企业整个生产运营的需要，企业可以对工作进行设计以及再设计（改进），但（　　）的做法不正确。

    A．扩大工作范围　B．精简工作职能　　C．工作满负荷　　　　D．工作环境优化

10. （　　）为招聘、选拔、任用合格的员工奠定了基础。

    A．人员需求计划　B．人员供给计划　　C．工作分析　　　　D．工作岗位调查

11. 在工作中组织赋予员工承担更多更重要的任务、更大的责任，使员工有更大的自主权和更高程度的自我管理，还能够及时知晓工作绩效的反馈情况。这属于（　　）。

    A．工作丰富化　B．工作满负荷　　　C．横向扩大工作　D．纵向扩大工作

12. （　　）是指组织扩展员工工作的任务和职责，扩展后的工作内容与员工以前承担的工作内容非常相似，只是工作内容在水平方向上得到了扩展，不需要员工具备新的工作技能。

    A．工作扩大化　B．工作丰富化　　　C．工作满负荷　　D．工作环境优化

三、多项选择题

1. 工作分析调研的方法有（　　）。

    A．访谈法　　　　B．问卷调查法　　C．抽样调查

    D．实地观察法　　E．典型调查

2. 访谈法在工作信息收集方面的优点包括（　　）。

    A．有助于收集到较多的、更深入的工作信息

    B．可以简单而迅速地收集工作信息，应用面广

    C．能够收集正确的工作信息

    D．收集工作信息的成本较低

    E．可以得到具体、准确、直观性强的信息

3. 工作描述是指用书面形式对组织中各类岗位的（　　）等所做的统一要求。

    A．工作性质　　　B．工作目标　　　C．工作任务

    D．工作职责　　　E．工作条件

4. 职位说明书的内容包括（　　）。

    A．监督与岗位关系　　　　　　　　　B．性别要求

    C．劳动条件和环境　　　　　　　　　D．绩效考评

    E．身体条件和资历

5. 工作设计的影响因素包括（　　）。

    A．劳动者个人特质　　　　　　　　　B．劳动条件

    C．工艺技术　　　　　　　　　　　　D．管理方式

    E．政策机制

6. 为了使岗位工作丰富化，组织应考虑（   ）。
   A．任务多样化　　　　　　　　　B．任务的整体性
   C．信息的沟通与反馈　　　　　　D．赋予员工必要的自主权
   E．明确任务的意义

四、判断题

1. 工作分析是人力资源规划的基础。（   ）
2. 工作分析的结果是确定职位说明书与工作规范。（   ）
3. 在收集工作信息过程中，问卷调查法的最大优点是花很少的时间和精力能获得大量的信息。（   ）
4. 工作分析从某种意义上讲也是一个工作流程分析与岗位设置分析的过程。（   ）
5. 在确定职位说明书中的教育背景时，应以当前在职员工的最低学历作为该岗位所要求的最低学历。（   ）
6. 在编制职位说明书时，应包括岗位的工作条件和工作环境。（   ）
7. 访谈法、问卷调查法、实地观察法、秩序分析法都是收集工作分析信息的方法。（   ）
8. 工作分析的目的不会对信息搜集的种类产生影响。（   ）
9. 运用问卷调查法进行工作分析的过程中，工作分析人员应注意在被调查者填写问卷后与其建立良好的合作关系。（   ）
10. 职位说明书中的内容，如学历、知识、技能、责任等应由工作分析来确定。（   ）

五、简答题

1. 工作分析的含义是什么？
2. 简述工作分析的基本程序。
3. 工作分析的主要方法有哪些？
4. 工作设计的方法有哪些？

六、案例分析题

【案例一】

王大明为何辞职

王大明是飞轮汽车公司一名十分优秀的工人，他在公司已经工作多年，技术娴熟，他的产量是整个车间最高的，差错率是最低的。因此，他的工资为每小时38元（该工作的平均工资水平为每小时33元），在做同样工作的工人中，他的工资是最高的。但是，大家万万没有想到，他居然辞职了。当朋友问他辞职的原因时，他说："我现在每天都在做同样的事情，太没有意思了。当旅客座椅从生产线上下来以后，我就把它们放进车里，跳上车，用4个螺栓将它们固定在车上，然后跳下车，把座椅后面的两个螺栓装好。就这样，一个小时我可以装20辆汽车。一天8个小时，周而复始。这样的工作我已经做了两年了，如果再这样做下去，我想我会发疯的。"

两个月以后，一位朋友在一家汽车修理厂看到了王大明，他现在的工资是每小时15元。朋友问他："你现在的工资还不如原来的高，为什么要从事这项工作呢？"王大明说："我觉得现在的工作更有意思，因为每辆汽车的故障都是不相同的，我必须设法找出故障原因，并且用不

同的方法来处理它们，非常有挑战性。现在我对这项工作非常感兴趣。"

思考讨论：

1. 导致王大明辞职的根本原因是什么？

2. 试提出合理化建议来防止跳槽情况的发生。

【案例二】

新世纪摄影公司的主要业务是摄影、摄像、修照片、复原老照片、装裱相片、制作光盘、制作影集、外拍、拍艺术照、造型设计等。公司有 50 名员工，其中有 8 位管理人员。艺术部（有 8 位员工和 1 名管理人员）的基本工作是挑选相片，进行艺术处理，并装订成册。如果组织得当，这些工作其实是很有趣的。在工作设计之前，艺术部的管理人员接收所有的任务，将它们归类整理，然后按工人的技术水平分派任务，指定完成期限。工作负担过重时，管理人员也要完成一部分具体工作；完成具体工作后，管理人员必须检查所有的产品，并解决发现的问题。

对这位管理人员而言，修复有问题的照片和老照片（用计算机修复）是细致且较烦琐的工作，即使他花费了较多的时间和精力在上面，仍有积压的工作，以致顾客和其他部门经常抱怨艺术部拖延，而他忙得几乎没有时间培训和管理部门员工，而这些员工的出错率也越来越高，积压的工作也越来越多，工作效率也越来越低下。同时，公司不合理的计酬方式使这种情况更加恶化。报酬的高低以完成的任务量来定而不考虑其难易程度，这使那些有经验的员工从事耗时多的复杂工作而报酬偏低，而那些做着简单工作的新雇员却能得到较高的收入。员工们的不满情绪日益增加，两个月内，就有 3 个员工离开了该部门。

于是，该公司对艺术部的工作进行了重新设计，艺术部员工共分成两个组：普通艺术照组和婚礼肖像组。每个组由一名熟练的员工任组长，负责分工和培训新员工。除了刚来的新员工，每个员工负责自己的工作质量，一旦出现问题就直接返给本人进行修复，管理人员不再负责修复工作，加工过程出现问题时，由员工直接与顾客协商。薪酬计算方式变为在原有数量基础上乘以工作难度系数，工作难度越高，系数越大，工资也就越高。这些改变使艺术部的月产量增加了 30%，工作质量也大大提高，员工也都安心工作了。

思考讨论：

1. 该摄影公司是如何进行工作设计的？

2. 进行工作设计后，有什么样的效果？

3. 是否还有其他更好的工作设计方法？

综合实训

【实训一】撰写职位说明书

一、实训内容

以学习小组为单位，以本校某一岗位为对象，运用实地观察法和访谈法对其工作进行分析，编写该岗位的职位说明书，试说明小组内各成员分工情况和完成作业的过程，并附观察和访谈提纲。（参考岗位：学生食堂各岗位，学院办公室、系科各岗位，图书馆、阅览室各岗位，实验

室各岗位，环卫、清洁各岗位，等等）

二、方法步骤

1. 5个人组成一个小组，对本校某一岗位的工作进行分析。

2. 以小组为单位撰写该岗位的职位说明书。

3. 每个小组派一名代表在课堂上交流发言。

三、考核评价

1. 教师对完成的职位说明书按要求给予成绩评定。

2. 教师对讨论交流的成果给予点评。

【实训二】企业工作分析和工作设计调研

一、实训目的

1. 了解中小企业是如何进行工作分析和工作设计的。

2. 了解企业现有工作分析和工作设计中存在的问题。

二、方法步骤

1. 以学校的实习基地中的企业作为研究对象，根据所选行业，分小组确定训练的目的和内容。

2. 进行实地调查，对所选择的企业进行走访调查，了解企业是如何进行工作分析和工作设计的。

3. 总结企业经常采用的工作分析和工作设计方法。

4. 指出所调查企业在工作分析和工作设计中存在的问题。

5. 针对存在的问题，提出具体的解决方法和建议。

三、实训考核

1. 分组时视班级人数来确定小组数量，每小组人数以5～8人为宜。

2. 小组中的成员要合理分工，分别搜集不同的内容和数据。

3. 搜集内容和数据之前要统一认识，统一口径，统一判断标准。

4. 根据采集的资料，进行充分的讨论和分析，小组组长负责调研报告的整理和总结，并上交任课教师进行评价。

第四章

人员招聘

【学习目标】

知识目标：理解招聘的概念，了解企业在招聘过程中存在的问题，熟悉影响人员招聘的因素。

能力目标：掌握人员招聘的程序和方法。

素养目标：培养招聘中正确运用沟通技巧的能力，理解人才素养的意义。

【引　言】

为什么企业会感觉招人很难

人员招聘对于企业来说至关重要，甚至能决定企业的生存和发展。对于处在快速发展中的企业来说，让人员招聘与经营决策两者相互匹配极其困难，招工不足和招工富余是常有的事情，何况招聘者还要在招聘中挑到适合本企业的人员，这更是难上加难。人员招聘是人力资源工作者重要的工作事项，也是企业管理者极其重视的事项，值得读者深入研究。

通过本章的学习，读者会了解到解决招聘难这一问题是不可能一蹴而就的，只有持续努力和改进，才能提升组织的人员招聘能力。

本章主要介绍人员招聘的原因和要求、企业在人员招聘过程中存在的问题、影响人员招聘的因素、人员招聘的程序和方法，希望本章的内容对读者解决上述问题有所帮助。

第一节　人员招聘概述

人力资源管理的一项重要功能，就是要为组织获得需要的人力资源。在人力资源规划的指导下，组织进行人员招聘，根据工作分析结果把组织需要的人员在合适的时候放到合适的岗位上，是组织有效管理和有效运作的关键因素之一。人员的招聘，是组织人员配备中最关键的一个步骤，直接影响人员配备，对整个组织的运行有着极其重要和深远的影响。

人员招聘是指组织寻找、吸引并邀请符合组织要求的人，将其录用到本组织中任职和工作的过程，是组织运作中的一项重要内容。

一、人员招聘的原因和要求

组织要招聘新员工，通常有以下几种原因：新组织（部门）的成立；组织的业务扩大；现有职位空缺；调整不合适的员工；组织需要引入管理人员和专业人才。

组织招聘员工并不是招来人即可，一般要满足以下要求。

（1）符合国家的有关法律、政策。在人员招聘过程中应坚持平等原则，由于组织的原因而订立无效劳动合同或违反劳动合同的，组织应承担责任。

（2）确保录用人员的质量。要根据组织人力资源规划和职位说明书中任职人员的任职资格要求，运用科学的方法，按照规定的程序开展招聘工作，保证录用人员的质量。

（3）努力降低招聘成本，提高招聘的工作效率。这里所指的招聘成本包括招聘时所花的招聘成本，需要重新招聘时所花的重置成本，等等。

（4）内外兼顾原则。在招聘前，组织要明确是以内部招聘为主，还是以外部招聘为主，两者各有优劣（见表4.1）。

表 4.1　内外部招聘优劣势比较

优劣势	内部招聘	外部招聘
优势	1. 员工熟悉组织 2. 招聘和培训成本较低 3. 可提高现有员工的士气和工作积极性 4. 招聘是否成功与能否有效地评估员工的工作能力和技术水平有必然关系	1. 为组织注入新鲜血液 2. 员工刚进入组织，凡事可以从头开始 3. 引入组织没有的知识和技术
劣势	1. 员工为争取晋升尔虞我诈 2. 招聘范围窄 3. 未获晋升者可能会产生消极情绪	1. 新聘员工需要适应组织环境 2. 影响现有员工的士气和积极性 3. 新旧员工之间相互适应期相对较长

二、企业在招聘过程中存在的问题

无论是何种类型的企业，在人员招聘过程中都会存在一些显性或隐性的问题。一般来说，常见的问题有以下几类。

1. 招聘标准不合理

在开展人员招聘工作时，较多用人单位存在缺乏合理招聘标准的情况，"人才高消费"的现象普遍存在。据人才交流机构调查，约有一半以上的用人单位在招聘时抬高用人标准，不但对应聘人员有学历、年龄、身高、职称等量化指标的要求，还对应聘人员的相貌、气质、经验、应变能力等有规定，这样不但会造成用人单位管理成本的浪费，也会使用人单位错过一些不符合标准但更适合用人单位的应聘人员。

2. 招聘人员不够专业

在从事组织招聘工作的人员当中，不少人没有接受过系统的招聘培训，缺乏招聘技巧。招聘人员的非专业化，导致组织在招聘过程中容易错失人才，降低了组织招聘的有效性。如果招聘人员对应聘人员的认知和了解不足，只能依赖于在试用期内对录用人员的进一步考察，这会大大增加新员工的试用成本，还可能会使组织陷入工作效率下降、重要客户流失、运营机密泄露的危险境地。

3. 招聘人才的观念较狭隘

企业人才是指有一技之长，能承担企业经营、管理、生产组织、技术开发及关键岗位工作，为企业所用的德才兼备的人。学历、工作经验、籍贯、性别等属显性事项，不少招聘者在有意或无意中会放大它们的重要性。虽然应聘者掌握知识的程度、学习能力等都与学历和工作经验有关，但对于"才"的衡量标准来说，招聘者应更重视应聘者的创新能力、组织能力、社会适应能力、交际能力和价值观等隐性事项，克服潜意识中的狭隘人才观。

4. 招聘需求较盲目

企业招聘前，应当确定人员需求计划。员工需求量不仅是企业当前所急需员工的数量，也包括企业长远发展需要的人才储备。企业在制订人员招聘计划时，应当具有动态的观念，从长远着眼考虑企业发展目标及其长期利益去招聘员工。不少企业战略规划不够严谨，人员需求不够清晰，招聘计划未动态调整，招聘工作盲目性较大。现实中，众多企业在招聘中还存在着没有预先制定人员招聘的规范程序，只是等到急用人时再去招聘，致使出现招聘工作不细致、不严格，只是收简历、筛选简历、面试和把录用人员安排到用人部门就完事的现象。

5. 缺乏工作分析或忽略岗位实际需求

工作分析是极其重要的事项，企业需要弄清楚相关岗位需要应聘者具备哪些知识和技能，不然在选人时就会很盲目，但实际上，很多企业此项工作做得并不细致甚至没有做。在求职者众多或遇到招工难等问题时，很多企业会忽略岗位的实际需求，拔高或降低招聘条件，这样做短时间内虽然满足了用人需求，但岗位需求与员工素质（要求）脱节，会导致较高的人员流失率并影响生产效率。

6. 招聘双方缺乏沟通

招聘是一个双向选择的过程，而且在招聘过程中容易出现信息不对等的问题，招聘人员对应聘者的信息了解较多，而应聘者对用人单位了解较少。招聘人员应向应聘者客观介绍组织的实际情况，而不能只谈组织好的一面，否则容易使应聘者对组织产生过高的期望，以致应聘者加入组织后会感觉现实工作与预期有较大的差距，这往往会导致人才流失。

7. 招聘方法不科学

很多组织的招聘方法不科学，或者采用不合适的招聘手段，要么全面撒网，要么随波逐流。目前，比较盛行的招聘方法有职业中介推荐、校园招聘、猎头推荐、亲友引荐、网络招聘等，这些招聘方法各有利弊，组织应根据具体情况来选择适合组织需要的招聘方法。

微课堂

民营企业招聘中存在的主要问题

三、影响人员招聘的因素

为了较好地解决现在各类组织在人员招聘过程中存在的问题，招聘人员应对影响组织招聘的以下几个主要因素加以了解。

1. 国家法律和法规

国家法律和法规，特别是各国劳动法对人员招聘工作有很大的影响。因为它既涉及组织和员工的利益，又涉及社会的稳定。国家运用法律和法规来控制各类组织的招聘行为，主要目的是保障人们能充分地就业、消除在招聘工作中的歧视和不公正现象。招聘工作无论是从组织角度还是从社会角度来看都是一项政策性很强的工作，组织在人员招聘过程中必须遵守国家的法律和法规。

2. 应聘人员的求职动机

职业兴趣是人们选择不同职业的主要动机之一。有些人的职业兴趣可能从童年时代就产生了，而有些人在成年以后才有明确的职业诉求。对大多数人来讲，职业的选择都会受其受教育程度、个人的经济因素、劳动力市场的特点及个人的知识、能力和个性等影响。人们的求职动机也受个人自尊的影响。一个有强烈成就动机的人有较强的寻找工作的欲望，高度自尊的人比较倾向于寻找比以前职位更高、报酬更高和更有挑战性的职位。所以，这些人会花更多的时间和精力去寻求理想中的工作。

📖 问与答

问：如何判断应聘人员的求职动机？

答：应聘人员的求职动机主要是保证生存（获得薪酬）、职业发展（学习提升）、自我实现（展现自己所长而体现价值）。

从求职动机了解应聘人员的想法和与招聘岗位的匹配性，其实了解的是应聘人员对新工作的职业期望，职业期望与招聘岗位及招聘单位的匹配度才是招聘人员关心的。

可以直接询问应聘人员，比如从上家公司离职的原因，以了解对方的职业排斥倾向、对新工作的职业期望，以及本人的职业规划。

3. 组织的内部因素

在劳动力市场上，对组织而言，不同类型人员的供求状况存在很大差异。一般来说，组织的发展战略决定了组织对人力资源的需求状况。组织处于快速发展时期时，对人力资源会产生更大的需求。组织内部的人事政策决定了组织的招聘政策和招聘活动。一些大型组织由于工作岗位较多，一旦出现岗位空缺，则更倾向于内部招聘，以便为组织内部员工提供更多的工作轮换和晋升机会，为员工发展创造空间。相对而言，小型组织更倾向于从组织外部招聘有岗位工作经验的人员。

📖 **视野拓展**

招聘中的"押宝"行为

📚 案例阅读与分析

失败的招聘

A 化学有限公司是一家跨国公司，以研制、生产、销售医药和农药产品为主，B 公司是 A 化学有限公司在中国的子公司，主要生产、销售医疗药品。随着生产业务的扩大，为了对生产部门的人力资源进行更为有效的管理和开发，年初，B 公司总经理把生产部的于经理和人力资源部的刘经理叫到办公室，商量在生产部设立一个处理人事事务的职位，该职位的工作内容主要是协调生产部与人力资源部之间的工作。最后，总经理说希望通过外部招聘的方式寻找适合该职位的人员。

之后，人力资源部的刘经理为这次招聘做了一系列准备工作。在招聘渠道的选择上，刘经理设计了两种招聘方案：一种招聘方案是在本行业专业网站上做广告进行招聘，费用为 3 500 元，好处是应聘的专业对口人员的比例会高些，且招聘成本较低，不利条件是企业宣传力度小；另一种招聘方案是在各大网站等媒体上做广告进行招聘，费用为 8 500 元，好处是可增强公司的影响力，不利条件是应聘的非专业人员的比例较高，前期筛选工作量较大，招聘成本较高。刘经理拟选用第一种招聘方案。但总经理看过招聘方案后，认为公司不应放过任何一个宣传公司的机会，于是决定选用第二种招聘方案。

其招聘广告的内容如下。

招　　聘

公司简介：A 化学有限公司是一家跨国企业，以研制、生产、销售医疗药品和农药产品为主，B 公司是 A 化学有限公司在中国的子公司，主要生产、销售医疗药品。

招聘职位：生产部人力资源主管。

招聘数量：1 名。

职位要求：

1. 大专以上学历，具有 5 年以上人力资源管理工作经验；

2. 工作认真细致，责任心强，能吃苦，工作主动性强；

3. 有相关人事工作经验者优先。

职位职责：

1. 负责建立生产部人力资源管理体系，监督岗位职能执行及考核情况；

2. 负责人力资源管理并重点实施人才招聘、绩效管理、培训教育；

3. 主管生产部和人力资源部两部门的协调性工作。

报名简历请发电子邮件至：abc @×××.com

在一周的时间内，人力资源部收到了 800 多份应聘简历。刘经理和人力资源部的工作人员从 800 多份应聘简历中筛选出 70 份有效简历，经层层筛选后，留下 5 人的简历。刘经理将此 5 人的简历交给了生产部的于经理，并让于经理直接通知他们参加面试。经过面试筛选后，于经理认为可从两人中做选择：李楚和王智勇。两人的资料按姓名、性别、学历、年龄、工作时间、以前的工作表现、结果等内容对比，具体如下。

李楚，男，企业管理学士学位，32 岁，有 8 年的一般人事管理及生产工作经验，在此之前的两份工作中均有良好的表现，可录用。

王智勇，男，企业管理学士学位，32 岁，有 7 年的人事管理和生产工作经验，以前曾在两个单位工作过，第一个单位主管的评价很好，没有第二个单位主管的评价资料，可录用。

从以上资料可以看出，李楚和王智勇的基本情况相当。但值得注意的是：王智勇没有上一个单位主管的评价资料。公司通知两人，一周后等待通知，在此期间，李楚静待佳音，而王智勇打过两次电话给人力资源部刘经理，第一次表示感谢，第二次表示非常想得到这份工作。

生产部于经理经过反复考虑后，来到人力资源部经理办公室，与刘经理商谈何人可录用，刘经理说："两位候选人看来似乎都不错，你认为哪一位更合适呢？"于经理说："两位候选人的资格审查都合格，但王智勇没有上一个单位主管的评价资料，虽然如此，我也看不出他有何不好的背景，你的意见呢？"

刘经理说："很好，于经理，显然你我对王智勇的面试表现都有很好的印象，他人有点圆滑，但我想我会很容易与他共事，相信在以后的工作中不会出现太大的问题。"

于经理说："既然他将与你共事，当然由你作出最后的决定。"于是，最后决定录用王智勇。

王智勇来到公司工作了 6 个月，在工作期间，经观察，刘经理发现王智勇的工作情况不如期望的好，他经常不能按时完成指定的工作，所以引起了公司管理层的抱怨，显然他不适合此职位，必须加以处理。

然而，王智勇也很委屈：来公司工作了一段时间后，他觉得招聘广告所描述的公司环境和各方面情况与实际情况并不一样；原来谈好的薪酬待遇在进入公司后又有所降低；工作的性质和面试时所描述的也有所不同，也没有正规的职位说明书作为岗位工作的基础依据。

问题：

（1）B 公司在人员招聘过程中存在哪些问题？

（2）根据案例，谈谈影响人员招聘的因素有哪些。

（3）针对上述案例，分组讨论招聘的概念、企业在人员招聘过程中常见的问题和影响招聘的因素。

第二节 人员招聘的程序与实训

组织的招聘千变万化，但各组织讲求务实的招聘宗旨和策略是一致的，面对众多的求职者，组织不应简单地瞄准高学历人才，而应侧重于求职者与组织需求及组织文化相匹配的情况。组织务实的作风往往是组织成功的基石。如何提高人员招聘管理工作的有效性，是每一个组织都会面临的难题。在组织的招聘过程中，招聘到不合适的员工，将会给组织和管理者带来很多的麻烦，也可能会给组织造成一定的损失。所以制定和执行科学的人员招聘的程序就显得尤为重要。

一、人员招聘的程序

组织招聘员工的程序如图 4.1 所示。

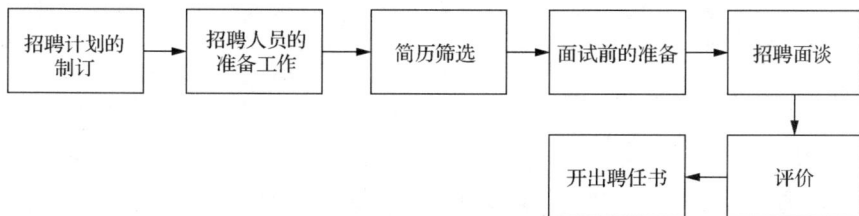

图 4.1 招聘员工的程序

1. 招聘计划的制订

当组织人力资源规划显示出组织对人力资源有需求的时候，组织就要根据工作分析所规定的条件去招聘员工。在招聘之前，组织必须制订员工招聘计划。大型组织常聘请组织外部的人力资源专家制订和执行招聘计划，小型组织中通常由本组织的人力资源部门来制订和执行招聘计划。组织在进行招聘前，要进一步分析并确认组织人力资源需求行为的合理性和可行性。可以用"6W1H"方法进行分析。

who——招聘谁，即要招聘的对象是谁。

why——为什么要招聘，即是否确有必要向外部招聘员工，组织内部是否存在人力资源的供给。

what——招聘来干什么，即招聘来的员工将从事哪种工作，配置在哪个岗位上。

when——什么时候招聘员工及员工到岗的时间，即什么时候需要补充新的员工。

where——到哪里去招聘，即组织通过什么渠道可以最有效地招聘到所需要的员工。

whom——为谁而招聘，即为组织的哪一个部门招聘，进而要求该部门予以配合。

how——怎样招聘，即招聘人员时，组织应采用怎样的招聘策略和招聘方法，招聘的预算是多少。

💼 实战演练

小型企业的人力资源部门如何完成招聘计划

支招：①小型企业从社会渠道招聘，应做好招聘计划，招聘计划要有一定的预见性。同时，人力资源部门应做好内部培训和接替计划。②人力资源部门应让应聘者知晓本企业的优势，比如企业产品的先进性、企业在创业期的优势、企业文化氛围等。

实战操作：还有什么方法有助于完成小型企业的招聘计划？

2. 招聘人员的准备工作

组织的招聘人员需要做什么呢？招聘人员要了解组织战略、组织业务、组织文化等基本内容。只有真正了解组织的招聘人员，才知道组织需要招聘什么样的人员，在招聘过程中才能做到既不好高骛远，也不委曲求全。

💼 实战演练

招聘时该如何甄选与组织价值观一致的员工

支招：①作为面试官，要清晰地了解组织文化和组织的价值观；②为应聘者设计一套符合招聘岗位任职资格的题库，在设计题库时要考虑到组织的价值观，对应聘者进行随机选题测试。上述两者中，面试官对组织文化的把控和理解能力更为重要。

实战操作：你还有什么高招？

3. 简历筛选

组织如何在众多的求职者中筛选出满足需求的人才？组织应设计明确的用人策略和方针。规范的组织往往有详细的职位说明书，按照组织职位说明书精简出来的职位描述和职位要求是筛选简历的第一依据。筛选简历时应注意应聘者的简历与组织的招聘广告是否匹配，首先要看应聘者在简历中是否准确地描述了自身满足组织招聘需求的基本条件：受教育程度、专业背景、相关工作经验、相关技能（包括语言技能）等。其次应注意应聘者简历的排版和内容，有没有拼写或语法错误等。只有在应聘者数量非常有限时，组织在筛选简历时才会适度降低招聘要求。

实战演练

怎样才能提高筛选简历的效率并保证质量

支招：要保证筛选出的简历的质量，人力资源部门必须熟悉各招聘岗位的任职资格要求，对招聘岗位的要求进行总结归纳，在筛选简历时直接淘汰不能满足这些要求的简历。

实战操作：你还有什么好的建议？

4. 面试前的准备

（1）招聘面试工作中的相关人员分工是否清楚。人力资源招聘面试工作需要组织各个部门的配合，也需要招聘面试相关人员分工合作，所以人力资源部门需提前确认招聘面试人员是否已经清楚自己在面试时的工作内容。

（2）整个招聘面试流程是否清晰。不管是一对一的面试形式，还是多对一的面试形式，或者是一对多的面试形式，组织整个招聘面试流程要求清晰、明了，相关工作人员能按照流程有条不紊地进行面试，并提前做好沟通。

（3）对应聘者的面试评价标准是否统一。面试不是单纯的问与答，在面试中，对应聘者的评价标准是否统一至关重要，尤其是组织的不同岗位、不同部门的要求不一样，所以对应聘者的面试评价标准很重要，对同一岗位的应聘者必须使用相同的面试评价标准。

视野拓展

小组面试

小组面试俗称"群面"，比较科学的说法叫作"无领导小组讨论"。它是经常使用的一种测评方法，采用情景模拟的方式对应聘者进行集体面试。

将许多应聘者组织在一起就某个选题进行自由讨论，并不指定谁是负责人，从中观察每个应聘者的综合素质及技能水平，从而决定是否聘用，这种招聘方法叫作小组面试。

结构化面试

结构化面试是根据特定职位的胜任特征要求，遵循固定的程序，采用专门的题库、评价标准和评价方法，通过面试小组与应聘者面对面交流的方式，评价应聘者是否符合招聘岗位要求的一种测评方法。

结构化面试是在工作分析的基础上精心设计与工作有关的问题和各种可能的答案，并根据被试者回答的速度和内容对其作出等级评价的一种面试形式。结构化面试是一种比较规范的面试形式，有效性和可靠性较高，但在该方式下，招聘人员不能进行设定问题外的提问，限制了面试的深度，而且问题均为事先安排好的，整个过程显得不自然，且提问可能显得比较唐突。

5. 招聘面谈

面谈的目的是尽可能多地了解应聘者的各种信息，面谈内容一般包括：应聘者的工作经历，包括职务、成就、工作条件、薪金、更换工作的原因、工作需求、工作业绩等；受教育程度（如学历）、成绩最好和最差的学科、用功程度、参加过的课外活动、特殊成就、毕业成绩等；家庭背景，包括父母的职业、父母的性格特征、有无兄弟姐妹、家庭成员的受教育情况及工作情况、家庭经济背景、家庭生活状况等；现代社会适应特征，包括兴趣和爱好、婚姻情况、配偶兴趣和性格、健康状况；应聘者的动机与性格、情绪稳定性；等等。

🔨 实战演练

在招聘面试过程中应如何考察应聘者的工作稳定性

支招：招聘人员首先应从应聘者的工作经历中了解应聘者的离职频率；其次要了解应聘者之前离职的真实原因；再次还要了解应聘者的求职动机；然后招聘人员还应了解应聘者的个人及家庭情况；最后招聘人员应把了解的多方面信息结合起来，以确定求职者的工作稳定性。

实战操作：补充其他有助于了解应聘者工作稳定性的考察项目和方法。

面试过程中，招聘人员应向应聘者全面、客观地介绍其应聘职务的实际情况，清晰地介绍工作的特点，既要说明好的一面，也要介绍工作可能对健康或安全等的不利方面。研究表明，招聘人员向应聘者客观地说明应聘职务的情况，能提高应聘者对应聘职务的认知度，减少被录用人员今后离职的现象。

微课堂
识人辨人：了解胜任力模型

6. 评价

组织采用一对一招聘面试（也可尝试采用小组面试的形式）时，首先要做好招聘面试的记录（包括从预约到面谈，应聘者回答问题等细节的记录），其次要对应聘者的面试情况进行及时评价，因为，靠回忆作出的评价很容易受近因效应的影响，进而有失公允。面试的各项评价指标之间应独立客观，避免相互干扰。采用小组面试法（多对一），可以更好地避免因面试人员的个人偏好造成的不良影响，使面试评价更加客观，同时可以更好地避免招聘中的走后门现象。人力资源部门的面试人员与用人部门协调之后，应及时达成一致的聘用意见，避免因对应聘者不公平而影响公司的声誉等情况。表 4.2 为员工招聘测试表（本表视各招聘评估因素权重相等，实际运用中可根据组织的需要为各招聘评估因素设置不同的权重）。

📖 视野拓展

集体面试要点和案例

在招聘过程中，许多组织考虑到招聘人员主观性的问题，大都会在第一次或第二次面试时采用集体面试的方式。所谓集体面试，是指由两位以上的面试官，同时对应聘者进行面试。这种面试方式可以避免个别面试官的偏见，能综合所有面试官的结论，对应聘者进行较客观公正的评价。

表 4.2　员工招聘测试表

姓　名		面试职位			日　期		备　注
评估因素	评　分						
	1（差）	2（及格）	3（中等）	4（良好）	5（优秀）		
1. 专业知识技能							
2. 知识面							
3. 管理知识技能							
4. 人际关系技能							
5. 工作经验							
6. 特殊技能							
7. 仪态和口才							
8. 应变能力							
合　计							
总　分		评价部门			评价人（签字）		

7. 开出聘任书

做招聘的人往往都遇到过这样的尴尬情形，当你正为找到合适的人才而兴奋不已时，却在开出聘任书后发现对方已另谋高就。痛失人才，招聘精力的浪费，都让人扼腕叹息。那么，组织招聘工作该如何避免上述情况的发生呢？简单而有效的方法就是加快招聘进程。组织的招聘周期过长，以致不能及时地留住人才的现象屡见不鲜。组织除了要有高效的招聘流程外，还需要有较高的薪酬，即以合适的待遇去吸引人才。

组织在确定应聘者的薪酬时要考虑诸多因素：组织的薪酬水平；应聘者的学历及工作背景；应聘者前一份工作的薪酬；应聘者对薪酬的期望值；其他单位类似岗位的薪酬水平；等等。

组织经过上述的综合考虑和权衡后，才能慎重地开出聘任书，但即使如此也可能会出现被应聘者拒绝的情况，这也是招聘人员在招聘工作中可能遇到的挑战之一。招聘风险总是存在的，组织用人过程中也有很多变数，所以会不断地出现人才流动。招聘的乐趣也就在于如何降低招聘的成本和风险，获得组织与人才双赢的局面。

视野拓展

面试中常见的问题

你在这个行业成功的原因是什么？　　你处理过什么样的复杂问题？

你能描述一个典型的工作日吗？　　你喜欢与什么样的人一起工作？

你为什么想在这里工作？　　你最近阅读的一本书是什么？对你有何影响？

你申请的工作的主要职责是什么？　　你认为你原来的上级是个什么样的人？

你的优点和缺点是什么？　　你有什么问题要问吗？

二、人员招聘程序实训

根据本节讲述的内容，完成以下案例分析。

　　××集团对销售员的选拔是一个比较经典的人员招聘案例。

　　创办于1986年的××集团是原广州市轻工业局所属的一家历史悠久的国有企业。建厂后，该厂根据市场需要，开发出"国际香型、内含口洁素"的"黑妹"牙膏，在国内竞争激烈的牙膏市场上独辟蹊径，找准了自己的位置。生产经营规模日益扩大，经济效益也越来越好。

　　××集团销售处负责该厂产品在全国各地的促销工作，包括产品销售合同签订、产品的广告工作、售后服务工作和营销推广活动的策划工作等。为了提高销量，销售处与集团订立了承包合同，集团依据销售额和销售货款回收率这两项指标的完成状况对销售处进行考核，相应地，销售处也以这两项指标为主来考核销售员的工作业绩。

　　随着产品销售量的不断增加和营销策略的不断深化，销售处感到人手紧缺，工作十分紧张，急需充实销售员队伍。为此，集团改变了以前行政任命销售员的办法，经过本人申请和文化考试后，录用了赵明、钱达、孙青和李强等四名员工，对他们进行为期半年的试用，将其作为正式销售员的候选人。在他们的实习期将满时，销售处长老萧考虑从他们中选拔合适的人员作为正式销售员，从事牙膏产品的销售工作。集团根据他们平时的表现和集团领导、销售处同事及用户对他们的评价，对上述四名员工的个人素质和工作状况进行了初步总结，作为选拔销售员的依据。

　　一、个人素质方面

　　赵明，是个刚进集团的小伙子，今年刚满20岁，高中毕业。他精力旺盛、工作肯吃苦，但平时大大咧咧、做事粗心大意，说话总是带有一股"火药味"。

　　钱达，是为了避免夫妻两地分居而从外地调进公司的，今年34岁。他为人热情，善于交际，本人强烈要求做销售工作。

　　孙青，广州市广播电视大学经济管理专业毕业生，今年25岁。她工作认真、稳重文静、平时少言寡语，特别是在生人面前，话就更少了。

　　李强，今年29岁，公共关系专业毕业生。他为人热情、善于交际、头脑灵活，但对销售工作缺乏经验。

　　二、工作实绩方面

　　赵明，工作主动大胆，能打开局面，但好几次将用户订购的牙膏规格搞错，用户要大号的，他却发了小号的，尽管销售处长曾多次指出，他仍然时常出差错，用户向他反馈意见，他还冲着用户发火。

　　钱达，工作效率很高，经常超额完成自己的推销任务，并能在推销过程中与用户建立较好的关系。但他常常利用工作关系办私事，如要求用户帮助自己购买物品等。而且，他工作纪律性较差，上班晚来早走，并经常在上班时间回家做饭，销售处的同事们对此颇有微词，他曾找领导说情，希望能留在销售处工作。

　　孙青，负责广东省内的产品推销工作，她师傅曾带她接触过所有的主要用户，并与用户建立了一定的联系，但她自己很少主动独立地联系业务。有一次，她师傅不在，恰巧有个用户要增加订货量，她因师傅没有交代而拒绝了这一笔业务。

　　李强，负责河北省的产品推销工作，他经常超额完成推销任务，并在推销过程中注意向用户介绍产品的性能、特色，而且十分重视售后服务工作。有一次，一个用户来信提出产品有质量问题，他专程登门调换了产品，用户为此非常感动。尽管如此，但他却时常难以完成货款回收率指标，致使有些货款一时收不回来，影响了集团经济效益指标的实现。

销售处长老萧必须在月底之前作出决定：上述四名员工中哪些人将留在销售处成为公司的正式销售员，哪些人将离开销售处。

问题：

（1）从招聘程序的角度分析××集团对销售员的选拔存在哪些问题。

（2）解决这些问题的对策有哪些？

（3）针对上述案例，分组讨论人员招聘的程序。

第三节 人员招聘的方法与实训

从第二节的内容可知，组织如果按照较科学的程序来招聘员工，可以有效地减少员工的流失。同样，人员招聘的方法也是十分重要的。

一、人员招聘的方法

在招聘过程中，组织有不同的招聘方法可以选择，主要有内部招聘、招聘广告、通过职业中介机构招聘、通过猎头公司招聘、校园招聘、员工推荐、参加人才交流会等招聘方法。

1. 内部招聘

组织内部的员工一般是组织最大的招聘来源。组织中绝大多数的空缺职位一般都是先由组织内部的人员来补充，将较低职位的员工放到更高职位的岗位上工作，或者是通过组织内部的人员调整，让员工到更能发挥其才能的职位上去工作。

内部招聘的优点是从内部补充的员工的离职率通常比从外部招聘的人员低，长期为组织服务的可能性更大，比较稳定，员工互相了解的速度较快，便于工作的开展。内部招聘还有利于激励组织内部员工努力工作，实现个人的职业规划。

内部招聘的缺点是：容易形成组织内部的工作思维定式，导致整体工作思路趋同；组织内部招聘的可选范围较小，易受组织管理者偏见的影响；组织内部招聘不利于吸引外部优秀人才，使组织缺少活力；组织内部招聘不利于提升组织在行业中的影响力。

2. 招聘广告

所谓招聘广告，是指组织将有关职位空缺的信息发布在适当的媒体上，如刊登在报纸、杂志上，或者在电视、互联网上进行招聘宣传。其发布内容一般包括要招聘人员的资历、学历、能力，招聘单位和招聘职位的介绍，招聘单位的联系方式，等等。招聘广告主要适用于招聘单位基层和技术职位的员工。其优点是：组织在招聘人才的同时也展现了组织的形象；招聘的针对性比较强，可以减少组织的招聘工作量；招聘广告覆盖面广，同应聘人联系快捷方便；招聘广告发布的职位信息多，信息发布迅速。其缺点在于：组织较难辨别应聘者信息的真实性，人力资源部门在这方面需要花费大量的人力物力；应聘的高级人才较少。

微课堂
如何设计招聘广告

3. 通过职业中介机构招聘

职业中介机构是指帮助招聘单位挑选初级人才、年龄偏大的一般人才和一些技术工人等，为求职者介绍工作单位和工作职位的机构。通过职业中介机构招聘的优点是：职业中介机构推荐的人员一般都经过了筛选，因此招聘成功率比较高，上岗效果也比较好；一些规范化的职业中介机构，如职业交流中心还提供招聘的后续服务，使招聘单位感到放心；具有快捷、省时省力、针对性强和招聘费用较低的效果。通过职业中介机构招聘的缺点是招聘高级人才的效果不理想。

4. 通过猎头公司招聘

猎头公司是一种与职业中介机构类似的中介组织。它主要适用于为招聘单位招聘那些工作经验比较丰富、在行业中和相应职位上比较难得的高级人才和尖端人才。通过猎头公司招聘的优点是能节省招聘单位招聘和选拔专门人才的时间和精力，其缺点是招聘成本较高。

🔨 实战演练

如何选择适合自己的猎头公司

支招：第一，查看资质。猎头公司很多，但有的公司可能尚未取得人力资源服务资质。第二，查看规模。专业的猎头公司，内部架构一定是完善的，应该是具有一定规模的公司。第三，看业内口碑。专业的猎头公司，一定是实力和服务兼备的，一定是在业内有良好口碑的公司。

实战操作：以"猎头公司"为关键词，通过网络搜索，查找几家猎头公司，登录其官方网站，查询并记录其资质（人力资源服务许可证号）、企业规模、组织架构、主要服务对象等信息。再以该公司的名称为关键词查询新闻，看其是否有负面报道。

5. 校园招聘

校园招聘是指招聘单位直接在各类院校内招聘应届毕业的学生。校园招聘的方式主要是在校园内张贴招聘广告、设置招聘场所、举办招聘讲座和学校推荐等。它主要适用于为招聘单位招聘基层专业人员与技术人员。校园招聘的优点是应聘者普遍是刚毕业的学生，有专业特长，可塑性强，他们入职后能较快地熟悉业务。其缺点是招聘过程需要耗费较多的人、财、物和时间，招聘单位要印刷招聘宣传品，做好招聘面谈、宣传等工作。由于刚毕业的学生缺乏实际工作经验，招聘单位在将来的岗位培训上的成本会较高，且不少学生由于刚步入社会，对自己的定位还不清楚，容易出现离职的情况。

🔨 实战演练

如何高效地进行校园招聘？如何进行校园宣讲？

支招：主要是看公司的招聘准备工作怎么做，一种情况是委托专业的机构进行招聘方案策划，另一种情况是公司自己进行招聘方案策划。

校园招聘策划方案的质量会直接影响校园招聘的效果。如果公司自己进行校园招聘，预测会有较多应聘人员时，前期可以和学校及学生会进行联系，请相关人员帮助宣传。要研究在宣讲的时候，如何展现公司的优势和特点，如何讲明学生进入公司后可得到的收获，等等。

预测应聘人数不多时，可以向一些校园招聘服务机构索要一些相对标准的招聘执行方案，公司内部先学习和消化，然后再高效地执行这些招聘方案。

实战操作： 选择一家自己熟悉的公司，替其做一份在本校进行校园招聘的方案。

6. 员工推荐

员工推荐是指由组织内部的员工推荐其亲人、家属或朋友来组织工作，这是适用于招聘专业人才和初级人才的一种招聘方式。员工推荐的优点是可以节约组织招聘的广告宣传费用或中介服务费用，应聘人员的忠诚度和可靠性都比较高，被录用后能较顺利地开展工作。员工推荐的缺点是：如果被推荐人与组织招聘人才的要求相差较远，不仅会影响推荐人在组织中的声誉，也可能会影响推荐人和被推荐人之间的关系；还可能导致出现有些员工或中高层领导为了培植个人在组织中的势力，在组织的重要岗位上安排自己的亲信的情况，这将对组织正常的组织架构和运作造成不良的影响和后果。

7. 参加人才交流会

人才交流会是由政府人才交流机构（人才市场或人力资源市场）或具有人才中介服务资质的部门组织招聘单位和求职者面对面直接洽谈的一种招聘形式。人才交流会既可节省招聘单位和求职者的时间，还可以为招聘单位提供不少有价值的信息。这种招聘形式对招聘通用类专业的中级人才和初级人才比较有效，应聘者以应届大学生为主。这种招聘形式的优点是：由于求职者集中，人才分布领域较广泛，招聘单位的选择余地较大，通过参加人才交流会，组织招聘人员不仅可以了解当地人力资源的素质和发展趋势，还可以了解同行业其他组织的人力资源需求情况；这种招聘形式的成本比较低，组织能缩短招聘周期，减少招聘工作量，尽快招聘到所需的人才。人才交流会的缺点是通过这种渠道录用的求职者通常比较适合组织的中、基层职位，高级人才、专业性比较强的稀缺人才一般较少参加这种招聘会，所以组织在招聘的数量和质量上都可能会受到较大的限制，还会受到时间和空间的限制。

微课堂
国际人才招聘

实战演练

招聘新一代员工时，应该注意哪些事项

支招： ①标签化是刻板印象的表现形式，能简化认知过程并降低沟通成本，但它是招聘者的大忌。招聘者不仅不能给某类候选人贴上某种标签（如"00后"），还应摆脱刻板印象，不被标签化所左右。②招聘中要详细了解应聘者的兴趣点、兴奋点、工作的关注点、价值取向和爱好、活动群体、愿意工作的氛围等，从应聘者本身和工作的匹配度去寻找合适的人选。

如何应对新一代员工的高离职率

支招： ①包容个性，了解新一代员工的工作追求，尊重并理解他们的工作态度。②发现他们的优点，让他们找到适合自己的职业发展道路，忌画大饼。③根据新一代员工的特点完善组织文化，发掘员工兴趣与组织文化的共同点并加以宣扬，增强员工和组织的情感联系。

实战操作： 从自身角度出发，针对上述两种情况，给组织的管理者提出相关的意见和建议。

综上所述，不同的工作岗位应该采用不同的招聘方式。组织在具体实施招聘计划时，要结合自身的实际情况，灵活运用，应选择对组织招聘最有利的招聘方式，而不能墨守成规。

二、人员招聘方法实训

校园招聘案例

W公司是一家快速发展的集团公司，该公司每年都需要招聘各类院校的应届毕业生，为了避免本地人才市场上生源的局限性，W公司制定了各类院校校园招聘方案，以保证招聘质量和效果。今年W公司的计划招聘人数是120人，但是招聘了两次，效果还是不理想。

人力资源部赵经理愁眉苦脸地坐在总经理刘总对面，说："前两次校园招聘，收的简历不少，面试情况也很好，但最终的录用方案是回公司后定的，发了录取通知书后，很多都没有回音了，打电话也联系不上。万一他们不来报到那可怎么办呢？所以只能选择一些没有去过的院校，再进行一次校园招聘了。""那这次校园招聘还会不会遇到同样的问题呢？你有没有解决的方法呢？"刘总接着说，"现在看来公司需要研究出一个规避大学生招聘风险的方案才行。你回去考虑考虑，下午两点一起讨论。"

下午1点50分，赵经理推开刘总办公室的门，挥了挥手里的文件夹说："上午公司人力资源部头脑风暴了几个规避大学生招聘风险的点子，您看行不行。"刘总仔细看了一下，解决的方案主要有两个：一是在招聘现场录用并与求职者当场签订双选协议；二是在制定录用方案时适当增加录用比例，以保证报到人数。这两个方案基本可以解决报到人数不够的问题，但显然会引起一系列新的问题：现场录用的质量如何保证？各院校之间的录用标准如何平衡？录用比例究竟应该增加多少？显然出于时间原因，人力资源部讨论得还不够深入。刘总向赵经理提出了上面的疑问。"要规避大学生招聘风险，可能还要一起来分析一下录用的学生不报到的原因。"赵经理回答道。

通过上述分析可以看出，这几年虽然存在毕业学生多、招聘岗位少的情况，但对优秀毕业生就业的影响并不大，所以他们往往会这山望着那山高，脚踩几家招聘单位。具体表现为：在面试的时候，大学生的求职欲望非常强烈，要求参加工作的热情非常高，表现出对可能面临的问题和挑战都乐于接受，但接到录用通知后却迟迟不签约；少数大学生签约以后，由于有了更好的选择，不惜采取违约的办法，因而会严重影响入职率；有的学生甚至会利用劳动法中的试用期条款，采取先入职然后马上辞职的办法来规避违约责任。在这些情况下，组织要做好应届毕业生的定岗定员工作，肯定有一定的困难，也势必会影响以后新员工的培训、工薪成本的确定等一系列工作的决策和实施。

问题：

（1）从招聘方法的角度来看，校园招聘是不是W公司最好的招聘方法？校园招聘有什么优缺点？

（2）你认为W公司还有没有其他的招聘方法可以选择？为什么？

（3）针对上述案例，分组讨论招聘的方法，由教师进行点评。

🔨 实战演练

如何降低校园招聘学生流失率

支招：岗位与专业匹配，待遇和期望匹配；分散员工来源，避免在一校或一系招人过多；同校同系学生分散安置，避免影响学生融入组织的进度；精心安排入职培训，协助学生做好职业规划，坚持职业导师制。

如何解决异地招聘难的问题

支招：在初试环节采取远程方式面试，用来排除人，而不是选择人；在复试环节采取当面面试，一般应承担参加复试候选人的往返路费。

实战操作：针对上述两种情况，结合自我认知，给组织的管理者提出意见建议。

本章小结

人员招聘是指组织寻找、吸引并邀请符合组织要求的人，将其录用到本组织中任职和工作的过程。

在实际的招聘过程中，存在招聘标准不合理、招聘人员不够专业、招聘人才的观念较狭隘、招聘需求较盲目、缺乏工作分析或忽略岗位实际需求、招聘双方缺少沟通、招聘方法不科学等问题。

影响组织人员招聘的因素有国家法律和法规、应聘人员的求职动机和组织的内部因素。

人员招聘的程序为招聘计划的制订、招聘人员的准备工作、简历筛选、面试前的准备、招聘面谈、评价、开出聘任书。

人员招聘的常见方法有内部招聘、招聘广告、通过职业中介机构招聘、通过猎头公司招聘、校园招聘、员工推荐和参加人才交流会等。

组织内部的员工一般是组织最大的招聘来源。

练习题

一、名词解释

人员招聘　　招聘面谈　　内部招聘　　招聘广告　　校园招聘

二、单项选择题

1. 有可能影响内部员工积极性的人员招聘方式是（　　）。
   A. 校园招聘　　B. 网络招聘　　　C. 内部招聘　　　D. 外部招聘

2. 将许多应聘者组织在一起就某个选题进行自由讨论，并不指定谁是负责人，从中观察每个应聘者的综合素质及技能水平，从而决定是否最终聘用的面试方法称为（　　）。
   A. 结构化面试法　B. 非结构化面试法　C. 小组面试法　　　D. 观察面试法

3. 在费用和时间允许的情况下，对应聘者的初选工作应坚持（　　）。
   A. 细选原则　　B. 精选原则　　　C. 重点原则　　　D. 面广原则

4. 面试的开始阶段应从（　　）发问，从而营造和谐的面试气氛。
   A. 应聘者熟悉的问题　　　　　B. 应聘者不能预料到的问题
   C. 应聘者陌生的问题　　　　　D. 应聘者能够预料到的问题

三、判断题

1. 人员招聘是一项单纯的经济活动，必须以最低的成本招聘到合适的人选。　　（　　）

2. 面试前，要详细了解应聘者的个性、社会背景以及工作经历等方面的情况。（　　）

3. 内部晋升制要比外部晋升制更有利于调动企业员工的积极性。（　　）

4. 人员挑选是从应聘者中挑选出最优秀的人才的过程。（　　）

四、简答题

1. 人员招聘的含义是什么？

2. 简述影响人员招聘的因素。

3. 人员招聘的程序有哪些？

4. 面试中有哪些常见的问题？

5. 人员招聘的方法有哪些？

五、案例分析题

某机器制造公司的人事决策

某公司是一家机器制造公司，全公司员工数量为1万人左右。最近有几件事在公司开会讨论时出现了分歧，事情是这样的。

公司最近的产品滞销，公司决定加强销售部的力量，原来的销售部经理已退休，由于两位销售部副经理能力不强，所以公司急需选聘一名销售部经理。

同时，为树立公司的良好形象，公司决定成立公关部，还需选聘一名公关部经理。

还有，由于公司的技术工人数量减少，需要招聘30~50名技术工人。但对于如何选聘上述人员，公司内部有不同的看法。

人力资源部经理认为：招聘的这些人员应全部由公司领导圈定。

总经理认为：招聘的这些人员应全部向社会公开招聘。

副总经理认为：招聘的这些人员应向社会和公司内部公开招聘。

工会主席认为：两名经理可以公开招聘，几十名技术工人可以依靠培训获得。

这样就有了四个招聘方案。

思考讨论：

1. 请分别说出内部招聘和外部招聘的优缺点。

2. 如果你是决策者，你认为哪个招聘方案较好？为什么？

3. 如果决定公开招聘，你将如何进行招聘？

综合实训

【实训一】

一、实训内容

结合你所熟悉的一家企业，了解其人力需求情况后，为其设计一份招聘人员的招聘申请表。

二、方法步骤

1. 5个人组成一个小组，首先对招聘申请表内容的设计进行研究和分析。
2. 以小组为单位，设计一份完整的招聘申请表。
3. 每个小组派一名代表在课堂上交流本组设计的招聘申请表。
4. 讨论各组设计的招聘申请表。

三、考核评价

1. 教师对各组设计的招聘申请表给予成绩认定。
2. 教师对各组在课堂上讨论交流的成果给予点评。

【实训二】

现在，许多企业都将校园作为招聘的主要地点，招聘应届毕业生。某企业也决定在某大学进行校园招聘，招聘的岗位为会计人员和一般管理人员，试为该企业设计一套招聘方案，并说明设计的理由和应注意的问题。

一、实训目的

1. 了解校园招聘可以为企业带来的好处。
2. 了解企业进行人员招聘的程序和应注意的问题。

二、方法步骤

1. 以学校附近的不同企业作为调研对象，根据所选行业，分小组确定各企业是否愿意通过校园招聘来招聘所需要的人才。
2. 对本校和周边院校的准毕业生进行访谈，询问他们参加校园招聘会的经历和感受。
3. 总结校园招聘的实施步骤、注意事项等。
4. 收集企业在校园招聘过程中存在的问题。
5. 分别为不同的企业设计一套招聘方案，并说明设计的理由和应注意的问题。

三、考核评价

1. 根据班级人数确定实训小组数量，每小组人数以5～8人为宜。
2. 实训小组要合理分工，分别搜集设计招聘方案需要的内容和数据。
3. 小组成员在搜集设计招聘方案需要的内容和数据之前要统一认识，统一口径，统一判断标准。
4. 评价招聘方案中的步骤是否完整、流程是否合理。
5. 依据收集到的设计招聘方案的资料，进行充分的讨论和分析，小组组长负责招聘方案的整理和总结，并由任课教师进行评价。

第五章

员工培训

【学习目标】

知识目标：了解员工培训的基本概念，熟悉员工培训中存在的问题、员工培训的注意事项。

能力目标：掌握员工培训的流程和实施，掌握员工培训的方式及培训评估。

素养目标：熟悉培训与能力开发的技术和方法，树立终身学习理念。

【引　　言】

如何把你的新员工培养成你想要的类型

当你录用了一名新员工后，就可能开始了一场赌博；你可能会拥有一名富有创造性、有上进心的新员工，他会完善你的团队并把你的公司带上新的高度；你也可能会得到一个"机器人"，他能完成指定的任务，但不会再多做一点；你还可能会遇到一个不良员工，他在上班时间偷懒，在你的公司坚持不到一个月就跳槽了。

但是从某种程度上说，你可以通过有效的培训把新员工打造成你期盼的具有创新性和进取精神的好员工。

如何把新员工培养成你想要的类型，就是本章要学习的内容。

第一节　员工培训概述

组织员工的培训与开发是组织人力资源管理的重要内容。从员工的角度来看，组织对员工的培训和开发可以使员工充分发挥其潜能，最大限度地实现其自身价值，提高其工作满意度，增强其对组织的归属感和责任感。从组织的角度来看，对员工的培训和开发是组织应尽的责任，有效的培训可以减少事故、降低成本、提高工作效率和经济效益，从而增强组织的竞争力。因此，任何组织都不能对员工的培训和开发掉以轻心。

视野拓展

随着战略人力资源管理时代的到来，员工培训在企业中的作用和地位变得越来越重要、越来越突出。培训是一种投资，《培训评估的理论与方法》（翟敏全等）一文中的数据显示，许多企业为了适应激烈的市场竞争，都加大了对培训的投入，一些著名的国际大公司每年的培训预算都已经达到了上一年度销售总额的1%～3%，最高的甚至达到了7%，如中原油田的培训预算为上一年度销售总额的2.5%，IBM每年用于培训员工的费用为人均3 500～5 500美元。2020年，任正非在一次内部讲话中曾说华为每年的培训费用为数十亿元。现代企业的一个重要特征是，其经济活动中的知识、技术含量日益增加，知识更新的速度日益加快。教育培训在企业适应现代技术变革和多变的市场环境中起着越来越重要的作用。同时，企业的竞争归根结底是人才的竞争，教育培训在提高企业人力资源素质、开发员工的潜能、改善人力资源结构、增强企业竞争力等方面具有不可替代的战略功能。

一、员工培训初探

员工培训是组织人力资源管理的重要工作内容，是组织促进员工学习的有效方式，其目的是改善员工的行为，更好地实现组织目标。组织培训主要是有计划地帮助员工提升与工作有关的能力的学习活动。对员工进行培训，可以使员工掌握培训计划中要求的知识、技能等对工作绩效起关键作用的工作能力，并能够在日常工作中加以运用，从而提高工作绩效。

📖 案例阅读与分析

一匹野狼卧在草地上勤奋地磨牙，狐狸看到了，就对它说："天气这么好，大家都在休息娱乐，你也加入我们的队伍吧！"野狼没有说话，继续磨牙，把它的牙齿磨得又尖又利。狐狸奇怪地问道："森林这么静，猎人和猎狗都已经回家了，老虎也不在近处徘徊，又没有任何危险，你何必那么辛苦地磨牙呢？"野狼停下来回答道："你想想，等我需要时，我想磨牙就来不及了。所以平时我就要把牙磨好，在遇到危险或捕捉猎物时就用得上了。"

评析：做事应该未雨绸缪，居安思危，这样在危险突然降临时，才不至于手忙脚乱。"书到用时方恨少"，平时若不充实自己的学问，临时抱佛脚是来不及的。常常有人抱怨没有机会，然而当机会来临时，又叹惜自己平时没有积蓄足够的学识与能力，以致不能胜任相关的工作，也只有后悔的份了。

组织的员工培训工作包括对员工的基本技能和高级技能培训、对生产系统培训、自我激发创造力培训，以及将组织经营的战略目标和宗旨联系在一起的高层次培训等内容。

我们可以通过公司新员工培训内容和部门岗位培训内容来初步认识培训（见表5.1和表5.2）。

🎬 微课堂
新员工培训方案

表5.1 公司新员工培训内容

1. 公司概况	（5）公司的组织结构、分支机构
（1）欢迎演讲	（6）主要管理层的情况
（2）公司创建、发展历史，经营目标、优势和存在的问题	2. 公司的主要政策及实施状况
（3）公司的传统、规范和标准	3. 薪酬和报销
（4）公司的产品和服务种类、销售和服务对象	（1）薪酬的范围、薪酬支付方式

（2）加班费、假期报酬、轮班工资等	（6）生产流程中有关特殊危险用品的使用限制
（3）减薪：强制性的和非强制性的数量范围	6. 员工和公司的关系
（4）预付薪酬	（1）职务分配
（5）信用贷款优惠	（2）试用期和在职期间的行为规范、工作纪律要求
（6）工作开支报销	（3）员工的权利和职责
4. 福利	（4）管理人员和领导人员的权利和职责
（1）保险等	（5）员工与组织领导的关系处理
（2）特殊工作补偿	（6）合同履行和公司政策
（3）各类休假，如法定假期、节日等	（7）员工工作绩效评估的方法
（4）病事假，如生病、丧亲、紧急事件等	（8）矛盾冲突的申诉程序
（5）退休福利	（9）终止劳动关系的程序，如辞职、解聘、退休等
（6）在职培训机会	（10）沟通：包括沟通渠道、合理化建议的提出及实施渠道
（7）法律顾问服务	7. 公司物质条件
（8）餐饮及为员工提供的其他服务项目	（1）生活条件，如食品供应及自助餐厅等
5. 安全和事故预防	（2）生产供应和设备条件
（1）事故记录卡	8. 公司运作的成本因素
（2）健康、医疗义诊	（1）劳动成本
（3）事故报告及处理程序	（2）装备成本
（4）火灾预防和控制	（3）事故成本
（5）体检要求	（4）管理与销售成本

表 5.2　部门岗位培训内容

1. 部门职能	3. 岗位程序和规章制度
（1）经营目标和主要任务	（1）岗位和部门的特殊规定
（2）组织结构	（2）紧急事故处理
（3）工作方式	（3）安全防护和事故预防
（4）与其他职能部门的关系	（4）事故报告
（5）部门内部的工作联系	（5）卫生标准
2. 岗位职责	（6）生产装备及零部件供应
（1）岗位职责的有关文件及期望的工作成果	（7）检查和评估员工工作绩效
（2）本岗位的重要性与本部门其他工作的联系	4. 熟悉部门的工作环境及工作要求
（3）工作中可能发生的一些事，要讨论解决的事	（1）厕所和淋浴室
（4）应该达到的工作绩效标准和绩效评估的规定	（2）火警箱和灭火器
（5）每天的工作时间、上下班时间、午餐及休息时间	（3）紧急出入口
（6）临时工作指派及加班要求	（4）部门领导办公室
（7）必需的工作记录和报告	（5）供应和维护部门
（8）使用装备的维护和保养	（6）卫生和保安部门
（9）可获得的组织帮助以及什么时候和怎样请求帮助	（7）吸烟区域
	5. 部门员工介绍

二、员工培训中存在的问题

员工培训已越来越多地被各类组织所重视，但在员工培训中也存在着各种各样的问题。员工培训中存在的问题主要表现在以下几个方面。

（1）执行不力。只有组织负责人或业务部门重视培训、支持培训，培训工作才能做好。有时组织的培训计划已制订好，但在具体实施时，总因为似乎有更紧急的其他工作或事情，培训工作被迫改期甚至取消；组织员工积极报名参加培训，但一旦培训和其他工作有冲突，员工的培训随时可以被放弃；培训工作应有组织中的高素质者参与，而高素质者却往往不愿意投身于培训工作，也不愿意做组织内部的讲师；等等。

（2）培训方法简单，培训过程不连续。有时新员工只接受了基本的岗位培训，培训时间一般为一周左右，然后就开始独立工作。而且，很多组织只对新员工进行基本的岗位培训，没有连续的培训方案，员工进入组织后主要依靠个人的自觉性学习。

（3）培训效果不尽如人意。有时员工参加培训后，学到了一定的知识，但是不知道如何将培训的知识运用到自己的工作中；有些组织采用视频课件的方式进行培训，但效果不佳，仅仅是为了完成培训任务；培训内容缺乏系统性，不能确定每次培训活动与组织的整体业务及发展有什么关系；培训时做得热火朝天，参加培训的人也热情高涨，但是没有看到什么实质性的培训效果。

（4）只培训少数员工。这种现象在不少企业都存在，这里有两个误区：其一是有的企业领导认为培训管理人员应该重点培训那些经过挑选、有发展潜力的人员。每次培训不管什么内容都让他们参加，从而忽视了对其他人员的培训。其二是有的企业领导认为单位现在的工作最重要，因此，只让那些所谓的没什么事的员工参加培训，于是培训就集中在这些人身上，从而造成了"闲人培训，忙人没时间培训，急需人员不培训"的结果。这样的培训往往达不到预期的效果。

（5）组织内部培训人员力不从心。组织想聘请外部讲师授课，但可能没有相关的预算，使得巧妇难为无米之炊；人力资源部门负责培训工作，寻找内部讲师讲课存在一定的困难；请外部讲师讲课，找一个熟悉组织情况的讲师并不是一件容易的事。

上述这些问题都是组织在培训中经常遇到的，每个组织在培训中存在的问题也不完全一样。每个组织的培训工作可能处在不同阶段，面临和需要解决的培训问题也不尽相同。只有解决本组织现阶段培训工作中存在的问题，才具有现实意义。负责培训工作的人员只有事先较充分地了解组织的培训需求和培训计划，才能做好培训的准备工作，减少培训中存在的问题。

视野拓展

中小企业如何建立内部培训体系

企业间竞争优势的多面性，开始逐步浓缩为企业文化的单一性，而企业文化（或组织文化）是由组织的价值观、信念、仪式、符号、处事方式等组成的组织特有的文化形象，简而言之，就是企业在日常运行中所表现出的各个方面。员工行为是企业文化的重要组成部分。员工行为又发端于员工素质，故提升企业员工素质就成为企业参与市场竞争的法宝。现代企业员工素质的提升往往取决于企业内部培

训体系的建立。

　　培训的基本定义，即培养和训练，是一种有组织的知识传递、技能传递、标准传递、信息传递、信念传递、管理训诫行为。对于中小企业的管理者，如何建立自己所在企业的内部培训体系，如何保证培训效果、准确传递经营管理信息，如何让培训为企业经营管理服务，采取何种方式进行培训，请什么样的培训师以及培训哪些内容，都是必须面对和解决的实际问题。

三、员工培训的注意事项

　　面对员工培训中存在的问题，为了有助于培训项目的成功实施，组织在培训过程中应注意以下几个事项。

1. 整体与部分的培训

　　是对整个岗位工作过程进行一次完整的培训，还是对岗位的不同工作内容分别进行培训，这取决于岗位职责的具体内容、教学资料和被培训人员的需要。一种常用的培训方法是由培训老师先向学员进行岗位工作整体性内容的简要描述，然后再根据被培训人员的实际情况和需要分别对其进行培训。

2. 强化措施

　　管理学中的激励强化理论，主要指被强化的行为会被重复，而不被强化的行为则会受到抑制。这一理论和方法可同样应用在员工培训中。表扬和表示赞赏是两种典型的强化方式，如果接受培训的员工取得了好的成绩而受到表扬，他会继续努力，学得更好，从而可以提高组织的培训效果。

3. 学习结果的反馈

　　如果员工知道他的培训成绩已经达到或超过他的预定标准，那么这将有利于他在以后的学习中树立新的努力目标和方向。如果这一学习过程持续不断地进行，将会极大地提高组织员工参加培训的积极性。组织制定的每一次培训学习的标准不要过高，因为过高的标准会使接受培训的员工难以达到，这样他们的积极性就容易受到挫伤。被培训员工的口头汇报和书面测试是进行培训效果反馈的常用方法。学习曲线（见图 5.1）不仅可以反映学员培训的进步状况，还可以帮助决定什么时候增加培训、什么时候减少培训，或什么时候改变培训方法。

　　图 5.1 所示为两种不同类型的学习曲线。一种称为收益递减曲线：学员在培训的最初阶段进步很快，但是随后的进步逐渐减慢；另一种称为停滞曲线：初始阶段进步很快，然后处于停滞状态，最后又呈现快速上升趋势。最常见的学习曲线是收益递减曲线，但是出现其他形状的学习曲线的情况也是可能的。

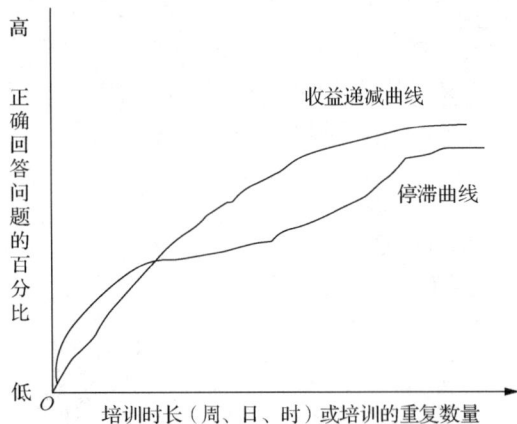

图 5.1　学习曲线

视野拓展

学习曲线理论在人力资源管理中的应用

1936 年，著名经济学家莱特（Wright）根据飞机制造的实践提出了学习曲线理论。他通过研究发现：每当产量有一定程度的提升，每架飞机的成本也会有一定程度（如 20%）的下降；员工通过学习，也可以实现上述效果，但不同工业部门的"学习效应"不同，具体的学习曲线也因此千差万别。对今天倡导"以人为本"的企业来说，将学习曲线理论运用到人力资源管理中，尤其是将该理论运用到具体的薪酬和激励管理方面，效果将特别明显，可前瞻性地解决员工持续发展问题。

4. 实践和重复

实践出真知，这同样也适用于培训。组织可在培训过程中让学员参与对实际操作或者实际工作的讨论，这样有助于他们对培训内容的理解和掌握。同样的培训内容在培训中重复几次则有助于员工发展这一领域的能力。在培训过程中反复实践能有效提升和巩固员工的培训成果。

5. 培训与个人目标的激励

很多人都有自己的目标，并会为实现这一目标而努力。如果培训能够帮助他们实现其中的某些目标，那么他们学习的积极性就会得到大幅提高。例如，一个缺少技能的员工有机会参加组织举办的技能训练培训班，那么他的学习积极性一定很高。因为他知道，通过培训，他的工作保障、工资收入极有可能提高。因此组织培训计划的设计、受培训人员的挑选都应该和员工的个人目标结合起来，只有这样才能达到良好的培训效果。

第二节 员工培训的流程和实施

员工培训是一个系统工程，组织应做好培训需求分析、完善培训方式、建立培训师队伍、增强培训效果等工作（见图 5.2）。

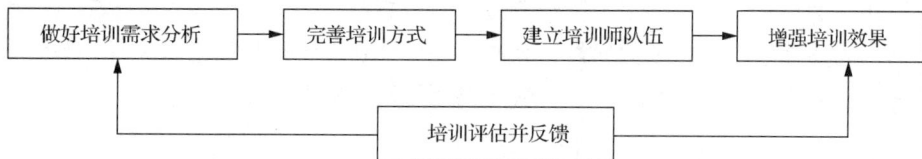

图 5.2 培训的流程

一、做好员工培训需求分析

组织要对现有岗位人员进行素质调查，由在岗人员如实填报本人的素质状况，使组织能掌握现有人员的素质状况。此时必须注意三点：一是应根据员工填报的内容，由组织进行考核确认；二是应对填报的内容进行动态管理，每年填报一次；三是组织应分析员工素质现状与组织目标之间的差距，并以此确定组织的培训需求，对于组织发展的瓶颈因素，应优先考虑培训事宜，解决组织发展的相关问题。负责培训的部门要与其他部门、各级领导和员工共同制订培训计划，培训计划的制订既要考虑与员工工作要求相一致，又要考虑与员工的职业发展规划相结合，这样可以充分调动员工参加培训的积极性。

问与答

问：培训需求分析分为几个层次？

答：培训需求分析可分为三个层次，分别是战略分析、组织分析和个人分析（或组织、任务和个人）；也有说是四个层次的，即组织分析、工作分析、员工个人分析和战略分析。

培训需求分析分为几个层次不重要，分为三个层次可以，分为四个层次也可以，也可以分为更多的层次，只要适合公司发展就行。最重要的是公司能够通过培训实现培训的目标。

四个层次中的工作分析和组织分析其实都是部门层面的分析。从公司发展的方向看，重点在哪个层面，就应对哪个层面进行细化、分解。战略层面的培训需求分析既可以是客户的需求分析，也可以是公司的愿景分析，还可以是公司的年度目标分析。不管怎么分，培训需求分析都离不开这几个层面，万变不离其宗。

案例阅读与分析

某公司是上海的一家股份制公司，按计划，该公司人力资源部3月要派员工去深圳某培训中心参加一次培训，人力资源部的人员都想参加，不仅是因为培训地点在经济特区，可以借培训的机会到经济特区看一看，还因为此次培训的内容很精彩，而且培训的讲师都是在大公司工作且有丰富管理经验的专家。但很不凑巧，那时人力资源部的工作特别多，所以主管权衡再三，最后决定由手头工作比较少的小刘和小钱去参加。人力资源部主管把培训时间、费用等事项跟小刘和小钱做了简单的交代。培训期间，小刘和小钱听课很认真，对讲师所讲的内容做了认真记录和整理。但在课间和课后，小刘与小钱两人总在一起，很少与其他学员交流，也不与讲师交流。培训回来后，主管只是简单地询问了一些培训期间的情况，小刘和小钱与同事也没有详细讨论过培训的情况。过了一段时间，同事都觉得小刘和小钱培训后并没有什么明显的变化，小刘和小钱本人也觉得培训很精彩，但是对实际工作并没有什么帮助。

评析：小刘和小钱对培训效果不是十分满意，同事也感觉到他们在培训后没有取得明显的进步。受训人员的选派存在明显的问题：公司缺乏对受训者培训前的需求分析，公司缺乏对受训者培训目标和效果的界定和要求，公司缺乏规范的人员培训计划。

二、完善员工培训方式

员工培训的方式有很多种（如教师讲授法、案例研究法、角色扮演法等），不同的培训方式各有其优势，分别适用于不同的培训情景。创建"学习型"组织已成为优秀企业的共识，而传统的培训方式往往无法实现这一目标，必须借助一种强有力的工具来实施培训资源的整合管理。数字化学习（E-Learning）系统就是在这种情况下应运而生的，它充分利用网络学习弥补线下培训方式的不足，将"定时定点培训学习"升级为"定时定点培训学习、随时随地培训学习"。它充分利用计算机技术和互联网特性，是一种可以随时随地学习的、低成本高效益的新型学习模式。该模式强调学习的主动性、探索性、实践性、体验性，通过虚拟现实、仿真、角色扮演、模型化假设检验等手段，激发受训者的学习激情、挖掘其学习潜力、提高其学习的速度和质量。E-Learning 系统在国内外已有较多运用，随着 5G 应用的普及，它将是未来培训方式的发展重点。

📖 视野拓展

顾问式培训

培训的方法很多，顾问式培训也称咨询式培训，是由企业外部或内部咨询顾问担任讲师，对企业员工进行培训的一种方式。咨询顾问针对企业提出的培训要求，对企业运营情况等进行仔细调研，分析企业存在的问题，利用自身专业优势，对员工进行有的放矢的培训或与员工共同探讨解决问题的方案。常规方法是咨询顾问根据企业的个性问题设计培训提纲，运用案例分析进行培训。这种培训方式下评估贯穿整个培训环节，以解决企业实际问题为培训核心。如果时间有限，咨询顾问无法深入调研，可在与学员的互动中调查和诊断存在的问题，继而制订解决方案或与学员共同探讨解决方案。

三、建立培训师队伍

组织无论采取何种培训方式，培训的实施总要由培训师来完成，因此培训师水平的高低直接决定着培训效果的好坏。培训师的来源基本上有两种：一是外部聘请；二是组织内部培训师。从组织培训架构来讲，在人力资源培训的开发体系中，内部培训师队伍是不可或缺的重要组成部分。组织应尽可能利用各种方式在内部挖掘培训资源，做到人尽其才。组织应充分发掘在某一方面有专长的员工，使其经过适当培训后成为这一领域的培训师，为其他相关人员进行培训。这样的培训师对组织的工作非常了解，讲课内容的针对性和实用性都较强。这样既可以降低组织的培训成本，又可以挖掘出一些潜在的人才，并能进一步发挥这些人才的潜能，还可以结合组织内部的技术、管理等实际情况开发出有针对性的培训教材，从而能够真正有效地增强培训效果。

📖 视野拓展

"金牌培训师"的基本素质

"金牌培训师"对企业的发展非常重要，一个好的培训师可以为企业培训出优秀的员工，一个不合格的培训师则会误企业之"子弟"。那么培训师需要具备哪些素质才能修炼成"金牌培训师"呢？请读者扫描二维码，学习相关的内容。

学后总结：我认为"金牌培训师"的基本素质有＿＿＿＿＿＿＿＿＿＿＿＿
＿＿＿＿＿＿＿＿＿＿＿＿＿＿＿＿＿＿＿＿＿＿＿。如果将培训师作为自己未来的职业目标，我＿＿＿＿＿＿＿＿＿＿＿＿＿＿＿＿＿＿＿等方面的素质还需要提高，在＿＿＿＿＿＿＿＿＿＿＿＿＿＿＿＿＿＿＿＿＿等方面还需要加强学习、训练。

四、增强员工培训效果

培训效果（培训投资的收益）是证明培训价值的基准，人力资本既然需要培训这种投资，就应该寻找投入产出比最大的投资方式。为了提高人力资本的投资效益，证明培训的价值，组织需要从以下两个角度来考虑培训的具体情况。

1. 应用培训成果

首先，培训要在时间和空间上最大限度地贴近组织的管理和业务实际，符合组织的战略发展需要，如此员工接受培训后才有可能并有意愿应用培训成果。其次，要营造支持培训工作的环境，由高层管理者在组织内长期强调学习的重要性，强调应用培训成果的必要性，并明确各层级有关管理者对有效应用培训成果的职责，通过把应用培训成果纳入绩效考核来充分调动各层级管理者的积极性，从客观上保证培训成果能够有效应用到组织的实际工作中。最后，要保证组织的长期收益，培训成果需要不断巩固和完善。组织可采用以下方法巩固培训成果：①建立长期学习小组；②制订有效的培训后行动计划；③确立多阶段培训方案；④设立培训成果应用表单填报和反馈制度。为防止接受培训的员工中途懈怠，可由其上级管理者或人力资源管理人员定期检查或抽查培训成果的应用情况（一般适用于技能类培训）。

2. 控制人才流失

人才的流失会给组织带来培训成本的增加，造成培训投资浪费。但组织人才的流失不是培训本身造成的，一个好的培训体系不仅有利于留住组织的内部人才，而且还能吸引外部人才。组织可以采用法律约束的方法避免人才的流失，组织应与员工签订培训协议，并明确规定接受培训的员工必须在组织工作满几年后才能离开，否则，必须按一定的比例补偿培训费用。组织还可以运用激励手段，把培训成果与员工的绩效、薪酬、晋升挂钩，将培训与员工职业生涯发展相结合。要想使人才在培训后不流失，使组织的员工队伍更加稳定，关键是要把培训与组织的发展及员工个人的发展相结合。人力资源管理人员和培训师要在员工的需求和组织的需求之间寻找培训的最佳契合点。

案例阅读与分析

安岩公司新来的会计在结算每天的账目时遇到了一些技术问题，于是公司请某高校财会系的吴教授开发了一门培训课程。该课程设计良好，而且完全适合该公司需要在这方面提高相关技能的财会人员，公司总经理对此很满意，于是他决定："既然有如此好的培训课程，那就让财务部的所有人员都参加，这对他们没有坏处。"但是人力资源部门的负责人却反对这一决定，他认为即使是简单的培训也需要详尽的培训计划，并找来培训主管向总经理汇报，在听完培训主管的详细陈述后，总经理要求培训主管尽快制订出培训计划。

问题：

（1）为什么人力资源部门的负责人反对公司总经理的这个培训决定？

（2）针对上述案例，分组讨论培训的流程及实施。

五、员工培训评估及反馈

一般有四类人员必须得到培训与开发评估结果，即人力资源培训专员、管理层、受训者的直接上司和受训者本人。反馈培训评估结果对培训与开发项目来说具有非常积极的意义。人力资源部门需要利用评估结果来改进培训与开发项目，提高培训与开发工作水平。管理层需要根据评估结果决定是否继续投入更多的资金用于培训与开发。受训者的直接上司通过评估结果，掌握受训者的学习情况，并以此作为对下属进行绩效考核的参考因素之一。受训者更应该知道自己的培训与开发结果，进而取长补短，不断提升自身素质。

第三节　员工培训的形式和方法

随着市场竞争的加剧，顾客对产品与服务质量的要求不断提高，组织对员工的素质要求也不断提高，越来越多的组织开始重视员工的培训。如何在降低组织培训成本的同时，增强培训的实际效果，已经成了各类组织密切关注的课题。本节主要介绍员工培训的形式与方法。

一、员工培训形式

员工培训有多种形式，不同的培训形式适用于不同的个人、不同的问题，而产生的效果、花费的成本也各不相同。培训的形式主要有以下几种。

（1）职务代理。组织内任何员工在设置职务代理人时，对象可以是下级，也可以是平级。员工在请假或出差时，应由代理人代理其工作。在职务代理期间，代理人承担直接责任，被代理人承担管理或连带责任。

（2）接班人计划。当职务代理人为下级时，也可视其为接班人。接班人可以是1人，也可以是两三人。当没有接班人可以胜任其工作时，被代理人就不能升迁或进行职务轮换。

（3）边做边学。实践出真知，任何理论学习、课堂教学，只有在实践中应用才会让人产生切身体会，才能转化为知识。员工在工作中遇到问题和困难时，可以向别人请教也可找相关资料自学，经过一段时间的探索和努力之后，既可以解决相关问题，还可以积累相关经验，然后再去做一些具有挑战性的工作，就可以不断地提升自身的素质和工作能力了。

（4）轮岗。轮岗是非常有效的培训方式。当员工晋升遇到瓶颈时，轮岗可以保证员工晋升渠道的通畅；当资深员工准备离职时，轮岗可以成为组织挽留人才的一种方式。

视野拓展

轮岗的优劣

只要企业内部轮岗制度完善、设计合理、操作得当，轮岗就利大于弊，有利于培养综合型人才，提升人员素质，增强企业核心竞争力。那么企业的中高层管理人员轮岗到底有哪些优劣之处呢？请扫描二维码进行了解。

（5）脱产学习。脱产学习是指员工全脱产，花一段时间去学习、充电，此时，其负责的岗位工作暂时停止。在脱产学习过程中，员工的工作经验与学习的相关性就很重要。大学教授需要时间去全面系统地研究前沿的理论和知识，如果大部分的培训课程都由他们来讲，实际效果并不理想。当然，有些管理学院也会请一些企业知名人物来授课。员工通过脱产学习，可以系统地学习理论知识，提高自己的素质和学历。

（6）师傅带徒弟。师傅带徒弟是非常古老也是非常有效的在岗培训方式，它可以适时、适地地进行培训，而且是成本非常低的培训方式。师傅带徒弟的培训制度又称为"内部导师制"，是组织内一种重要的培训形式。不管师傅（包括领导）有多忙，都有义务辅导徒弟，帮助他们成长。特别是对新加入的员工，即使是很简单的事情，师傅也需要耐心地反复示范给徒弟看。师傅发现徒弟操作存在问题时，应及时进行纠正，这样才能使徒弟较快进步。有时，师徒之间简单的谈心，比正式培训效果还要好，使得师傅指导徒弟的能力得到了提升、正确引导他人的心理得到了满足，而徒弟得到的是"手把手"的教导和业务能力的提升。组织的文化和价值观的培养、员工忠诚度的培养都是在日常辅导中完成的。

员工培训的形式多种多样，组织可以选择其中的一种或几种培训形式来不断丰富员工的知识和技能，从而降低运营成本，增加组织的工作实效。

二、员工培训方法

培训方法的选择会影响组织培训的效果。员工培训的方法有很多种，不同的培训方法具有不同的特点，各有其优劣。随着技术的进步，各种培训可在线下进行，也可通过网络在线上进行，或者线上线下相结合。

常见的员工培训方法主要有以下几种。

1. 教师讲授法

教师讲授法是一种传统的培训方法，教师通过讲授课程，向学员系统地传授知识，让学员记住课程的知识要点。教师一般具有丰富的知识和经验，课程讲授有系统性，重点、难点突出，讲授时语言清晰、生动准确。教师讲授法运用方便，教师可以同时对许多人进行培训，经济高效；有利于学员系统地学习新知识；有利于学员理解难度较大的培训内容。其缺点是学员的学习效果会受教师讲授水平的影响；由于这种培训方式主要是教师对学员进行单向的信息传递，所以教师和学员之间交流和反馈的效果不是很理想。

对于学习效果而言，总体上来说，使用教师讲授法时，线上录播不如线上直播，线上直播不如线下授课。随着技术的进步，线上可用工具越来越多，教师线上讲授的教学效果也在提升。

2. 案例研究法

案例研究法是指培训师为参加培训的学员提供案例背景描述，让学员分析和评价案例，并提出解决问题的建议和方法。案例研究法的目的是培养学员的决策能力，帮助他们学习如何在紧急状况下处理各类事件。培训师提供的案例要和培训内容一致。培训对象需要组成小组来共同完成对案例的分析，作出判断，提出解决问题的方法。由培训师对培训对象进行引导，参与他们的分析，直至达成共识。案例研究法的优点在于学员参与性强，将学员解决问题能力的提升融入案例研究中，有利于学员解决问题的能力在互相学习的过程中得到提升，以及参与解决工作中的实际问题。

案例研究法需要师生频繁互动，线上学习的教学效果远不及线下。

3. 角色扮演法

角色扮演法指在一个模拟的工作环境中，指定学员扮演某种角色，借助角色的演练来理解角色的内容，模拟处理工作事务，从而提升学员处理各种问题的能力。角色扮演的培训方法适用于新员工、岗位轮换和职位晋升的员工，主要目的是帮助他们尽快适应新岗位和新环境。角色扮演结束后，培训师应针对角色扮演者存在的问题进行分析和评论。角色扮演法的优点是学员参与性强，学员与培训师之间的互动交流充分，可以提高学员参与培训的积极性；通过扮演和观察其他学员扮演的角色，学员们还可以互相学习交流；通过角色扮演和培训师的指导，学员还可以及时认识到自身在角色扮演中存在的问题并及时改正，不断提高自身的素质。

线下教学中，角色扮演受限较多，线上仿真软件可大大提升角色扮演法的教学效果。

4. 师傅指导法

师傅指导法是指由一位有经验的技术能手或直接主管人员在工作岗位上对员工进行培训，其中单个的一对一现场培训和指导被称为师傅带徒弟培训法。这种方法并不一定要有详细、完整的培训计划。师傅指导法应用广泛，可用于培训基层生产工人，师傅可以一边示范操作一边讲解动作或操作的要领，示范完毕，让员工反复模仿学习，师傅对员工的操作应及时给予反馈。师傅指导法有助于培训者与培训对象之间形成良好的关系，有助于各方面工作的开展和培养训练有素的后备干部。

在移动网络普及后，特别是 5G 普及后，徒弟可随时随地向师傅请教，师傅也可随时随地对徒弟进行指导，大大拓宽了师傅指导法的适用环境。

5. 沙盘模拟培训

沙盘模拟培训是指由培训师向学员提供组织经营的一些背景材料，由学员组成的团队共同进行模拟经营决策的一种培训形式。这种模拟的经营决策多在网络上进行。由学员组成几个团队，每个团队分别经营同一个行业中的一家公司，进行模拟经营决策，最终看哪个团队的经营效果更好。

沙盘模拟培训的优点是互动性非常强，能调动学员的学习兴趣，使学员在培训中处于高度兴奋状态，充分运用听、说、学、做、改等一系列学习手段，开启一切可以调动的感官功能，对所学内容形成深度记忆，并能够将学到的管理思路和方法很快运用在实际工作中。在沙盘模拟培训中，学员得到的不再是空洞乏味的概念、理论，而是宝贵的实践经验和深层次的领会与感悟。

微课堂
沙盘模拟培训

沙盘模拟培训的缺点是许多学员容易把注意力集中于如何战胜竞争对手，而忽略了其他更多可学习的潜在内容。

对于以上培训方法，我们可按需要选用一种或若干种。由于不同组织的人员结构、内部工种、技术要求都各不相同，组织培训必然是多层次、多内容、多形式与多方法的。

案例阅读与分析

华为的"学习型组织"是如何炼成的

创立于 1987 年的华为，历经数十年的成长，已从默默无闻的小企业成长为行业领头羊。早在多年之前，华为公司掌握的技术专利数量已在行业内处于领先位置。2015 年华为向苹果公司许可专利 769 件，而苹果公司仅向华为许可专利 98 件，2016 年上半年华为起诉了三星专利侵权，2021 年起华为向全球收取 5G 专利费，2023 年 Mate 60 手机横空出世，2024 年力推原生鸿蒙操作系统……有人说，正是学习型组织的构建，才使华为成长为极具竞争力的世界级公司。

问题：

（1）为什么说华为的培训体系经过多年的积累已经自成一派？

（2）为什么说华为是"学习型组织"？

（3）分组讨论华为的培训形式与方法。

第四节　培训评估

在组织的资源还很有限的条件下，就必须对组织各方面的投资效果加以衡量，培训投资也是如此，必须用较好的方法来评估培训结果。目前，大多数组织的员工培训的积极性不高，相关投入也明显不足。这种现状使得培训的作用无法在组织中得到充分的体现。因此，培训效果的评估是组织在培训中必须加强的一个环节。

一、培训评估初探

广义的培训评估是指对培训项目、培训过程和效果进行评价。它可分为培训前评估、培训中评估和培训后评估。培训前评估是指在培训前对受训者的知识、能力和工作态度进行考察，作为培训者编排培训计划的依据。培训前评估能够保证培训项目组织合理、运行顺利，以及提高受训者对培训项目的满意度。培训中评估是指在培训实施过程中进行的评估。培训中评估能够提高培训实施的有效程度。培训后评估是指对培训的最终效果进行评价，是培训评估中最为重要的部分。培训后评估的目的在于使组织的管理者能够明确培训项目的优劣，了解培训预期目标的实现程度，为今后的培训计划的制订与实施、培训项目的立项与实施等提供经验。

大多数公司的高层领导对培训的必要性都已有比较深刻的认识，花在培训上的钱也越来越多。但是，因为培训本身并不直接产生经济效益，到底在培训上应该花多少钱、效果如何，这些都成为让领导头疼的问题。甚至在某些公司的主管眼里，培训已成为一个保健因素，起不到激励作用。那么，如何评估培训效果，把有限的培训费用花在"刀刃"上，使培训成为员工和组织发展的激励因素呢？

思考与讨论

回忆一下：管理学中的保健因素和激励因素有什么不同？

二、培训评估的相关理论

目前，国内外运用最为广泛的培训评估方法，是由美国前威斯康星大学教授唐纳德·柯克帕特里克于1959年提出的四层次评估模型理论。该理论的四层次模型如下。

（1）反应层次，即一级评估，是培训评估中最低的层次。通过对受训者的情绪、注意力、兴趣等进行研究，得出受训者对培训的看法和态度。这一层次的评估通常采用调查问卷的形式。

（2）学习层次，即二级评估。该层次的评估主要用来了解受训者通过培训学到了什么，主要采用书面测试、操作测试、情景模拟测试等评估方法。

（3）行为层次，即三级评估。行为层次的评估用来测定受训者在日常工作中是否自觉运用了培训所学到的知识和技能，主要依靠上下级、同事、客户等相关人员对受训者的业绩进行评估和测定。

（4）效益层次，即四级评估。效益层次的评估用来判断培训后员工工作业绩提高的程度，具体可以通过事故率、产品合格率、产量、销售量等指标来进行测定。该层次的评估需要采集大量的数据，对企业来说有一定的困难。

唐纳德·柯克帕特里克的四层次评估模型中前两个层次的评估主要是对培训的过程进行评估，而后两个层次的评估主要是对培训的结果进行评估。

三、培训评估的作用

培训评估对于整个培训工作来说，具有举足轻重的作用。其主要包括以下几个方面的作用。

（1）能为组织决策提供有关培训项目的系统信息，从而有利于决策者作出正确的判断。决策需要高质量和具有高可信度的信息。从评估中获得的信息有助于组织判断在特定的环境和条件下何种培训方案将能起到更有效的作用，也有助于组织决定时间跨度较大、投入资金较多的培训项目是否需要继续。

（2）能促进组织培训管理水平的提升。培训评估可以帮助负责培训的部门全程审视培训的各个环节，如培训需求的确定、培训目标的选择、培训计划的拟订、培训资源和时间的控制、培训形式的选择、培训讲师的确定、培训环境的营造等。经过培训评估，有关各方可从中吸取经验，从而使培训需求的确定更加准确、培训计划更加符合实际需要、培训资源分配更加合理、培训内容与形式相得益彰、培训讲师更加符合需要，而且有利于组织及时对培训工作进行调整和纠正。这样，组织的培训工作就可不断跃上新台阶。

（3）可使组织培训管理资源得到更广泛的推广和共享。培训评估可促进组织有关各方关注与培训活动有关的资料，同时使培训对象更清楚自己的培训需求，从而增强其参加培训的愿望，进而间接促进培训的深入开展。

微课堂

如何有效组织培训

四、培训评估的基本步骤

既然培训评估如此重要，那么组织就应熟悉培训评估的具体步骤。

1. 完善培训评估数据库

进行培训评估之前，培训主管必须将培训前后的信息数据收集齐备，因为培训信息数据是评估的参数。根据能否用数字来衡量培训的情况，培训信息数据可以分为硬数据和软数据。硬数据是衡量培训的主要参数，它以培训前后指标比较的形式出现，是一些易于搜集的无可争辩的事实，包括产出、质量、成本和时间等数据，几乎在所有组织中，这四类数据都是具有代表性的衡量业绩的主要参数。常用的软数据包括工作习惯、氛围、技能、发展、满意度和主动性等，是培训评估工作的辅助参数。

2. 确定培训评估层次

上述唐纳德·柯克帕特里克的四层次评估模型是较为实用的评估工具，它不仅要求观察学员的反应和检查学员的学习效果，而且强调衡量员工培训前后的表现和公司经营业绩在培训前后发生的变化。根据培训评估的深度和难度，培训主管要确定最终的培训评估层次，这将决定培训评估开展的有益性和有效性，业内权威人士认为至少要对一部分培训进行三级评估。然而，限于组织的精力、实力和财力的不足，对大多数的培训在做完一级评估或二级评估后，培训部门往往就不再跟踪调查了。由于组织对培训的要求不断提高，培训主管根据组织的需要必须进行深层次评估。所有的培训课程大都需要进行一级评估。但要使学员掌握某些特殊知识或技能（如安全方面的知识），就需要进行二级评估。三级评估适用于那些意在改变工作表现，且组织对实际效果期望很高的培训课程。四级评估则是更深层次的要求，需要从整体上考察组织经营业绩、市场占有率等要素在培训后的实际变化情况。

3. 统计培训资料并撰写培训评估报告

培训评估的方式有填写培训评估调查表、培训评估访谈、培训案例研究等，培训主管要对培训评估调查表和培训效果调查表进行统计分析，将收集到的问卷、访谈资料等进行整理合并，剔除无效资料并得出相关结论。在分析上述资料后，再结合学员的考核结果，针对培训项目给出公正合理的评估报告，为今后培训工作的决策和调整提供依据。

4. 评估结果反馈

在培训评估过程中，人们往往忽视对评估结果的反馈，经过分析、解释的评估数据及结果应该向四类相关人员反馈：培训主管——需要培训信息来改进培训项目；管理层——根据培训信息决定培训项目的未来；受训员工——看到培训成果受到鼓励，或者发现差距继续学习；直线经理——根据评估结果调整部门内工作计划。在沟通有关培训评估信息时，培训部门一定要做到不存偏见和高效率地沟通，有效沟通有利于组织培训工作的开展和培训作用的发挥。

案例阅读与分析

某机械公司新任人力资源部部长 W 先生在一次研讨会上学到了一些人工智能技术，回来后他兴致勃勃地向公司提交了一份全员培训计划书，建议对公司全体人员进行为期一周的脱产人工智能培训，以提升工作效率。不久，该计划书获得批准，公司还专门下拨了十几万元的培训费。可一周的培训过后，大家对这次培训说三道四，议论纷纷。除了办公室的几名文员和几名45 岁以上的中层管理人员觉得有所收获外，其他员工要么觉得收效甚微，要么觉得学而无用，白费工夫。大多数人认为，十几万元的培训费只买来了一时的轰动。有的员工甚至认为，这次培训是新官上任点的一把火，是某些领导拿单位的钱往自己脸上贴金！听到种种议论的 W 先生感到很委屈：在一个有着传统意识的老企业，给员工灌输一些新知识，为什么效果这么不理想？在当今竞争环境下，学点人工智能技术应该是很有用的，培训怎么会不受欢迎呢？他百思不得其解。

问题：

（1）导致这次培训失败的主要原因是什么？

（2）应怎样做好培训评估，把员工培训落到实处？

本章小结

员工培训是人力资源管理部门的重要工作内容，是组织促进员工学习的有效方式，其目的是改善组织成员的行为，更好地实现组织目标。

员工培训工作包括对员工的基本技能培训、高级技能培训、生产系统培训、自我激发创造力培训，以及与组织经营的战略目标和宗旨联系在一起的高层次培训等内容。

员工培训中存在的问题：执行不力；培训方法简单，培训过程不连续；培训效果不尽如人意；只培训少数成员；组织内部培训人员力不从心。

员工培训过程中应注意的事项：整体与部分的培训、强化措施、学习结果的反馈、实践和重复、培训与个人目标的激励。

员工培训是一个系统的工程，包括做好培训需求分析、完善培训方式、建立培训师队伍、增强培训效果等。

员工培训形式有职务代理、接班人计划、边做边学、轮岗、脱产学习、师傅带徒弟。

员工培训方法有教师讲授法、案例研究法、角色扮演法、师傅指导法、沙盘模拟培训等。

广义的培训评估是指对培训项目、培训过程和效果进行评价。它可分为培训前评估、培训中评估和培训后评估。

培训评估的四个层次：反应层次、学习层次、行为层次、效益层次。

培训评估的作用：能为组织决策提供有关培训项目的系统信息，从而有利于决策者作出正确的判断；可以促进组织培训管理水平的提升；可使组织培训管理资源得到更广泛的推广和共享。

培训评估的基本步骤：完善培训评估数据库、确定培训评估层次、统计培训资料并撰写培训评估报告、评估结果反馈。

练习题

一、名词解释

职务代理　　轮岗　　角色扮演法　　沙盘模拟培训

二、单项选择题

1. 开展培训需求调查工作时，培训部门要对各部门申报的培训需求进行分析，目的是（　　）。
　　A．节约培训成本　　B．确认培训目的　　　　C．消除片面需求　　　　D．争取员工支持

2. 在培训效果评估中，反应层次的评估一般采用（　　）的形式。
　　A．笔试　　　　　　B．观察法　　　　　　　C．面谈　　　　　　　　D．问卷调查法

3. 在培训中要对培训效果进行跟踪与反馈，对培训机构和培训人员的评估不包括（　　）。
　　A．教师的教学经验　　　　　　　　　　　B．管理人员的工作积极性
　　C．教师的领导能力　　　　　　　　　　　D．管理人员的合作精神

4. 在培训方法中，（　　）适用于从事具体岗位所应具备的能力、技能和管理实务类的培训。
　　A．实践法　　　　　B．教师讲授法　　　　　C．专题法　　　　　　　D．研讨法

三、判断题

1. 脱离战略性考虑的培训计划，虽然在企业现阶段工作中能起到一定的作用，但必将因与企业整体发展规划脱节而落后被动，顾此失彼。（　　）

2. 培训的效果具有延后性，即短期未必产生效益，但可以产生较长时间的效益。（　　）

3. 激励的强化理论，主要指被强化的行为不会被重复，而不被强化的行为会受到抑制。（　　）

4. 无论采取何种培训方式，培训的实施总要由培训师来完成，从外部聘请培训师的成本比从企业内部聘请的成本低。（　　）

5. 人才的流失会带来培训成本增加，造成投资浪费，但人才流失的原因不在培训管理本身，而且一个好的培训体系不仅能留住内部人才，还能吸引外部人才。（　　）

四、简答题

1. 什么是员工培训？为什么要进行员工培训？
2. 什么是培训需求？如何评估培训需求？
3. 培训过程中应该掌握哪几个原则，它们为什么有助于培训项目的成功？
4. 培训的流程是什么？如何实施？
5. 为满足组织的需要和实现组织目标常采用的培训方法有哪些？
6. 如何进行培训效果的评估？

五、案例分析题

员工培训与发展

（2024年7月17日摘自华为官网）

华为提供管理线和专业线双通道发展路径，管理路线和专业路线是互通的。所有员工定期接受绩效和职业发展考核。在职业发展过程中，员工可以得到循环赋能与流动的机会，华为既有组织性调配机制，也有内部人才市场自由流动平台，促进员工合理流动，成为综合性人才。优秀人才的成长不局限在一个领域，可以跨专业、跨领域发展，不断吸收其他专业和领域的优

秀元素与能量，快速复合式成长，获得更大的发展空间。同时，优秀人才的成长也可以跨地域发展，我们有全球化的发展平台与机会，员工可以站在华为的全球化平台上去思考、去成长、去体会，有机会体验多样的世界和色彩（参见图 5.3）。

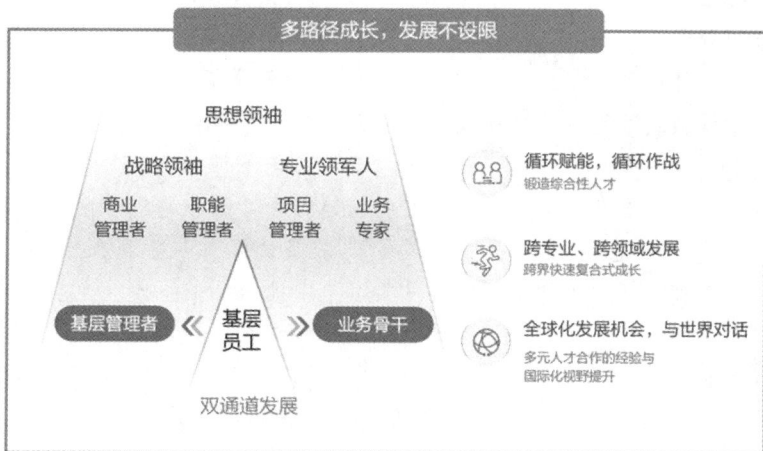

图 5.3　华为员工培训与发展

与职业发展通道相配合，我们构建了多元、全面、系统的学习资源与平台，为员工每个阶段的成长提供全方位的赋能。iLearning 数字化学习平台上线了 2 万多门在线课程，帮助全球员工打破时空限制，实现随时随地的个性化学习，有效支撑员工实现技能转换和能力提升；我们有 2 万多个知识社区，汇聚各个领域的同行和专家，员工们通过社区分享经验、发表见解。

为了提升教学效率，我们打造了智慧教室解决方案，支持线上线下融合教学，提供丰富的教学工具，通过教学资产云化与沉淀，把数字化带进每间教室，实现沉浸式教学体验。同时，我们秉承"让最优秀的人培养更优秀的人"，持续吸引和培养内外部优秀讲师。2023 年，我们开展了形式多样的培训活动，员工人均参训时长为 63 小时。

华为新员工培养采用培训、自学、考试、认证、辅导、实践等多种方式，内容包括入职引导、交付实践、岗位必备知识与技能学习、岗位实战与辅导、评估与检验等。

为了帮助新员工快速上岗，我们给每个新员工都配置了学习大纲，并建立了导师制度。通过《新员工学习大纲》制定细分岗位群及新员工个体的学习目标、学习内容、学习指引和完成要求等，以支撑培养计划的实施，指导新员工自主学习。通过多年实践和持续完善，华为各项新员工培养运营指标基本达成。

思考讨论：华为的员工培训与发展对中小企业而言有何借鉴之处？

综合实训

【实训一】

培训游戏：销售培训中的异议处理。

形式：集体参与。

场地：教室内。

应用：

（1）销售技巧培训；

（2）工作技巧沟通；

（3）沟通能力训练；

（4）应对异议的技巧；

（5）客户服务；

（6）激发学员的自信心。

目的：鼓励学员预测可能遇到的异议，并学会如何迅速地给出令客户满意的答复。

程序：

（1）班长或老师事先准备一些索引卡，列明在销售中可能会遇到的异议，如"我认为你的价格比我们现在用的供应商的价格明显高出很多"。准备的索引卡多多益善。

（2）组织者指定答复问题的学员，然后从索引卡中抽出一张并大声读出卡上所列的异议，学员必须快速自然地回答。

（3）老师及其他学员针对他的回答进行点评，寻找其他的回答方法及回答中值得商榷的地方。

（4）其余学员轮流参与本活动。

注意：鉴于学员属于非在职营销人员，在提出问题后可留给学员一定时间进行准备，如半分钟或一分钟，但不可过长。

讨论：

（1）当面对这种情况时，你感觉如何？现在你对刚才所面临的问题，又想到了什么其他的回答方法？

（2）处理异议时，"是的……但是"和"是的……而且"的回答技巧是非常有效的。还有没有其他更好的方法？

【实训二】

一、实训内容

结合你所熟悉的企业，了解情况后，确定一个培训项目，设计一个培训方案。

二、方法步骤

1. 5个人组成一个小组，对培训项目进行分析。

2. 以小组为单位，为确定的培训项目设计一个合理的培训方案。

3. 每个小组派一名代表在课堂上交流发言。

三、实训考核

1. 教师对培训方案给予成绩认定。

2. 教师对讨论交流的结果给予点评。

第六章

职业生涯管理

【学习目标】

知识目标：理解职业生涯、职业生涯规划的基本概念，了解职业生涯管理、职业生涯规划的基本理论，了解大学生职业生涯管理的现状，掌握职业生涯规划的注意事项和步骤，了解影响个人职业生涯发展的因素。

能力目标：掌握职业生涯规划的理论和职业生涯规划的步骤，具备职业生涯规划和职业生涯发展的管理能力。

素养目标：树立职业生涯意识，培养为社会服务的自信心、进取心与责任心。

【引　　言】

××公司在世界范围内从事勘探和开采石油与天然气业务，员工总数为 1 万多人。公司建立了员工职业生涯规划开发体系，其根本目的有两个：提高利润率和增强竞争力；帮助员工确定和追求自己的个人职业生涯愿景。公司认为，只有个人的能力、兴趣和志向与公司的业务目标一致时，公司的整体能力才能得到加强，才能在激烈的市场竞争中取得优势。

想一想：如果大部分员工和组织同床异梦，没有共同的奋斗方向，员工自我价值和组织的发展目标能够实现吗？

进行职业生涯规划对组织和员工都很重要，可以提高员工对组织的忠诚度，同时还可以降低员工流失率。

本章主要介绍职业生涯和职业生涯管理的概念和理论，职业生涯规划的概念和理论，职业生涯规划的注意事项和职业生涯规划的步骤，影响个人职业生涯发展的因素，职业生涯发展周期，职业生涯发展的管理等内容。

第一节　职业生涯和职业生涯管理

我们可将职业发展理解为<u>职业生涯，它是指一个人从首次参加工作起所经过的所有工作活动与工作经历的过程</u>，是由一个人在一生中所担任的一连串工作职务构成的一个连续的终身过程。这个过程的绝大部分是一个人在工作单位即组织中经历的，所以它与组织关系密切。

一、职业生涯初探

▶微课堂

职业生涯初探

员工的职业生涯包括与员工工作相关的活动、行为、价值观、愿望等内容。根据包含的内容和形式不同，职业生涯又可分为外职业生涯和内职业生涯。

外职业生涯是指某人展示出的在某岗位工作至退休的外在职业经历，包括职业的各个阶段及其所从事的工作岗位和职务。外职业生涯通常表现为组织为员工提供的各种工作岗位和职务。

内职业生涯则是指外职业生涯的主观层面，是个人对职业追求的一种主观愿望，是个人希望得到的工作类型、职务以及期望的职业发展计划等。显然，内职业生涯是由个人的能力、兴趣、气质、价值观以及对家庭的义务、休闲需求等多种因素共同决定的。

内、外职业生涯的概念都侧重于员工个体，都认为人们在一定程度上能把握自己的命运，能运用机会在自身的职业生涯中取得最大的成功与满足。人力资源管理部门应清楚员工职业生涯发展周期，帮助他们解决在职业生涯发展的每一阶段中可能遇到的问题。

员工职业生涯发展的基本内容可归纳为三个方面：一是员工职务得到提升，如从科员提拔为科长、处长或部门经理等，这是沿着职务等级阶梯的一种垂直方向的职业成长；二是员工在职能领域或技术领域的工作变动，如一个人开始在技术部门工作，然后转入生产部门，最后进入财务和综合管理部门，这是跨职能部门工作的横向职业成长；三是员工在一个组织内逐渐受到老成员的信任，朝着成为该组织核心成员的方向移动，进入组织的核心圈。一般来说，员工职务等级向上移动与进入组织核心的移动是相关的。但是，一个人完全有可能在职务上停留在某个等级，而由于拥有丰富的工作经验等而更接近组织的核心圈，受到组织的信任；另一种时有发生的情况是虽然某人职务等级向上移动，但其仍处于组织核心圈的外围。

📖 视野拓展

职业生涯规划对个人的意义：确立人生方向和奋斗的目标；突破并塑造清醒充实的自我；准确评价个人特点和优势；评估个人目标与现实的差距，准确定位；认识自身的价值，发现新的机遇，增强竞争力；将个人、家庭、事业有机联系起来。

职业生涯规划对组织的意义：深刻理解员工的兴趣、愿望、理想；使员工产生积极的心态，发挥更大的作用；了解员工的目标，根据情况安排员工培训；引导员工进入工作领域，使员工的个人目标与公司目标相统一；使员工看到未来和希望，从而达到稳定组织团队的目的。

📚 案例阅读与分析

一个炎热的夏天，一群人正在铁路上工作。远处一列火车缓缓驶来，在前面的站台停了下来，一个人走下火车，冲着正在工作的一个工人喊道："老王，是你吗？"被称作老王的工人抬起头来，看了他一眼说："哦，总裁，是您来了啊。"他们聊了一会，火车开走了。老王的同事立刻把老王围了起来："原来你认识我们总裁啊。"老王笑道："是啊！当年，我们一起在这条铁路上抢铁镐呢！""哦，他是怎么成为总裁的，这么厉害？"一个年轻人问道。老王沉思了一会，回答："23年前我为每月2 000元的薪水而工作，而他却是为这条铁路在工作。"

评析：理想的差异会逐渐变成现实的差异。目标的高低，决定了人生的差异。出生是我们每个人都无法选择的，但人生的轨迹是可以规划的！

二、职业生涯管理的基本理论

职业生涯管理是指通过对员工的工作及职业发展规划的设计，协调员工个人需求和组织需求，实现个人和组织的共同成长和发展，这是一种以人为中心的人本主义管理方法。

职业生涯管理的理论与实践在专家学者的研究下有了很大的发展。美国犹他州立大学的布鲁克林教授、加利福尼亚大学的亚瑟教授及我国的程杜明博士等出版和发表了一系列相关研究专著及论文。按职业生涯管理理论的发展阶段的不同，大致有以下几种不同的观点。

（1）在"职业生涯管理"概念提出的初期，职业生涯管理被看作一系列职务提升计划。这一观点产生于 20 世纪 60 年代欧美经济的高速增长期，企业的迅速发展使其对不同等级的职位需求也大幅度增长。但是这一职业生涯发展的观念随着欧美经济高速增长期的结束而不再适用。后来，由于企业竞争加剧，许多企业停滞不前，使得员工原来设计的职业生涯规划变得毫无意义了。

（2）20 世纪 70 年代，许多组织通过制定员工职业生涯发展规划，来满足员工不断发展的需要；20 世纪 80 年代强调职业生涯管理首先应该适应组织发展的巨大变化；20 世纪 90 年代则关注员工的需要和组织的需要相平衡，即将职业生涯管理当作开发员工潜力和满足组织发展需要的一种方法。

（3）职业生涯发展并不一定意味着工作岗位的变化与职务的晋升，员工可以通过岗位工作内容的多样化，特别是自主权的扩大、创造性要求的提高来实现职业生涯的发展，并将职业生涯与人的全面发展联系在一起，强调人的发展与组织发展的有机结合。

（4）近年来，有些组织开始采取一种更为积极和系统的职业生涯管理方法：让员工对自己的职业生涯发展负责。

新的职业生涯管理理念的主要特点：在职业生涯发展中，员工与组织是合作伙伴关系。员工要清楚自己有何技能、需要从组织中得到什么帮助等。组织应向员工传达其发展方向和发展计划，提供尽可能多的关于业务方面的信息，尤其要为职业生涯刚刚起步的新员工提供客观、全面的信息。

三、大学生职业生涯管理的现状

不少大学生的职业生涯管理都存在一些问题，主要体现在以下几个方面。

（1）学生自我认知存在偏差，迷茫心理较普遍。绝大多数大学生在高考指挥棒下，曾把考大学作为人生奋斗的目标，面对丰富多彩的大学生活，他们感到迷茫，专业选择也只是跟热门。有的人甚至养成只追求高分的习惯，并未将学习与人生设计、职

思考与讨论

职业生涯规划调查

高考志愿是不是自己独立填写的？所上学校是否为第一志愿？

进校以后是否主动了解过就业前景？对将来希望从事的工作是否有清楚的想法？

为了将来能从事自己期望的工作采取了哪些措施，做过哪些努力？

业选择建立起实质性的联系，没有考虑职业生涯管理。

（2）学生主体选择权被剥夺，存在依赖心理。不少家庭教育只强化了学习的重要性，剥夺了孩子探索、发展兴趣爱好的空间和时间。在专业选择上，较多的父母充当了代理人的角色。家长的选择往往基于社会热门职业和自己的观念与愿望，而学生基于个人愿望和个性特点、兴趣爱好选择专业和职业的情况还不是很普遍。在应试教育背景下，大学生普遍缺乏主体意识，自我认知程度偏低，职业生涯发展意识模糊，依赖心理较强。

（3）高校职业生涯管理教育有待进一步加强，学生普遍存在认知误区。一方面，大学生的职业生涯教育没有专门的机构或人员来组织。大多数高校是在学生入学后，由辅导员上职业生涯理论课，多数高校把就业指导等同于职业生涯管理，学生对职业生涯管理的内涵及意义的认知较模糊。另一方面，面对瞬息万变的社会，计划赶不上变化，学生认为过早规划职业生涯会限制自身的发展，甚至有些学生认为在"自主择业，双向选择"的就业制度下，存在不公平、不公开的竞争现实，职业生涯管理的可操作性不强。

视野拓展

十种葬送职业生涯的习惯

你知道吗，很多人终其一生也没发挥出他们 1% 的潜能。提升一个人的专业能力与特长有许多方法，但是葬送一个人的职业生涯很简单，曾有人总结了葬送一个人的职业生涯的十种生活习惯，推荐读者扫描二维码进行了解，并引以为戒。

案例阅读与分析

小卫是一所重点大学的本科生，刚上大三，进学校时因分数偏低，虽然被录取了，却被调剂到了不喜欢的专业。在上完大一的基础课以及大二的专业课后，他发现自己对这个专业没有一点兴趣。如果毕业以后从事该专业的工作，那么自己一辈子可能都不顺心。如果不从事该专业工作，那么自己又能做什么工作呢？在剩余的两年时间里，他不知道是该顺其自然呢，还是该做些别的准备工作。

那么，遇到小卫这种对就读的专业不感兴趣，或者觉得专业就业方向不适合自己的情况，该如何做呢？

进入大学校园后，学生如果觉得就读的专业不适合自己，那么，学校在大二开学时会有一部分转换专业的名额，所以要把握好这次机会。但如果学生自己没有争取到这个名额，或者没有转换到感兴趣的专业，那么就要确定好适合自己的职业发展方向，在保证顺利完成专业课程的同时，应根据自己的就业意向，提前做好相关的准备工作。小卫就属于上述这种情况，他对所学的专业不感兴趣，毕业后也不想从事这方面的工作。如果求职偏离专业方向，竞争力显然比不上专业对口的学生。小卫在剩下的两年时间里，应在对自己职业生涯的主客观条件进行评定、分析和总结的基础上，对自己的兴趣、爱好、能力、特点进行综合分析与权衡，结合现实因素，根据自己的职业倾向以及价值观确定合适的职业发展方向，明确自己毕业后适合且能切入的有发展前景的工作平台，了解哪些行业的岗位适合自己的职业发展方向，并为实现就业目标提前进行合理有效的安排，做好就业准备工作，有针对性地增强自己的职场竞争力。

问题：
（1）看了小卫的案例后，谈谈职业生涯的概念。
（2）用职业生涯的基本理论来分析小卫的案例。
（3）针对上述案例，分组讨论职业生涯和职业生涯管理。

第二节　职业生涯规划

我们生活在一个尊重知识、尊重人才的社会，在这个知识体现价值、人才竞争激烈的市场环境中，人们如果想要取得成功，在知识经济的浪潮中展示自己的才能、体现人生价值，就必须积极主动地去规划自己的职业生涯，认清自我，不断开发自身的潜能，准确地把握职业发展方向。

一、职业生涯规划初探

什么是职业生涯规划？职业生涯规划是指一个人对其一生中所承担职务相继历程的预期和计划，包括一个人的学习过程，对一项职业或组织的生产性贡献直至最终退休的过程。职业生涯规划的目的不仅是帮助个人按照自己的条件找到一份合适的工作，更重要的是帮助个人真正了解自己，为自己定下事业的大计，筹划未来的职业发展，根据主客观条件设计出合理且可行的职业生涯发展方向。

职业生涯规划又可分为个体职业生涯规划和员工职业生涯规划两类。个体职业生涯规划和个体所处的家庭、组织以及社会环境存在密切的关系。对于组织而言，员工职业生涯规划应与个体职业生涯规划相结合。员工职业生涯规划是一项系统的、复杂的管理工程，它涉及组织未来的发展、组织机构的设置、企业文化建设，以及培训机制、考核机制和晋升机制的建立等；同时，随着个体价值观、家庭环境、工作环境和社会环境的变化，每个人的职业期望都有或大或小的变化，个体职业生涯规划或员工职业生涯规划是一个动态变化的过程。

对于个体来说，职业生涯规划会直接影响其整个生命历程。我们平常提到的成功与失败，不过是所设定的目标实现与否，而目标是决定成败的关键。个体的人生目标是多样化的，包括生活质量目标、职业发展目标、对外界影响力目标、人际关系目标等，整个目标体系中的各因素之间相互影响，而职业发展目标在整个个体目标体系中居于中心位置，这个目标实现与否，会直接引起个体的成就与挫折、愉快与不愉快的感受，并会影响个体的工作和生活质量。

虽然我国的职业生涯教育起步较晚，但庆幸的是，对于很多今天的年轻人来说，"职业生涯"已不再是一个陌生的词汇，他们已经清楚地意识到，职业生涯对自己有限的人生来说是何等重要，它将引导一个人努力追寻自己理想的工作和生活方式。当今社会处于变革之中，变革带来的紧迫感要求每个人都必须不断提升素质，以应对竞争的挑战，适应社会的发展。一份有效的职业生涯规划有助于个人认识自身的个性特质与优势，树立明确的职业生涯发展目标与职业理想，学会运用科学的方法，采取切实可行的措施来实现职业生涯规划的每一步，增强职业竞争力，实现自己的职业目标与理想。

二、职业生涯规划理论

职业生涯规划的理念日渐深入人心，不仅是学生，就是工作了很多年的人也会考虑对自己的职业生涯重新规划与设计，但是大多数人对职业生涯规划的具体内容还不是十分清楚。

职业生涯规划理论有很多种，下面主要向大家介绍职业生涯规划理论中的职业锚理论。

职业锚（career anchor）是进行职业生涯规划时必须考虑的一个因素。职业锚是指一个人作出职业选择时最难以舍弃的因素，也就是一个人选择和发展职业时所围绕的中心。职业锚的概念是由美国的施恩教授提出的，这一概念最初产生于美国麻省理工学院斯隆管理学院的专门研究小组，是从对斯隆商学院毕业生的跟踪研究中提炼出来的。

施恩教授在 1978 年提出了五种类型的职业锚，随后大量的学者对职业锚进行了广泛的研究，并在 20 世纪 90 年代将职业锚确定为以下八种类型。

（1）管理型。管理型的人追求并致力于职务晋升，倾心于全面管理，能独立负责一方面的工作，可以跨部门整合其他人的努力成果。他们想去承担整体的责任，并将组织的成功与否看作自己的事情。具体的技术或职能工作仅仅被他们看作通向更高层次的管理层的必经之路。

（2）技术/职能型。技术/职能型的人追求在技术或职能领域的成长和技能的不断提升，以及应用这种技术或职能的机会。他们对自己的认可来自他们的专业水平，他们喜欢面对专业领域的挑战。但他们通常不喜欢从事一般的管理工作。

（3）自主/独立型。自主/独立型的人希望能随心所欲安排自己的工作方式和生活方式。他们喜欢能施展个人能力的工作环境，希望最大限度地摆脱组织的限制。他们宁愿放弃提升和工作发展的机会，也不愿意放弃自由与独立性。

（4）安全/稳定型。安全/稳定型的人追求工作中的安全感与稳定感。他们会因为能够预测到稳定的将来而感到放松。他们关心财务安全，例如退休金和退休计划。

（5）服务型。服务型的人一直追求他们认可的核心价值，例如帮助他人，改善人们的安全状况，通过新的产品消除疾病，等等。他们一直追寻服务他人的机会，这意味着即使变换组织，他们也不会改变服务和帮助他人的愿望。

（6）创业型。创业型的人希望通过自己的能力去创业或开发属于自己的产品（或服务），而且他们愿意去冒险，勇于克服面临的障碍。虽然他们可能正在其他的组织中工作，但他们只是在学习并寻找机会，一旦时机成熟，他们便会走出去创立自己的事业。

（7）挑战型。挑战型的人喜欢解决难题，希望战胜强硬的对手，克服难以克服的困难和障碍等。他们参加工作或选择职业的原因是工作或职业能帮助他们战胜各种困难。他们喜欢新奇、变化和挑战困难，如果要做的事情非常容易，他们反而会感到索然无味。

（8）生活型。生活型的人希望将生活的各个主要方面整合为一个整体，他们喜欢平衡个人、家庭和职业的需要，因此，生活型的人需要一个能够提供较高弹性的工作环境来实现这一目标。他们将成功定义得比职业成功更广泛。相对于具体的工作环境、工作内容，生活型的人更关注自己如何生活、在哪里居住、如何处理家庭事务等方面的内容。

职业锚实际上是一个人在内心形成的个人能力、动机、需要、价值观和态度等相互作用和逐步整合的结果。在实际工作中，个人需要通过不断审视自我，逐步明确自己的需要与价值观，发现自己的优势和兴趣，明确自己今后职业发展的重点，最终找到自己希望长期稳定的职业定位（即职业锚）。

对于有工作经验的人而言，自己明确的职业锚是职业选择的最佳参考。而对于没有工作经验的人而言，因为不了解各个职位的内涵，所以还没有形成清晰的职业锚。

三、职业生涯规划的注意事项

在进行职业生涯规划的时候，要注意以下几个方面的问题。

（1）取得家庭支持，享受工作的乐趣。家庭的支持对工作成功很重要。夫妻双方可以根据各自的竞争力及发展愿望，分别制定适合自己的职业生涯规划。另外，制定职业生涯规划也不要忽略了自己的生活乐趣，因为，工作和生活是人生目标的两个重要部分。工作不仅是为他人，也是为自己，只有让自己觉得在工作中是快乐的，我们才会有追求事业成功的可能性和自觉性。

（2）个人职业规划目标要与组织目标协调一致。个人是借助组织来实现自己的职业目标的，个人职业规划目标必须在个人为组织目标奋斗的过程中实现。离开了组织的目标，便没有个人的职业发展，个人甚至难以在组织中立足。

（3）要有平和的心态，学会接纳自己。无论如何努力，都很有可能不能获得晋升，这是客观现实，个人需要有健康和平和的心态来接纳自己。随着知识经济时代的到来，人们的生活方式和思想方式都发生了重大变化，自动化、信息化、网络化在带来便利和快捷的同时，也对人们的职业适应能力提出了巨大的挑战。我们只有规划好自己的职业生涯，不断适应形势与环境的变化，把握机遇，才能创造出属于自己的美好人生。

视野拓展

规划自身职业生涯的要点：了解自己的个性倾向，并在不同发展阶段对自己的现在、过去和未来重新进行审视、评估，为自己描绘一幅适合自己个性的职业蓝图，并为此制订充实知识、训练技能、做好择业准备的行动计划。

四、职业生涯规划的步骤

一般来说，职业目标与生活目标一致的人才是幸福的，职业生涯规划实质上是一个追求最佳职业生涯的计划过程。成功的人生需要有正确的规划，你今天站在哪里并不重要，你下一步迈向哪里却很重要。图 6.1 所示为职业生涯规划的步骤。

全面审视自己 → 找到并明确自己的职业目标 → 制定和选择行动方案 → 执行自己的行动方案

图 6.1 职业生涯规划的步骤

1. 全面审视自己

你需要认真考虑内外环境的优势与限制，找出适合自己的合理且可行的职业生涯发展方向，通过对自己以往的经历及经验的分析，找出自己的特长与兴趣，这是职业生涯规划的第一步。值得注意的是，很多人都认为选择热门的职业就意味着有前途。专家提醒：选择职业最重要的是能正确地分析自己，找到适合自己的行业，然后努力成为本行业的佼佼者。

微课堂
职业生涯规划
的步骤

2. 找到并明确自己的职业目标

设定自己的职业目标并没有想象的那么难，只要考虑一下自己希望在多少年之内达到什么目标，然后一步一步往回推算就可以了。职业目标的设定要以自己的最佳才能、性格、最大兴趣、最有利的环境等信息为依据。通常职业目标可分为短期目标、中期目标、长期目标。确立职业目标是制定职业生涯规划的关键，有效的职业生涯规划需要有可实现的职业目标，以便排除不必要的干扰，全心全意致力于实现目标。

通常职业生涯方向的选择需要考虑以下两个问题：①我想往哪方面发展；②我能往哪方面发展。

3. 制定和选择行动方案

你的职业有助于你实现人生的最终目标吗？是否有一种途径可以让你现有的职业与你的人生基本目标相一致？正如一场战役、一场足球比赛需要确定作战方案或比赛方案一样，有效的职业生涯规划也需要有切实可行的行动方案，它能帮助你一步一步走向成功，实现自己的目标。

4. 执行自己的行动方案

行动就意味着你要走向梦想，切实地开始实施自己制定的行动方案。如果不能将动机转换成行动，动机终归是动机，目标也只能停留在梦想阶段。职业生涯规划成功的案例都是在有明确的职业目标后，在实施过程中不断与制定的目标看齐。当然，并不是每一个人都具有远见，能够制定出明确的职业目标，并有计划地不断朝这个目标努力。真正执行自己的行动方案对职业生涯的发展起着至关重要的作用。立即行动起来，无论是大学毕业刚刚踏上职业道路的年轻人，还是正在做一份不喜欢的工作的中青年，只要还没有完全退休，任何人在任何时候开始制定职业生涯规划都不晚。

实战演练

职业选择应考虑哪些条件

支招：

（1）应清楚地了解自己的性格、能力、兴趣、才智、局限和其他特征。

（2）应清楚地了解职业选择成功的条件及所需知识，在不同的工作岗位上所占的优势、劣势、机会和前途。

（3）上述两个条件的平衡。

实战操作： 上述说法你是否认同？有何进一步的意见？

案例阅读与分析

明确职场定位，职业生涯少走弯路

张子阳是一名已工作两年的市场营销专业的本科毕业生，从参加工作至今他都不是很满意自己的工作状态，他现在正在从事第三份工作。鉴于就业压力，他认为能找到一份收入尚可的工作就行，因为他害怕没有工作。他以前是班上的优秀学生，学生干部工作也做得不错，同学们都认为他有很好的发展，可是他却在不长的时间里换了三份工作。他的第一份工作是在某公司做采购员，和所学专业没有直接关系，而且工作也比较简单，再加上待遇不是很好，干了半年左右他就辞职了；此后，他做了一年的图书发行业务；目前，张子阳在一家网络公司的市场部做客服，兼做一些市场调查和策划。这家公司刚起步，而且待遇也较低，他本想多学点经验，但全部要摸索着来，他感觉很无助。他个人更喜欢与人沟通，但是需要有人带他入门，因为他觉得在摸索的路上很没有安全感，随时可能会有问题发生。

　　如果你是张子阳，你应该怎么做？

　　问题：

　　（1）从职业生涯规划的角度谈谈张子阳工作两年换了三份工作的原因。

　　（2）应怎样帮助张子阳进行职业生涯规划？

第三节　职业生涯发展

　　每个人从事的具体职业各不相同，也会表现出不同的职业特征、职业需求和职业生涯规划。

一、影响个人职业生涯发展的因素

　　影响个人职业生涯发展的因素一般有以下几种。

　　（1）自信心。自信心可以为个体在逆境中开拓、创新提供动力和勇气，它常常能使自己的好梦成真。没有自信心的人会变得平庸、怯懦、顺从。喜欢挑战、战胜困难、不惧失败、突破逆境是自信心强的表现。

　　（2）情绪稳定性。稳定的情绪对一个人从事技术性工作有很重要的作用。冷静、稳定的情绪状态为工作提供了适度的激活水平。焦虑和抑郁会使人紧张、烦恼和无力，恐惧和急躁往往会使人忙中出乱。

　　（3）进取心与责任心。进取心是使个体具有目标指向性和活力的内部动力，认真而持久地工作是个体事业成功的前提，而具有进取特质的个体也就具有了事业成功的心理基石。责任心强的人常能够审时度势地选择适度的目标，并持久、自信地追求这个目标，责任心强的人容易取得事业的成功。

　　（4）社会影响力。在个人职业生涯发展中，要不断培养正直和公正的品格，培养与他人共同发展和合作的精神，做到言行一致，善于沟通和交流；具备自信、仔细、镇静、沉着等特质，能够对他人产生积极的影响。

二、职业生涯发展的周期

　　员工的职业生涯发展过程要经历不同的阶段，主要可划分为以下几个阶段。

　　（1）探索期：在童年及青少年时期自我概念逐渐形成和发展。

（2）测试期：从学校转至工作岗位及形成早期工作经历。

（3）实验期：通过从事一种或几种职业，来建立自我概念。

（4）立业期：职业生涯发展的中间阶段，个体实现并改变自我概念，使自我概念变得成熟和稳定。

（5）守业期：保持并继续实现个体的自我概念。

（6）衰退期：随着职业生涯走向终结，对自我概念进行新的调整。

上述职业生涯发展不同阶段的启示是：童年和青少年时期所形成的需要模式、动机与价值观，对职业选择会产生直接的影响和作用。以后，一个人的职业发展理念会随着时间的推移和阅历的增加，处于不断变化的过程之中，他会不断地借助自己内在的驱动力去实现自己的目标，而职业生涯发展的目标也在不断变化与扩展。

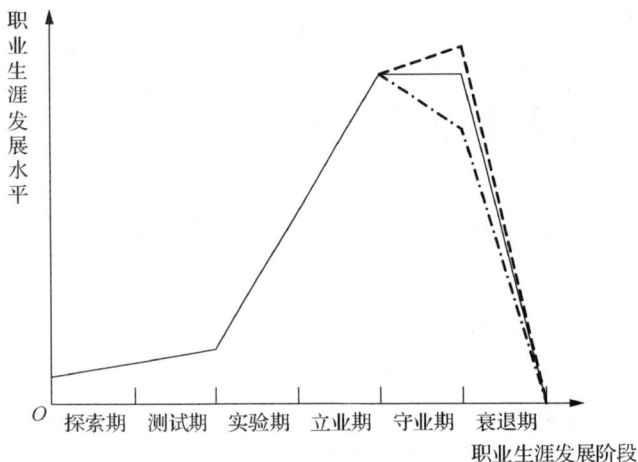

图 6.2　员工职业生涯发展阶段与发展水平示意

如果把上述职业生涯发展过程的不同阶段绘成曲线（见图6.2），则可以看出：在探索期与测试期，职业生涯发展曲线是平坦的或缓慢上升的。在实验期与立业期则是较陡峭的上升斜线。到了守业期，则存在上升、平坦或降低等三种可能，多数人往往是维持水平状态，这一阶段在国外常被称为"高原台"时期，人近"知天命"之年，心理与生理都会发生变化，处于该阶段的人已经意识到老之将至，会对自己所定的职业生涯发展目标中哪些已经达成或将要达成进行确定，他们往往会开始探索新的生活目标，调整与他人的工作关系，从新手、后辈转向教练、长者，有的人也会逐渐感到力不从心，转而关心工作职务的安定事宜。该阶段，纵向有升或降两种可能，横向有转与退两种选择。对处于这一阶段的员工，要劝诫他们使自己的期望现实起来，如做年轻人的教练或项目性的工作等。至于衰退期，职业生涯发展曲线往往是下降的斜线，此时员工已经接近退休，职业发展正在走向终结。

案例阅读与分析

李女士，30岁，四川某学院工商管理专业大专毕业生，在企业从事人力资源管理工作近8年，至今仍然是一名普通工作人员。看到不少比她后进入企业的大学生已晋升到了主管、经理，情绪低落。她曾试着到人力资源市场应聘管理岗位，但都被拒绝，对自己的职业发展感到十分迷茫。在这种情况下，她希望通过职业指导（咨询），找到自己的问题所在以及正确的职业发展路线。

问题：如果你是职业指导（咨询）师，如何帮助李女士诊断分析、提出职业发展建议，能从该案例中得到哪些启示？

三、职业生涯发展的管理

微课堂
职业生涯规划
案例分析

人生是个过程，回首往事，品味走过的岁月，我们就会明白人生其实就是积累的过程。凡是过程，都会有成功和失败，都会有顺利和挫折，关键在于怎样对待。人生旅途，要经过种种关卡，闯关的成败在于自己，能过关是因为自己，失败也是因为自己。人生的悲哀，不在于没能实现目标，而在于方向不明确，目标不清晰，或者没有为实现目标去拼搏、去努力。

每个人都有潜能，即每个人都有隐藏而没有表现出来的能力。挖掘潜能，是个人和组织发展的需要，也是个人获得职业生涯成功的重要保证。职业生涯规划和职业生涯管理，是根据个人和组织的发展需要，挖掘个人发展潜能的有效方式，是在个人职业生涯发展中更好地发挥个人潜能的重要手段。

一个人要想成为成功者，就应该尽早地规划自己的人生，及时地进行职业生涯规划。职业生涯规划由职业发展条件分析、职业发展目标确立、职业发展台阶构建、职业生涯发展措施制定四个环节组成。职业生涯规划应围绕自己的职业发展需要，发现、激发自身潜能，分步、有针对性地挖掘自己的潜能，它是明确目标、有计划地发展自己事业的好帮手。

没有管理的职业生涯规划，只不过是一个"规划、规划，墙上挂"的摆设。职业生涯管理也由四个环节组成，即提升素质、付诸实践、效果评估、调整目标。根据职业生涯发展需要，有目标地提升自身素质，实实在在地付诸实践，及时进行效果评估，适时调整目标、查漏补缺，有利于自身潜能的挖掘和发挥，有利于把自己为职业生涯发展付出的努力转换成目标的实现。

案例阅读与分析

考研、出国、找工作的"大忙人"王静

王静是一个专业成绩不错、英语成绩也很好的女孩，大三下学期就有不少亲戚朋友帮她出主意，有的说出国好，有的说在国内读研究生好，有的说直接找工作好。王静读过雅思学习班，读过考研学习班，整个暑假忙得几乎没有时间休息。到了大四，上课的同时她还要准备考雅思、考研究生，有好的单位来招聘，她还去投简历，到了三四月份，考研、考雅思都未考过，大公司招聘完毕，她只找到一家尚在招聘的小公司。起了个大早，赶了个晚集。

问题： 为什么会出现上述的情况，应如何避免？

生命不息，求学不止

张亮的学习成绩很好，他学的是物理专业，本科毕业后被保送研究生，研究生毕业后又申请到美国继续攻读博士学位，获得博士学位后他已经33岁了。毕业后他发现所学专业找工作比较困难，对应专业的工作收入也不高，转而攻读了当时薪酬最高的计算机专业硕士学位，35岁的他步入工作岗位时，他的大学同学有的已经是公司的业务经理了。他读了近30年的书，离退休只有20多年了。

问题： 如果你是张亮，应如何规划好职业生涯？

非职务变动发展

某公司市场部一位管理人员因工作没有得到公司的肯定，在给总经理的信中写道："我现在

所做的大部分工作是一些琐碎又不成系统的工作，是一些必须做的，而上级没时间做、秘书又做不了的工作。这种工作不仅您（指总经理）无法了解，甚至连我的直接上司也并不完全清楚。因为这些工作都是即时性的工作，虽谈不上重要，但确实十万火急。比如货品调拨工作，医药公司经理或大区主任打电话通知需要市场部帮忙联系一下调货渠道、商定一下价格或催一下发货，这理所当然成为我的工作职责。一通电话打下来，人在还好，碰上经理不在，就要等相当长的一段时间，但从工作结果看，也只是调成了一笔货而已。因此，自己99%的工作时间几乎都用于处理这一类事务性的工作，致使没能与您建立起有效的沟通，造成您对我的工作不了解，自然也就谈不上评价。就这一点，让我非常烦恼，因为我也想干一些最能体现工作成绩的事情，让所有人都知道，但如果每个人都只干最能体现工作成绩的事，谁又去干那些琐碎的工作呢？"

总经理看完这封信后，认为这位市场部管理人员工作认真负责，任劳任怨，但如果不改变工作意识和工作方法，则难有职业生涯的发展，于是鼓励他从这些日常琐碎的工作中摸索规律，对原有较简单的工作程序加以丰富、补充。经过认真的思考，这位市场部管理人员不但编制了内容详细、极具操作性的工作程序，而且还在该工作程序中进行了诸多方法上的创新，这使其本人工作更加系统化、更具实效。该工作程序还得以在公司推行，他因而得到了同事的一致好评，本人也受到了极大的鼓舞。

问题：
（1）试分析这位管理人员为何会写这封信。
（2）根据案例，谈谈如何实现没有职务升迁的职业生涯发展。

本章小结

职业生涯是指一个人从首次参加工作起所经过的所有工作活动与工作经历的过程，是由一个人在一生中所担任的一连串工作职务构成的一个连续的终身过程。

员工职业生涯发展的基本内容可归纳为三个方面：一是职务提升，二是职能领域或技术领域的工作变动，三是在一个组织内逐渐受到老成员的信任。

大学生职业生涯管理的现状：学生自我认知存在偏差，迷茫心理较普遍；学生主体选择权被剥夺，存在依赖心理，人生目标不是很明确；高校职业生涯教育尚需优化，学生普遍存在认知误区。

职业生涯规划是指一个人对其一生中所承担职务相继历程的预期和计划，包括一个人的学习过程，对一项职业或组织的生产性贡献直至最终退休的过程。职业生涯规划的目的不仅是帮助个人根据自己的条件找到一份合适的工作，更重要的是帮助个人真正了解自己，为自己定下事业的大计，筹划未来的职业发展，根据主客观条件设计出合理且可行的职业生涯发展方向。

职业锚是进行职业生涯规划时必须考虑的一个因素。它是指一个人作出职业选择时最难以舍弃的因素，也就是一个人选择和发展职业时所围绕的中心。

职业锚的八种类型：管理型、技术/职能型、自主/独立型、安全/稳定型、服务型、创业型、挑战型、生活型。

职业生涯规划的注意事项：取得家庭支持，享受工作的乐趣；个人职业规划目标要与组织目标协调一致；要有平和的心态，学会接纳自己。

职业生涯规划的步骤：全面审视自己，找到并明确自己的职业目标，制定和选择行动方案，执行自己的行动方案。

影响个人职业生涯发展的因素：自信心、情绪稳定性、进取心与责任心、社会影响力。

职业生涯发展的周期：探索期、测试期、实验期、立业期、守业期、衰退期。

练习题

一、名词解释

职业生涯　　职业生涯规划　　职业锚

二、单项选择题

1.（　　）指一个人从首次参加工作起所经过的所有工作活动与工作经历的过程，是由一个人在一生中所担任的一连串工作职务构成的一个连续的终身过程。

　　A．职业生涯　　　B．职业锚　　　　C．职业生涯规划　　D．情绪稳定性

2.（　　）属于职业生涯发展周期的阶段之一。

　　A．成长期　　　　B．探索期　　　　C．建立期　　　　　D．维持期

3.（　　）不属于职业锚的类型。

　　A．管理型　　　　B．自主/独立型　　C．服务型　　　　　D．维持型

4. 以下关于大学生职业生涯管理现状的描述，不正确的是（　　　）。

　　A．学生自我认知存在偏差，迷茫心理较普遍

　　B．学生普遍对自己的未来有很好的规划

　　C．学生主体选择权被剥夺，存在依赖心理

　　D．高校职业生涯管理教育缺位，学生普遍存在认知误区

5.（　　）不是职业生涯规划的注意事项。

　　A．一切规划都要靠自己完成

　　B．取得家庭支持，享受工作的乐趣

　　C．个人职业目标要与企业目标协调一致

　　D．要有平和的心态，学会接纳自己

三、多项选择题

1. 职业生涯规划的步骤包括（　　　）。

　　A．全面审视自己　　　　　　　　　B．找到并明确自己的职业目标

　　C．进行方案的制定和选择　　　　　D．执行自己的方案

　　E．和家人讨论

2. 影响个人职业生涯发展的因素有（　　　）。

　　A．自信心　　　　　　　　　　　　B．情绪稳定性

　　C．亲和力　　　　　　　　　　　　D．进取心与责任心

　　E．社会影响力

3. 职业生涯发展的周期包括（　　　　）。

A．成长期　　　　B．探索期　　　　C．建立期

D．维持期　　　　E．衰退期

四、判断题

1. 家庭的支持对于工作成功不是很重要。夫妻双方可根据各自的竞争力、发展愿望制定适合的发展规划。　　　　　　　　　　　　　　　　　　　　　　　　　　　　　　　　　　（　　　）

2. 一个有效的职业生涯设计，必须在充分且正确地认识自身的条件与相关环境的基础上进行。　　　　　　　　　　　　　　　　　　　　　　　　　　　　　　　　　　　　　（　　　）

3. 行动就意味着你要停止幻想而切实地开始行动。如果不能将动机转换成行动，动机终归是动机，目标也只能停留在梦想阶段。　　　　　　　　　　　　　　　　　　　　（　　　）

4. 进取心是使个体具有目标指向性和适度活力的外部能源，认真而持久地工作是个体事业成功的前提，而具有进取特质的个体也就具有了事业成功的心理基石。　　　　（　　　）

5. 人生是个过程，回首往事，品味走过的岁月，你就会明白人生其实是积累的过程。

　　　　　　　　　　　　　　　　　　　　　　　　　　　　　　　　　　　　　（　　　）

五、简答题

1. 什么是职业生涯？什么是职业生涯管理？

2. 职业生涯发展周期分为哪几个阶段？

3. 什么是职业生涯发展规划？如何规划职业生涯？

4. 影响个人职业生涯发展的因素有哪些？

5. 你目前正处于职业生涯发展周期的哪一个阶段？在你的职业生涯发展中最重要的事情是什么？

6. 10年后你希望取得什么样的成就？请为自己编制一份个人职业生涯发展规划。

7. 怎样才能有效管理员工的职业生涯？

六、案例分析题

王敏的职业生涯发展之路

据统计，有职业生涯规划的员工的离职率较低，他们遇到职业问题时往往能及时与人力资源部沟通，在以后的工作中，逐渐明晰自己的定位，工作成就感和满意度也将越来越高。

王敏是一个勤奋好学、积极上进的女孩，大学专科学历。她已经在公司的财务部工作了5年多。在工作上，她兢兢业业、努力奋斗，但是由于学历问题，王敏在公司一直未能得到提拔，职称也就是普通的会计师（公司的会计师有30多个）。面对这样的情况，她很想跳到其他公司去做会计主管，但因为在公司工作了较长的时间，已对公司有了很深的感情，再加上该公司在当地的名气也不错，所以她一直下不了决心离开现在的公司，经常被工作的事困扰。

某年3月，公司人力资源部首次开展员工职业生涯规划的活动，她主动要求参加。在参加了"职业生涯设计方案"的培训后，她找到人力资源部主管刘鹏询问道："如果我想做职业生涯规划，公司能给我做吗？"刘鹏当时回答她："你只要达到公司的岗位要求，人力资源部就会考虑你的请求。"

接下来，人力资源部给她做了问卷调查。在卷面答案中，她选择的是管理序列，下一个岗位目标是从事人力资源管理方面的岗位，要求调动岗位。当时，刘鹏感觉她有胆量，从心底里想帮助她。但是从公司的角度出发，用人是需要慎重的，尤其是人力资源管理方面的岗位，一定要由老板来拍板，因此刘鹏想对王敏再进行进一步考察。

在自我评估过程中，王敏认为她的沟通能力、表达能力和组织能力相对较强，但对现岗位的满意度一般，原因是自身的能力得不到充分的发挥。

在职业兴趣方面，王敏侧重于社会类、艺术类的职业。看到问卷调查的综合评估结果，王敏既惊讶，又感到很困惑，不知道下一步应该怎么做。刘鹏看到问卷调查的结果，感觉这个员工非常需要相关的帮助，不只是在职业引导方面，在培训计划的个性化设置方面，以及企业内部的沟通方面，都需要指导和帮助。

在和王敏交谈的过程中，刘鹏发现王敏正向的观点还比较多，她热爱组织、对工作的激情也比较高，她也明确表达想做人力资源管理工作。参与交谈的还有人力资源总监和她的直线经理，在请示公司老板以后，老板的答复是：同意为她设计人力资源管理方向的职业生涯发展规划。但是，能否被选派到人力资源管理岗位上工作，要由她努力的情况来决定。

人力资源部派刘鹏与王敏进行切实可行的职业计划探讨，帮她分析自身实际技能水平与所期望的职位之间的差距，最后，为她制定的职业发展目标是：一年内，报考助理人力资源管理师资格证；拿到证书后，可以调到人力资源部试用，调入后，从薪酬专员开始做起，试用合格后 3 年内，要主动学习，积极参与人力资源部的各项工作；只有连续 3 年的工作绩效考核等级达到 A 级，才有提升的机会（每年 12 个月中有 8 个月的绩效考核达到 A 级，年度绩效就可能是 A 级）。

刘鹏为王敏制订了个性化培训计划和职业引导计划，让她参加公司组织的企业文化培训、人力资源管理系列培训等；王敏自己也制订了自学计划，参加了人力资源和社会保障部举办的助理人力资源管理师课程班，并报名参加了人力资源管理专业的本科自学考试，还前往上海参加了人力资源管理人员的沙龙和公开课。

在职业发展管理的跟踪考核过程中，刘鹏看到：王敏的培训计划基本能按期完成，评估结果也比较正常。在第二年 1 月，王敏顺利拿到了人力资源和社会保障部颁发的助理人力资源管理师资格证书。经过研究，公司决定将她调到人力资源部的劳资科薪酬专员岗位进行试用。在之后的工作实践中，她能将所学的财务知识用到薪酬管理中，在工资薪酬的测算和生产计件考核过程中，还创造出一些简便方法来提高工作效率。同时，她还主动学习相关法规和文件，逐渐熟悉了人力资源管理工作的各个环节，社会保险、退休人员的申报等工作她都能顺利完成。

之后，王敏还在公司人力资源部组织的"人力资源体系"专题培训中系统地学习了公司人力资源管理各个模块的知识，并参加了绩效管理方案设计项目组的工作，负责应用平衡计分卡和关键业绩指标来设计岗位绩效考核量表，她设计的电子考核量表提升了绩效考核的整体工作效率，让绩效考核数据一目了然，计算更加方便。到第三年 10 月，她被调到了绩效专员的岗位上，预计到第五年，王敏将会被作为后备干部的考核对象。

思考讨论：
1. 王敏的职业生涯发展经历了哪几个阶段？
2. 结合本章内容，谈谈你对员工王敏的职业生涯发展规划和她的成长过程的感想。
3. 结合自身实际，谈谈自己的职业生涯规划。

📖 综合实训

【实训一】

一、实训内容

结合你所熟悉的企业，了解情况后，编写一份某岗位员工的职业生涯规划（包括短期、中期、长期的内容）。

二、方法步骤

1. 5 个人组成一个小组，对职业生涯规划进行分析。
2. 以小组为单位编写一份较完整的职业生涯规划书。
3. 每个小组派一名代表在课堂上交流发言。

三、实训考核

1. 教师对编写的职业生涯规划书给予成绩认定。
2. 教师对讨论交流的成果给予点评。

【实训二】企业员工职业生涯规划调研

一、实训目的

1. 了解中小企业是如何进行员工职业生涯规划的。
2. 了解企业员工职业生涯规划现状及存在的问题。

二、方法步骤

1. 以学校附近的不同企业作为调研对象，根据所选行业，分小组确定调研的目的和内容。
2. 进行实地调查，走访所选择的企业，了解企业员工职业生涯规划现状和职业生涯规划的方法。
3. 总结该企业经常采用的为员工设计职业生涯规划的方法。
4. 指出调查中发现的职业生涯规划的问题。
5. 针对存在的问题，提出具体的解决方法和建议。

三、考核评价

1. 分组时视班级人数确定小组数量，每小组人数以 5～8 人为宜。
2. 小组成员要合理分工，分别搜集不同的内容和数据。
3. 搜集内容和数据之前要统一认识，统一口径，统一判断标准。
4. 依据采集的资料，进行充分的讨论和分析，小组组长负责调研报告的整理和总结，并上交任课教师进行评价。

第七章

绩效考核

【学习目标】

知识目标：了解绩效考核的内涵及其作用，掌握绩效考核的方法、绩效考核的原则、绩效考核的流程、绩效考核流程中存在的问题及防范措施、绩效考核的反馈等内容。

能力目标：具备根据具体的情况，灵活地选择相应的绩效考核方法开展绩效考核工作的能力。

素养目标：理解职业道德对绩效考核的影响，培养和传递爱岗敬业、忠于职守的职业道德。

【引　言】

如何考核很重要

猫主人养了一只花猫，这只花猫已经习惯了养尊处优。为了改变这种状况，主人觉得有必要给它布置一些任务让其不至于整天无所事事。于是，主人让花猫每天都去抓老鼠，并且承诺只要抓到了老鼠，就给花猫鲜鱼吃。鲜鱼对花猫的激励作用很大，于是花猫开始了抓老鼠的尝试。然而一开始，由于花猫对抓老鼠的技能已经很生疏了，所以第一天花猫饿了肚子。第二天，花猫在饥饿的压力下变得勤奋起来，在傍晚有了收获——逮到了一只老鼠。但是，这个时候花猫留了个心眼，为了每天都有鲜鱼吃，它并没有杀死这只老鼠，而是与老鼠达成了一个协议——每天老鼠都出来转一圈，而后花猫叼着它去主人面前晃一晃邀功，获得鲜鱼后，分给老鼠鱼尾巴。老鼠答应了，于是每天花猫都能够获得主人奖励的鲜鱼，老鼠也得到了鱼尾巴。

想一想：如果管理者都像这位猫主人一样考核员工，后果是不是很严重？

通过上面的案例可以看出，不同的考核手段将导致不同的工作行为。本章将针对绩效考核方面的内容进行详细介绍。

绩效考核是指收集、分析、评价和传递某一个员工在其工作岗位上的工作行为表现和工作结果方面的信息的过程。

绩效考核的方法有序列比较考核法、成对比较考核法、强制分布考核法、目标管理法、行为锚定等级评价法、关键业绩指标法等。

绩效考核的流程包括制订计划、技术准备、收集资料和信息、分析评价、绩效考核反馈、制订绩效改进计划。

第一节　绩效考核概述

绩效是指组织、团队或个人，在一定的资源、条件和环境下，完成任务的出色程度，是对目标实现程度及达成效率的衡量与反馈。组织通过对员工工作绩效的考核，获得员工完成工作状况的相关信息，便可据此制定相应的组织人事决策与措施，提高组织的效能。所以绩效考核具有监控和调整组织各项工作的功能。

一、绩效的特点

一般来说，绩效具有以下三个主要特点。

（1）多因性。员工工作绩效不是由单一因素决定的，而是受制于主客观方面的多种因素。绩效是员工的激励、技能、机会和环境等内外部因素相互作用的结果，可用公式表达为：绩效=f（技能，激励，环境，机会），图7.1表达了其内在关系。

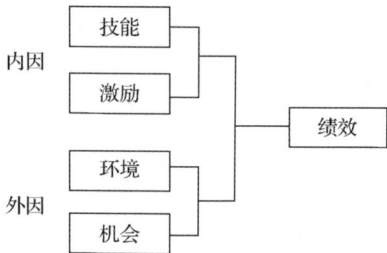

图 7.1　工作绩效模型

（2）多维性。绩效的多维性是指绩效需从多个角度或多个方面去分析与考核，例如：工作业绩、工作能力、工作态度等。不同组织的绩效考核指标往往也不同，而且在进行绩效考核时，不同岗位的考核指标的权重也往往不同。

（3）动态性。员工的工作绩效是会变化的，随着时间的推移，绩效差的可能会改进转好，绩效好的也可能会退步变差，因此组织的管理者不可凭一时印象，以僵化的观点看待下级的绩效。

视野拓展

如何理解绩效

对于"绩效"一词，不同的人有不同的理解。有的人认为，绩效是指完成工作的效率与效果；有人认为绩效是指那种经过评估的工作行为、方式及其结果。那么，作为企业的所有者，或者是最高管理者，应该从何种视角来看待绩效，应该运用何种绩效考核方法呢？管理者应该从哪些方面来转变绩效考核的思维方式呢？请读者扫码阅读相关内容。

二、绩效考核和绩效管理

绩效考核是指组织在既定的战略目标下，运用特定的标准和指标，对员工过去的工作行为及取得的工作业绩进行评估，并运用评估的结果对员工将来的工作行为和工作业绩产生正面引导的过程和方法。

绩效考核在组织管理活动中承担着两种职能：一种职能是通过绩效考核获得员工工作的真实信息，以对绩效突出、表现优异的员工进行奖励，或对绩效平平、表现不佳的员工进行适当的惩戒；另一种职能是通过绩效考核，有针对性地开发员工的各种潜能，并为组织提供在员工晋升、调动和加薪等方面做决策的信息。

绩效管理是指组织有效管理员工并确保员工的工作行为和工作产出与组织目标保持一致，进而促进个人与组织共同发展的持续过程。

1. 绩效管理的特征

绩效管理的主要特征如下。

（1）绩效管理是一个持续的管理过程。绩效管理不只是要求员工在月末、季末或年末填写一套表格那么简单，它应该融入员工的日常行为之中。具体表现在：制订绩效计划时，管理者与员工共同协商确定工作目标；执行绩效计划过程中，管理者与员工持续不断地进行沟通，了解工作的进程，发现存在的问题，提供必要的帮助，必要时还要修订绩效计划；绩效计划完成时，管理者与员工共同总结计划执行中的不足，总结经验教训，找出改进绩效的办法，使下一阶段的工作能更好地完成。所以，整个绩效管理过程应是一种螺旋式上升的过程。

（2）绩效管理是一个建立共识的过程。组织将组织目标和关键的成功因素具体转化为工作绩效指标，然后通过沟通让员工了解绩效标准，以及通过什么途径、方式或多大程度的努力才能达到这种标准，并预测工作中可能出现的问题及管理者能够为员工提供哪些方面的帮助，工作中的授权程度如何，等等。不要让员工等到绩效评价结果出来时，才知道组织对他的绩效评价标准。

（3）绩效管理是有效管理员工的方法。绩效管理的焦点是组织管理者对员工个人的行为进行管理，引导员工个人、团队通过共同努力、相互支持以达到组织的目标。在绩效管理的过程中，组织管理者需要有效地指导和激励员工；员工在充分参与绩效计划制订的基础上，能亲身感受到绩效管理不是在和他们作对，而是为了帮助他们更好地完成任务，这样员工在实际工作中对绩效管理和绩效考核就会少一些戒备，多一些支持。

> **视野拓展**
> **绩效管理与绩效考核的联系**
> （1）绩效管理是一个管理的过程，包括许多管理的环节。
> （2）绩效考核是绩效管理的一个考核环节，也是绩效管理工作中最重要的环节之一。
> （3）绩效管理四部曲：
> 绩效辅导 绩效目标 绩效评价（考核）绩效反馈

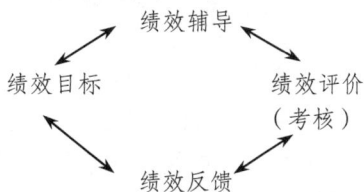

（4）绩效管理的目标是双赢。绩效管理的最终目标是实现员工个人与组织价值的最大化，绩效管理是实现员工个人和组织共同愿景的过程。

> **视野拓展**
>
> **经典问答：如何让石头漂起来**
>
> 张瑞敏曾提出一个很像"脑筋急转弯"的问题："你们说，如何让石头在水上漂起来？""把石头掏空！"有人喊。张瑞敏摇头。"把石头放在木板上！"张瑞敏说："没有木板！""做一块假石头！"大家哄堂大笑。张瑞敏说："石头是真的。"此时，海尔集团前副总裁喻子达顿悟："是速度！"张瑞敏斩钉截铁地说："正确！"他接着说："《孙子兵法》上有这样一句话，'激水之疾，至于漂石者，势也'。"企业应具备一定的发展速度才能成长壮大，在激烈的市场竞争中立于不败之地。
>
> 通过绩效管理可以解决上述速度问题吗？

2. 绩效管理与绩效考核的差异

从上面的定义中可以看出，绩效考核是绩效管理的重要环节，绩效管理与绩效考核存在本质的区别。

（1）目的不同。绩效管理是一个系统工程，关注的是组织与员工的双赢，即组织实现战略目标，员工达成自己的工作目标。绩效管理更注重员工能力的培养，绩效考核更注重员工工作成绩。绩效考核的目的不是降低员工工资，而是希望员工在提升绩效的同时，得到更多的收益；让员工通过绩效考核知道自己的优势和不足，并依据考核的结果来发挥长处，弥补不足，进而提高工作效率。绩效考核的主要目的是改进员工工作行为，而不是奖惩。

（2）工作重点不同。绩效管理实现了工作的事前控制、事中控制和事后控制，充分体现了管理的控制功能。在组织管理的每一个环节，管理者与被管理者之间都进行着双向、持续的互动，管理者通常会帮助员工识别工作的瓶颈并提供必要的帮助。绩效考核更多地强调工作的事后控制，是对上一阶段工作的回顾和总结。

（3）方向不同。绩效管理是具有前瞻性的，它不仅注重检查员工过去工作的结果，更注重展望员工未来发展方向。绩效考核关注的是员工过去工作的结果。

（4）经理人员的角色不同。在绩效管理中，经理人员不仅是员工的管理者，更是合作者。在绩效考核中，经理人员扮演的是考核者的角色。

（5）部门职能不同。在绩效管理中，人力资源部门为组织其他各部门提供绩效管理方面的专家服务，各部门的经理负责本部门员工的直接考核工作。在绩效考核中，人力资源部门是组织各部门绩效考核的主体。

三、绩效考核的作用

绩效考核与组织人力资源管理的各环节密切相关。没有绩效考核，组织的人力资源开发和管理就失去了标准和依据，人力资源开发和管理的改进和发展就失去了方向。同时，绩效考核积累下来的丰富实用的内部数据是进行人力资源开发和管理最有价值的信息。绩效考核具体作用如下。

（1）是确定员工薪酬的依据。现代组织管理要求薪酬分配遵守公平与效率两大原则。因而，组织必然要对每一个员工的劳动成果进行评定和计量，按劳付酬。绩效考核的结果是确定员工报酬的重要依据。进行薪酬分配和薪酬调整时，组织应当考虑员工的绩效表现。合理的薪酬不仅是对员工劳动成果的公正认可，而且可以产生激励作用，在组织内部形成公平与进取的氛围。

（2）是人员调配和职务升降的依据。组织内部员工职位的变动必须有科学的依据，才能保证员工的积极性及组织各项工作的顺利开展和完成。组织通过全面的绩效考核，可以判定员工是否符合某职位对其素质和能力的要求，或者可以察觉到员工素质和能力的变化，以便在员工不能适应组织的发展要求时，及时予以调整和改变，以保证组织的正常运行。

（3）是人员培训的依据。员工培训是人力资源开发和管理工作的一个关键环节，而且当今企业发展的趋势表明，企业在向学习型组织转变，员工培训逐渐成为企业发展的核心所在。而要了解员工的优势和劣势，企业就必须对员工个人的绩效进行考核。同时，员工参加培训的效果如何也需要通过绩效考核来判定。

（4）是对员工进行激励的手段。奖励和惩罚是组织激励员工的主要手段，奖罚分明是劳动人事管理的基本原则。要做到奖罚分明，组织就必须科学、严格地对员工进行绩效考核，以绩效考核结果为依据，决定奖或罚的对象，以及奖或罚的等级。绩效考核本身也是一种激励因素，通过绩效考核，组织可以肯定员工的成绩和进步，激发员工的斗志，坚定员工的信心；通过绩效考核，组织能发现员工存在的缺点和不足，纠正员工的过失和错误，为员工指明今后努力的方向，还能够鞭策后进迎头赶上。只有这样，才能使先进的员工更加努力地工作，后进的员工变压力为动力，从而使组织的广大员工保持旺盛的工作热情，出色地完成工作任务，实现组织及员工个人的目标。

第二节　绩效考核的标准和内容

一、绩效考核的标准

组织要进行有效的绩效考核，就必须选择适当的绩效考核标准，并以科学而公正的量度方法去评估。组织的绩效考核标准应该包括工作业绩考核标准、工作行为考核标准、工作能力考核标准、工作态度考核标准等内容。在实际操作过程中，各个组织所处的环境不同、管理工作中的具体特点不同以及管理者的偏好不同，都可能使组织在进行绩效考核时偏重于其中的一项或几项。

1. 工作业绩考核标准

工作业绩考核是组织对员工工作结果的考核与评价。它是组织对员工贡献程度的衡量，是所有工作绩效考核中最本质的考核，能直接体现员工在组织中的价值大小。在组织中，工作业绩主要指能够用具体数量或金额表示的工作成果，是最客观的考核标准，如组织的利润、销售收入、产量、质量、成本、费用、市场份额等。

2. 工作行为考核标准

工作行为考核主要是组织对员工在工作中表现出的相关行为进行的考核和评价，衡量其行为是否符合组织的规范和要求，对工作是否有成效。由于是对员工的行为进行考核，很难用具体数字或金额来精确表述。在实际考核中，组织常常用频率或次数来描述员工的工作行为，并据此进行评价。工作行为考核指标也属于客观性考核指标，如出勤率、事故率、表彰率、违纪违规次数、访问客户人次、客户满意度、员工投诉率、合理化建议采纳次数等。

3. 工作能力考核标准

工作能力考核是指组织对员工在职务工作中发挥出来的能力的考核和评价。如评价员工在工作中的行为是否正确、工作效率如何、工作中的协调能力如何等。组织根据员工在工作中表现出来的能力，参照考核标准或有关要求，对被考核者所承担的职务与其能力是否匹配进行评定。这里被考核的能力主要体现在四个方面：被考核者具备的专业知识和相关知识，相关技能、技术和技巧，相关工作经验，从事工作所需的体能和体力。需要指出的是，组织绩效考核中的工作能力考核和一般性能力测试不同：前者与被考核者所从事的工作相关，主要评价其能力是否符合所承担职务的要求；而后者是从人的本身属性对员工的能力进行评价，不一定要和员工的现任工作相联系。在对员工的工作能力进行考核时，由于考核者需要对员工的工作能力作出评判，故此类考核指标被称为主观性指标。

组织在进行工作能力考核时，应注意全面评价员工的专业性工作技能和相关的基本技能，后者常为组织所忽略。几种重要的相关基本技能包括人际交往技能、沟通技能、协调技能、公关技能、组织技能、分析和判断技能、处理和解决问题的技能等。

4. 工作态度考核标准

工作态度考核是组织对员工在工作中付出努力的程度的考核和评价，即对员工工作积极性的衡量。工作态度考核常用的考核指标有主动精神、创新精神、敬业精神、自主精神、忠诚度、责任心、团队精神、进取精神、事业心、自信心等。工作态度是员工的工作能力向工作业绩转化的中间变量，在很大程度上决定了工作能力向工作业绩转化的效果。同时，组织在考核员工的工作态度时还应考虑员工完成工作的内部条件（如分工是否合适、指令是否正确、工作环境是否良好等）和外部条件（如市场变化或原材料供应变化等）。显然，员工的工作态度很难用具体数字或金额来表述，在对员工进行工作态度考核时，考核者需要对员工表现出的工作态度按照相关考核标准作出评判，故此类考核指标也被称为主观性指标。

问与答

问：以上四类绩效考核指标有何区别？

答：前两类可以进行客观的量化评价，故被称为"硬指标"。后两类很难进行量化评价，考核时需要考核者的主观评价，故被称为"软指标"。组织在进行工作绩效考核时，应注意客观评价和主观评价的结合，硬指标和软指标的结合，这样才能全面公正地评价员工的工作绩效。

二、绩效考核的内容及应注意的问题

绩效考核的内容体现了组织对员工的基本要求。绩效考核的内容是否科学、合理，会直接影响绩效考核的质量。如果组织有比较完善的人力资源管理制度，那么就可以从职位说明书上找到完成任务的基本要求，并据此建立相应的指标考核体系。

1. 绩效考核的内容

为了能够全面准确地评价员工的工作绩效，在实际操作中，组织通常从"德""能""勤""绩"等四个方面进行考核。

"德"是工作能力向工作业绩转换的"中介"，往往会决定员工工作能力的发挥和工作业绩，其表现具有一定的隐含性和不易察觉性，是难以被量化的。员工的工作态度是工作中"德"的主要体现，工作态度考核是对员工在工作中努力程度的评价。常用的考核指标有事业心、责任心、组织承诺度、敬业精神、团队精神、协作精神、创新精神等。员工的工作态度主要依靠考核者的主观评判，因此工作态度考核指标是主观性的绩效考核指标，属于软指标。

"能"是员工维系工作业绩的一种客观存在的内在体系，是组织评价员工是否具备完成工作的能力的综合反映，是工作业绩的前提和保证。一般由四个部分构成：一是知识，二是技能、技术或技巧，三是工作经验，四是体力。工作能力考核不仅考察员工具备相关工作能力的程度，更重要的是考察员工工作能力发挥的程度及带来的效果。考核员工的工作能力也需要考核者作出主观判断，因此工作能力考核指标也是软指标。

对"勤"的考核主要是对员工在工作中表现出的相关行为进行考核，衡量其行为是否符合组织的规范和要求，是否有利于工作的完成和促进组织的发展。组织主要通过员工的出勤率、事故率、表彰率、违纪违规次数、访问客户人次、客户满意度、员工投诉率、合理化建议采纳次数等指标来衡量"勤"，这些绩效指标都是客观性的评价指标，都属于硬指标。

"绩"的表现具有可见性，是外在的、可以把握的，便于统计和计算，是可量化的。它是组织对员工贡献程度的度量，是所有工作绩效考核中最本质的考核，能直接体现员工在组织中的价值。员工的工作业绩可以通过具体数量或金额来表示，主要体现在工作中的数量指标、工作的质量指标和工作创新程度三个方面。工作业绩常用的考核指标有利润、销售收入、产量、质量、成本、费用、市场份额、新产品开发率等，这些考核指标都是硬指标。

视野拓展

绩效管理中的"螃蟹效应"

绩效考核中的错误做法

第1种错误做法：重绩效考核，轻绩效管理过程。

第2种错误做法：绩效考核仅由部门领导说了算。

第3种错误做法：流于形式，为了考核而考核。

第4种错误做法：考核权重所占比例一刀切。

2. 绩效考核中应注意的问题

组织通常从"德""能""勤""绩"等四个方面来进行工作绩效考核。这是一种比较全面的概括性考核，在实际操作中要注意以下两个方面的问题。

第一，考核内容不必整齐划一，可根据实际情况有所增加或减少，关键是要找出与每一个员工绩效关系最为紧密的内容，并将其深化和细化。人力资源管理的原理要求我们对员工不要求全责备，绩效考核工作也要体现这一点。同时，对组织过于笼统的绩效考核要求，不同的考核者之间以及被考核者之间可能会产生不一致的理解，这样就不能有效地指导员工提高绩效。当然，作为设计绩效考核内容的初始步骤，从"德""能""勤""绩"等四个方面来考虑，不失为一种好办法。

第二，对这四个方面应该有准确的理解。根据绩效的定义，如果从工作结果方面强调绩效，只有"绩"才是我们所说的绩效，即员工的工作成果、员工对组织的贡献。而在强调行为时，员工的行为特点则包括"德""能""勤"等方面的特征。目前，比较流行的观点是在考虑工作结果的同时，还应考虑工作的过程；特别是在管理水平比较高的组织，员工个人不能全部决定工作结果的情况下，组织在进行绩效考核时应充分考虑员工所做的同组织目标相关的、可观测的行为或事情。一般情况下，可以以对定量的工作产出的考核为主，辅以对工作态度和能力的考核。

组织在具体的绩效考核指标体系设计上，可通过工作分析、理论推演和专家的咨询活动，并结合组织自身的实际情况，把绩效考核的四个方面分解为体现工作性质及相关方面具体内容的项目，如表 7.1 所示。

表 7.1 管理人员绩效考核的指标体系

绩效考核项目				
德 N_1	N_{11} 奉献精神	N_{12} 组织纪律性	N_{13} 职业道德	N_{14} 团结精神	N_{15} 事业心
能 N_2	N_{21} 分析能力	N_{22} 决策能力	N_{23} 组织能力	N_{24} 公关能力	N_{25} 开拓能力
勤 N_3	N_{31} 出勤率	N_{32} 兼职服务情况			
绩 N_4	N_{41} 完成工作的数量指标	N_{42} 完成工作的质量指标	N_{43} 立功获奖情况		

对于表 7.1 所示的绩效考核指标体系，还可以设计出四级甚至五级评价指标体系，这是根据组织的考核需要来决定的。

第三节 绩效考核的方法

绩效考核的方法有很多，但任何一种方法都有其特定的适用范围，完美无瑕的方法是不存在的。下面仅介绍一些在国内外实践中被应用得非常广泛并且具有科学性的绩效考核方法，以供读者在实际工作中根据实际情况选用。

一、相对评价法

相对评价法是指在某一团体中确定一个基准，将团体中的个体与基准进行比较，从而作出其在团体中的相对位置的评价的一种方法。常见的相对评价法有以下几种。

1. 序列比较考核法

序列比较考核法是按员工工作成绩的好坏进行排序考核的一种方法。在考核之前，首先要确定考核的模块，但是不确定要达到的工作标准。其次将相同职务的所有员工在同一考核模块中进行比较，根据他们的工作状况排序，工作状况较好的排名在前，工作状况较差的排名在后。最后将每位员工几个模块的排序数字相加，得到该员工的考核结果。总数越小，绩效考核成绩越好。

2. 成对比较考核法

成对比较考核法亦称配对比较法、两两比较法，此方法要将全体被考核员工逐一配对比较，按照两两比较中被评为较优的总次数确定等级名次。其基本程序是：首先，根据某种考核要素，如工作质量，将所有被考核人员两两比较，按照被评为较优的总次数进行排序；然后再根据下一个考核要素进行两两比较，得出本考核要素被考核人员的排列次序。以此类推，经过汇总整理，最后求出被考核者所有考核要素的平均排序数值，得到最终的考核结果。

成对比较考核法有一定的合理性。应用此方法时，能够发现每个员工在哪些方面比较出色，在哪些方面存在明显的不足。在涉及的人员范围不大、数目不多的情况下可采用本方法进行绩效考核。但如果员工的数目过多，设总人数为 n，仅对某一个要素进行两两配对，其配对的次数就将达到 $n(n-1)/2$ 次，这样不但费时费力，其考核质量也将受到制约和影响，这种情况下就不适合采用此方法进行绩效考核。

表 7.2 中，横向看，拿 A 与其他人相比，通过比较得出相应的考核数据，然后依据考核数据进行排序。例如，A 与 D 相比，A 强于 D，就在相应栏中记"+"；而 A 与 E

表 7.2　成对比较考核法示例

	A	B	C	D	E	+的个数
A		–	–	+	–	1
B	+		+	+	+	4
C	+	–		+	+	3
D	–	–	–		–	0
E	+	–	–	+		2

相比，A 不如 E，就在相应栏中记"–"；其余的如法炮制。这样经过成对比较后，分别计算"+"的个数，A 是 1 个，B 是 4 个，C 是 3 个，D 是 0 个，E 是 2 个，这 5 个员工的优劣顺序就排出来了。从第一到第五分别为 B、C、E、A、D。

思考与讨论

以四五人为一个小组，运用配对比较法对上一章练习题（单项选择题和判断题）的成绩进行小组内部排序。

3. 强制分布考核法

强制分布考核法也称强迫分配法、硬性分布法等，这种绩效考核方法假设员工的工作行为和工作绩效整体呈正态分布，那么按照正态分布的规律，员工的工作行为和工作绩效好、中、差的分布存在一定的比例关系，处于中间状态的员工应该最多，而处于两端的员工相对较少。强制分布考核法就是按照一定的百分比，将被考核的员工强制分配到各个类别中。从实务操作来看，类别一般分为五类，从最优到最差的具体百分比可根据需要确定，可以是 10%、20%、40%、20%、10%（见图 7.2），也可以是 5%、20%、50%、20%、5%等。

强制分布考核法适合在人数较多情况下评估总体业绩状况，简易方便，可以避免考核者过分宽松、严格或高度趋中等偏差的发生。不过此考核法缺少具体分析，在总体偏优或偏劣的情况下，难以实事求是地作出绩效评价。

二、绝对评价法

绝对评价法是确定一个客观评价标准，将评价对象与这一客观评价标准相比，以判断其达到程度的评价方法。绝对评价法一般包括目标管理法、行为锚定等级评价法和关键业绩指标法。

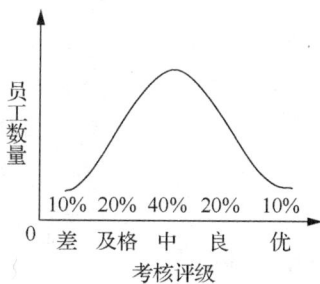

图 7.2　强制分布考核法示意

1. 目标管理法

目标管理法并不是指领导者制定一个目标，然后要求下级去完成的评价考核方法。目标管理法的特点在于，它是一个管理者与员工之间双向互动的过程。在进行考核目标制定时，管理者和员工应依据自己的经验和手中的材料，各自确定一个考核目标，然后双方进行沟通，找出两者之间的差距以及差距产生的原因，提出解决方法，然后重新确定考核目标，再进行沟通和讨论，直至取得一致意见。一旦这个考核目标被双方认可并确定下来，就必须严格地执行，并按照这个考核目标的要求进行绩效考核。如果出现考核因素的变动，管理者与员工应进行沟通，以便根据实际情况对考核目标进行相应的调整。

2．行为锚定等级评价法

行为锚定等级评价法也称行为定位法、行为决定性等级量表法或行为定位等级。该法是由美国学者史密斯（Smith）和肯德尔（Kendall）于 20 世纪 60 年代提出的。行为锚定等级评价法是一种将同一职务工作可能发生的各种典型行为进行评分度量，建立一个锚定评分表，以此为依据，对员工工作中的实际行为进行测评分级的考核方法。

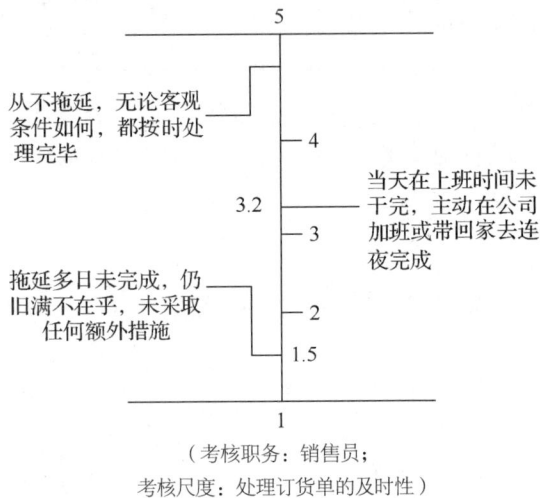

行为锚定等级评价法实质上是把下面介绍的关键事件考核法与等级评定结合起来，兼具两者之长。行为锚定等级评价法是对关键事件考核法的进一步拓展和应用。它将关键事件和等级评价有效地结合在一起，通过行为锚定等级评价法可以发现，在同一个绩效维度中存在一系列的行为，每种行为分别表示这一维度中的一种特定绩效水平，将绩效水平按等级量化，可以使考核的结果更有效、更公平。图 7.3 所示为销售员处理订货单的行为锚定等级评价法。

从不拖延，无论客观条件如何，都按时处理完毕

当天在上班时间未干完，主动在公司加班或带回家去连夜完成

拖延多日未完成，仍旧满不在乎，未采取任何额外措施

（考核职务：销售员；考核尺度：处理订货单的及时性）

图 7.3　销售员处理订货单的行为锚定等级评价法

3．关键业绩指标法

关键业绩指标法是指运用关键业绩指标进行绩效考核，是现代企业中受到普遍重视的一种绩效考核方法，这一考核方法的关键是制定合理的关键业绩指标。一般来说，关键业绩指标的制定，要研究组织内部各种工作流程的输入和输出情况，从中找出关键参数，通过对这些参数的衡量，制定出评价绩效的关键业绩指标。

关键业绩指标法之所以可行，是因为它符合一个重要的管理原理，即"二八原理"。在一个组织的价值创造中，存在着"20/80"规律，即 20%的骨干员工创造组织 80%的价值。而在每一个员工身上，"二八原理"同样有效，即80%的工作任务是由20%的关键行为完成的。因此，应当抓住这 20%的关键行为，对之进行分析和衡量，这样也就抓住了业绩考核的重心。如果试图对员工的每一项具体行为都加以考核，不仅操作起来很困难，而且由于主次不分，也难以取得好的效果。这一绩效考核方法适用于组织机构复杂、管理体系比较完善的大型企业。表 7.3 所示为关键业绩指标法考核举例。

表 7.3　某公司区域销售经理目标管理考核中的关键业绩指标

关键业绩指标无效目标	关键业绩指标有效目标
按时完成西北区的货款回收工作	销售部必须在本年 10 月31 日之前，全面完成对西北区的货款回收工作（货款回收率达到 100%）
缩短货款回收周期	本年货款回收周期从去年的平均100 天缩短到 80 天
交货准时率比上季高	本年第四季度交货准时率比第三季度提高3%

案例阅读与分析

两只熊的绩效考核

黑熊和棕熊都喜欢蜂蜜，它们各有一个蜂箱，养了同样多的蜜蜂，所以打算比一比谁的蜜蜂产的蜜多。在黑熊眼里，产蜜量来自蜜蜂对花的访问量，于是它花重金引进了一套考核蜜蜂访问量的绩效管理系统。它认为这样就可以准确测量出蜜蜂的工作量。每个季度，黑熊会公布每只蜜蜂的工作量，并奖励访问量最高的蜜蜂。至于它与棕熊比赛的事，它不希望蜜蜂知道，而只希望蜜蜂关注自身对花的访问量。

而棕熊则不然，它只考核蜜蜂每天采回来多少花蜜，它认为蜂蜜的产量与花蜜的采集量是直接相关的，同时也尽量让每只蜜蜂都知道它与黑熊比赛的事。显然，对花蜜采集量的考核要比对蜜蜂访问花朵的次数的考核要容易得多，所以棕熊购买的绩效管理系统也比黑熊购买的考核蜜蜂对花的访问量的绩效管理系统要便宜许多。同时，棕熊还设立了一套激励制度，不但重奖当月采蜜最多的蜜蜂，而且一旦整体蜂蜜产量超过上月，所有蜜蜂都会得到不同程度的奖励。一年后，黑熊收获的蜂蜜数量还不及棕熊的一半。

问题： 黑熊收获的蜂蜜数量为何不及棕熊？

三、描述法

所谓描述法是指人力资源管理人员可以通过对本组织在未来某一时期有关因素的变化进行描述或假设来对员工绩效进行考核的一种方法。描述法主要包括360度考核法和关键事件考核法。

1. 360度考核法

360度考核法又称360度考核反馈或全方位考核法，是指由员工自己、上司、下属、同事甚至顾客等从全方位、各个角度来考核员工绩效的方法。考核内容包括沟通技巧、人际关系、领导能力、行政能力等。通过这种全方位的绩效考核，被考核者可以从自己、上司、下属、同事甚至顾客处获得多种角度的反馈，并且通过这些不同方面的反馈，了解到自己的不足、长处与发展方向，参见图7.4。

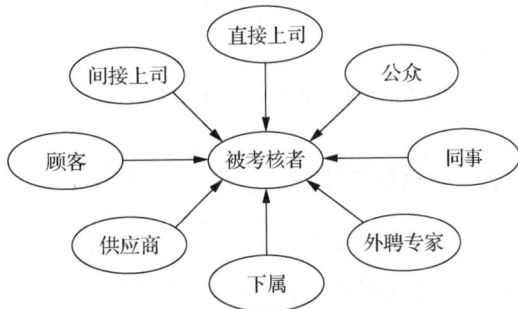

图7.4　360度考核法示意

360度考核法的优点在于：①打破了由上级考核下属的传统考核制度，可以避免在传统考核中考核者容易发生的"晕轮效应""居中误差""偏紧或偏松""个人偏见""考核盲点"等现象。②一个员工想要讨好多个人是困难的，360度考核法使管理层获得的某员工绩效信息更加准确。③360度考核法可以反映出不同反馈者对同一被考核者不同的看法。④可以遏制被考核者急功近利的行为（如仅仅致力于完成与薪金密切相关的业绩指标）。⑤通过360度考核法获得的较为全面的反馈信息有助于被考核者多方面能力的提升。

360度考核法的不足之处在于：①考核成本高。当一个人要对多个员工进行考核时，耗费时间多，多人共同考核导致的成本上升可能会超过考核所带来的价值增加。②有时会被某些员工用来泄私愤。某些员工不正视上级及同事的批评与建议，将工作上的问题上升为个人情绪问题，利用考核机会"公报私仇"。③考核培训工作难度较大。360度考核法要求组织对所有的员工进行考核制度的培训，让所有的员工了解考核的过程和细节。

2. 关键事件考核法

关键事件考核法又称关键事件技术考核法，是指为了保证工作上的成功，组织考核部门确定关键的工作任务（关键事件），对员工是否完成这些关键的工作任务（关键事件）进行考核的一种方法。关键事件是指使工作成功或失败的主要行为特征或事件（如赢利与亏损、高效与低产等）。关键事件考核法要求分析人员、管理人员、本岗位人员将工作过程中的关键事件详细地加以记录，并在收集大量信息后，对岗位的特征和要求进行分析研究，确定员工需要完成的关键工作任务，并将其作为考核的指标。

关键事件考核法的主要优点是研究的焦点集中在职务行为上，因为行为是可观察的、可测量的。其作用是：①它能提供员工绩效评估结果的确切依据；②它还能确保在对员工的绩效进行考核时，所依据的是其在整个年度中的表现（因为这些关键事件通常是在一年中累积下来的），而不是员工在最近一段时间的表现；③保存动态的关键事件记录，还可以获得一份关于员工是通过何种途径改进绩效的具体实例。

但这个方法也有三个主要的缺点：一是费时，考核者需要花大量的时间去搜集那些关键事件，并加以概括和分类。二是关键事件是指对工作绩效有显著影响的事件，过于强调关键事件可能导致组织整体和员工个人忽视非关键事件，进而影响整体绩效水平。而对工作来说，最重要的一点就是要描述"平均"的职务绩效水平。利用关键事件考核法往往难以覆盖中等绩效的员工，因而组织进行全面的工作分析是非常困难的。三是不能单独作为绩效考核工具，必须和其他考核方法搭配使用，这样才能达到预期的效果。

视野拓展
一段超漫长的绩效
评价历程

四、平衡计分卡

平衡计分卡是一种更为综合的绩效考核方法，它是从财务、客户、内部运营、学习与成长等四个角度，将组织的战略落实为可操作的衡量指标和目标值的一种绩效管理体系（见图7.5）。

传统的偏重财务指标的业绩管理方法适合衡量过去发生的事情（落后的结果因素），很难评估组织前瞻性的投资（领先的驱动因素）。在工业化时代，这种方法总体上是比较有效的。

在信息化时代，组织需通过在客户、供应商、员工、组织流程、技术和革新等方面的投资，获得持续发展的动力。正是基于这样的认

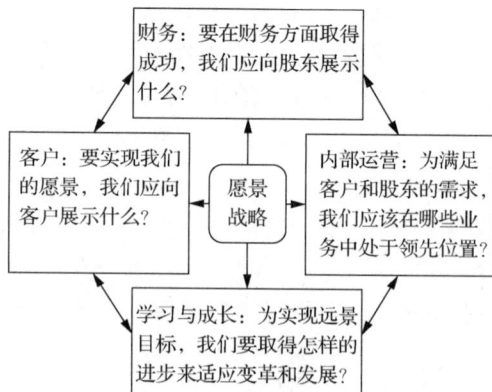

图 7.5 平衡计分卡

识，平衡计分卡一改偏重财务指标的业绩管理方法，从四个角度审视组织的业绩：财务、客户、内部运营、学习与成长。

平衡计分卡反映了财务和非财务衡量方法之间的平衡、长期目标和短期目标之间的平衡、外部和内部之间的平衡、结果和过程之间的平衡、管理业绩和经营业绩之间的平衡，能反映组织综合经营状况，使业绩评价趋于平衡和完善，有利于组织长期发展。

平衡计分卡原理及流程分析如下。

（1）以组织的共同愿景与战略为内核，运用综合与平衡的哲学思想，依据组织结构，将公司的愿景与战略转化为下属各责任部门（如各事业部）在财务、客户、内部运营、学习与成长等四个方面的一系列具体目标（即成功的因素），并设置相应的四张计分卡。

（2）依据各责任部门四个具体目标设置一一对应的绩效评价指标体系，这些指标不仅要与公司战略目标高度相关，而且要采用先行与滞后两种形式，兼顾和平衡组织长期和短期目标、内部与外部利益，综合反映战略管理绩效的财务与非财务信息。

（3）由各主管部门与责任部门共同商定各项指标的具体评分规则。一般是将各项指标的预算值与实际值进行比较，对应不同范围的差异率，设定不同的评分值。以综合评分的形式，定期（通常是一个季度）考核各责任部门在四个具体目标上的执行情况，及时反馈、适时调整战略偏差，或修正原定目标和评价指标，确保公司战略得以顺利与正确地实行。

📖 案例阅读与分析

某年，一家有 2 000 名员工、年产值数亿元的公司开始把平衡计分卡作为绩效考核方法进行推广，张小姐作为人力资源部的绩效经理直接负责平衡计分卡的推广事宜。然而，近一年的时间过去了，平衡计分卡的推行很不顺利，反而在公司内部引起不少抱怨和怀疑，甚至有人说："原来的考核办法就像是一根绳子，现在想用四根绳子，还不就是为了把我们拴得再紧点，为少发奖金找借口？""其实，有些推行平衡计分卡的公司遇到的情况和我们差不多，是不是因为平衡计分卡真的不适合我们公司？"张小姐有些无奈地说。

评析：平衡计分卡指标复杂，实施难度比较大，确实不太适用于中小企业。平衡计分卡是一种战略工具，考核的对象主要是责任部门而非员工个人，如果把平衡计分卡主要用在员工绩效考核上，希望这种考核方式能解决考核和奖金分配问题，则属于本末倒置的做法。

📖 视野拓展

BSC、KRA、KPA 和 KPI 的关系

BSC（Balanced Score Card）即平衡计分卡，适用于对部门的团队考核。平衡计分卡的核心思想就是通过四个具体目标之间的相互驱动的因果关系展现组织的战略轨迹，有利于实现绩效考核—绩效改进以及战略实施—战略修正的战略目标。它把绩效考核的地位上升到组织的战略层面，使之成为组织战略的实施工具。

KRA（Key Result Areas）意为关键结果领域，它是为实现企业整体目标、不可或缺的、必须取得满意结果的领域，是企业成功的关键要素聚集地。

KPA（Key Process Area）意为关键过程领域，它指出了企业需要集中力量改进和解决问题的过程。从人力资源管理角度，可将其译为关键绩效行动或关键行为指标。当一项任务暂时没

有找到可衡量的关键绩效指标或一时难以量化的时候，可以对完成任务的几个关键动作提出要求，形成多个可量化的指标。关键过程领域是做好周计划和日计划的常用工具，通过对关键过程领域的检查、考量、统计可以将一个任务的关键绩效指标梳理出来。

KPI（Key Performance Indicators）意为关键绩效指标，是通过对组织内部流程的输入端、输出端的关键参数进行设置、取样、计算、分析，来衡量绩效的一种目标式量化管理指标，是对企业运作过程中关键成功要素的提炼和归纳。每个关键结果领域都涵盖了多个关键绩效指标。关键结果领域和关键绩效指标是把企业的战略目标分解为可操作的工作目标的工具，是企业绩效管理的基础，建立明确的切实可行的关键绩效指标体系是做好绩效管理的关键。

把上述四个名词系统地联系起来看，就会发现关键绩效指标是指标量化考核阶段，关键过程领域是指标量化执行阶段，关键结果领域是指标必要达成的结构性目标管理阶段，平衡计分卡是指标的战略管理阶段。

第四节　绩效考核的实施

绩效考核的实施过程可以说是绩效考核的重中之重，这个工作做得好，考核结果就能做到公平、公正，在绩效管理中，就可以鼓励业绩优秀的部门和员工进一步努力，更上一层楼，同时能够鞭策业绩低下的部门和员工，起到应有的激励作用。如果这个环节做得不好，考核者不能对被考核者作出公正、客观的评价，那么就可能挫伤优秀员工的积极性。

一、绩效考核的原则

各级组织和部门在实施绩效考核时，必须遵循一些基本原则，这些原则不仅是建立绩效考核制度的理论依据，同时还是绩效考核行之有效的保证。

（1）公开与开放的原则。开放式的绩效考核首先是评价过程的公开，上下级之间可以通过直接对话、面对面沟通等方式来进行绩效考核。其次，绩效考核标准必须是公开的，绩效考核标准的内涵和说明要取得上下级的一致认同。

（2）反馈完善原则。组织应及时将绩效考核的结果反馈给被考核的员工，这样既能发现绩效考核工作和其他人事活动以及经营管理活动中的不足之处，也能总结组织各方面工作成功的经验，坚持发扬优点，弥补工作中存在的不足，从而完善组织的各项管理。在现代企业管理中，绩效考核如果缺少了反馈系统，往往就会因流于形式而失去意义。

（3）定期化和制度化原则。组织的绩效考核是一种连续性的管理活动，因此必须定期化、制度化。绩效考核是对员工岗位工作的能力、业绩、态度等作出评价，是组织对员工过去和现在的工作表现进行评价。组织只有开展系统的、制度化的绩效考核，才能全面了解员工的潜能，发现组织在管理中存在的问题，从而有利于组织更有效地运行。

（4）目的性原则。绩效考核必须和组织其他相关的人事管理活动联系起来，并为其他的人事管理活动提供依据，如晋升、招聘、培训及薪金的调整等方面的工作。

（5）可靠性与正确性原则。可靠性又称信度。考核的可靠性是指考核的方法要能够保证收集到的有关人员能力、工作绩效、工作态度等的信息是稳定的、一致的，它强调不同评价者对同一个人或同一组人的评价结果是大体一致的。如果考核因素和考核尺度是明确的，那么考核者就能在同样的基础上进行评价，这将有助于提高考核的可靠性。正确性又称为效度。考核的正确性是指考核方法是否能准确测量被考核者的能力与绩效，它强调考核要素能正确地反映特定的工作内容。一个有效的考核体系必须具有较高的可靠性和正确性。

（6）可行性与实用性原则。可行性是指一种考核方案所需的时间、人力、物力、财力要为使用者所处的客观环境条件所允许。实用性是指考核的方法要适应不同考核目的的要求。考核方案的设计要能够适应不同行业、不同部门、不同岗位的人员考核的要求和特点。

二、绩效考核的主体

绩效考核主体的选择会直接影响考核结果的可靠性和正确性，合格的考核主体应当具备的理想条件是：熟悉被考核者的工作表现；了解被考核者的工作内容和工作性质；能将观察结果转化为有用的考核评价信息，公正客观地提供考核结果。一般而言，员工在组织中的关系是上有上级，下有下属，周围有自己的同事，组织外部还可能有客户，因此，可能对员工工作绩效进行考核的主体有以下几种类型。

1．员工的直接上级

员工的直接上级熟悉员工的工作而且有机会观察员工的工作表现，他们握有奖惩权力和手段，能较好地将员工的工作情况与组织的目标联系起来。因此，授权他们考核员工的绩效是大多数考核评价体系中最常见的方法。但是，如果单纯依赖员工直接上级的考核评价结果，那么员工直接上级的个人偏见、上下级之间的冲突和友情关系等可能损害考核结果的客观公正性。为了克服这一缺陷，许多实行直接上级考核员工绩效的组织都要求直接上级的上级检查和补充考核者的考核结果，而在有些组织和部门，则将与被考核者有关的几位主管的综合评价结果作为最终考核结果，来提高绩效考核的质量。

2．员工的同事

员工的同事熟悉被考核者的职务，对被考核者的情况也比较了解。特别是在员工的工作经常变动的情况下，或者员工的工作场所与主管的工作场所处于分离的状态时，主管通常很难直接观察到员工的工作情况，这时可以同事为主体对员工进行绩效考核。如采用这种方式，就要求同事之间必须关系融洽、相互信任、团结一致，相互间有一定的交往与协作，而不是各自独立作业。

这种绩效考核方法多用于专业性组织，如大学、医院、科研单位等，另外企业中一些专业性较强的部门也可以使用该方法。

这种考核方法潜在的问题是同事间可能会相互吹捧，因为所有的同事坐在一起互相考核，碍于面子或出于对各自利益的考虑，容易出现绩效考核高估的情形。

3．员工的下属

下属可以直接了解上级的实际工作情况、信息交流能力、领导风格、化解个人矛盾的能力与计划组织能力，因此下属的评价有助于管理者的个人发展，有利于管理者诊断自己的管理风格。但是，需要注意的是，如果下属认为自己的主管有可能了解每个人的具体评价结果，那么他们就可能对自己的主管给予过高的评价。在使用下级评价上级的绩效考核方法时，上下级之间的相互信任和开诚布公是非常重要的。

4. 员工自己

员工的自我评价就是通常所说的自我鉴定。员工作为最了解自己所作所为的人，自我评定能使其全面陈述对自身绩效的看法。这一考核方法能够减少员工在评价过程中的抵触情绪，将员工自我评价与员工个人工作目标结合在一起很有意义。但是，自我评价的不足之处是，由于人们往往倾向于自我宽容，常会导致评价结果与他人的评价结果不一致。因此，员工的自我评价比较适用于个人发展方面，但不适用于人事决策。

不难发现，有效的工作规范和员工与主管之间良好的沟通是员工自我评价发挥积极作用的前提。此外，经验表明，员工和主管双方关于工作绩效衡量标准的看法的一致性越高，双方评价结果的一致性也就越高。

5. 客户

在某些情况下，客户可以为个人与组织提供重要的工作情况方面的反馈信息。虽然客户评价的目的与组织的目标可能不完全一致，但是客户的评价结果有助于为组织的人员晋升、工作调动和培训等人事决策提供依据。

6. 外界的专家或顾问

外界的专家或顾问有绩效考核方面的技术与经验，理论修养也较深，而且他们在组织中无个人瓜葛，容易做到公平。他们被请来进行绩效考核，往往会得到本应担任考核者的管理者的欢迎，因为管理者可以省去本需花费的考核时间，还可免去不少人际矛盾。被考核的下级往往也欢迎这些专家，因为这些专家不涉及个人恩怨，比较客观公正。组织也欢迎这些专家，因为他们对组织各部门的考核标准是一致的，考核结果具有可比性，而且较为合理。但是聘请外界的专家或顾问进行绩效考核的成本较高，而且他们对需要考核的一些专业内容可能不太熟悉。

三、绩效考核的流程

科学的绩效考核是一套完整的程序。绩效考核的流程包括以下六个部分。

（一）制订计划

制订计划是绩效考核流程中的第一个环节，通常发生在新的绩效考核期间的开始。制订计划首先要明确考核的目的和对象，然后再根据考核目的、考核对象确定重点的考核内容、考核时间和方法。

考核目的不同，则考核对象也不同。例如，为晋升职称而进行的考核，考核对象通常是专业技术人员；为选拔后备干部而进行的考核，也是在特定范围内进行的；而评选先进员工、决定提薪奖励的考核往往在全体员工中进行。

考核目的和考核对象不同，重点考核的内容也不同。例如，考核目的为发放奖金时，应以考核绩效为主，这是因为发放奖金的管理意图就是奖励员工改进绩效，着眼点是当前的工作行为；而考核目的为提升职务时，既要考核成绩，更要考核员工的品德及能力，着眼点是员工的发展潜力。

考核目的、考核对象和考核内容不同，考核的期间也不一样。例如，员工的思想觉悟及工作能力是不会迅速改变的，因此考核的间隔期可长一些，一般是一年一次；员工的工作态度及绩效则变化较快，考核的间隔期应短些，以便随时调整管理措施。不过考核的间隔期也要视考核对象而异：生产、销售人员的"勤""绩"可每月考核；而专业技术人员、管理人员的工作在短期内不易见效，考核过于频繁，不但无实际意义，反而容易助长短期行为，因此，一年或半年考核一次较为适当。

考核的方法与考核的需求内容是相互关联的。例如，为评选先进员工，考核往往通过相互比较，择优推举；而决定是否要进行培训则要以职务或岗位标准为尺度，通过考核，找出被考核者的不足，进行有针对性的培训。

（二）技术准备

绩效考核是一项技术性很强的工作。其技术准备包括考核标准的准备，选择和设计考核方法，培训考核人员等内容。

1. 考核标准的准备

绩效考核必须有标准，以作为分析评价员工工作业绩的尺度。考核标准一般分为绝对标准和相对标准。

绝对标准，如顾客满意率要达到85%以上，员工的文化程度至少要达到大学本科，等等。这些标准是客观的，是不以被考核者的主观意愿为转移的，因此，可对每个员工单独进行评定，确定合格与否。

相对标准，如在评选先进员工时，规定15%的员工可评为各级先进员工。此时每个员工既是被比较的对象，又是比较的尺度，因而标准在不同的被考核群体中往往有差别，而且无法对每一个员工单独作出"行"或"不行"的评判。

这里所说的考核标准的准备，主要是指绝对标准的准备。这些标准包括绩效标准、行为标准及任职资格标准，有的企业把它们称为职务规范（岗位规范）。

2. 选择和设计考核方法

根据考核目的确定需要哪些信息、从何处获取这些信息及采用何种方法收集这些信息。这就是选择、设计考核方法要解决的问题。常见的考核信息的来源有考勤记录、工作日记、评报表、备忘录、现场视察记录、立功记录、事故报告等。

3. 培训考核人员

为了保证考核质量，应对考核人员进行培训，使他们掌握考核原则，熟悉考核标准，掌握考核方法，克服常见偏差。

（三）收集资料和信息

绩效考核结果常常决定一个员工在组织中的地位和前途，所以作为考核基础的信息必须真实、可靠、有效。收集员工考核信息的主要方法有以下几种。

（1）生产记录法。生产、加工、销售、运输、服务的数量、质量、成本等均按规定填写原始台账。

（2）定期抽查法。由专职人员定期抽查生产、加工、服务的数量、质量，并做好详细记录。

（3）考勤记录法。对出勤、缺勤及原因，以及是否请假，均一一记录在案。

（4）项目评定法。可采用问卷调查的形式，指定专人对员工进行逐项评定。

（5）减分抽查法。根据职务要求、岗位规范规定应遵守的项目，制定出违反规定的扣分办法，逐日或定期进行登记。

（6）指导记录法。不仅要记录下属的行动，而且要将主管的意见及下属的反馈也记录下来，既可考察下属，又可考察主管的领导工作。

（四）分析评价

分析评价阶段的任务是对员工个人的"德""能""勤""绩"等作出综合性的评价。分析评价是一个由定性到定量再到定性的评价过程。其评价过程如下所述。

（1）员工的每一个评价项目，如工作数量、工作质量、出勤率、协作精神、创新意识等的评定等级一般可分为 3～5 级。

（2）对员工的评价项目进行量化。为了将不同性质的项目综合起来评价，必须分别予以量化，用数值来表示不同的评价等级。

（3）对同一项目不同考评结果的综合。有时由若干考核者对某一员工同一考核项目同时进行考评，但得出的结果不一定相同，为综合这些考评意见，可采用算术平均法或加权平均法综合计算出最终的考评结果。

（4）对不同项目的考评结果加以综合。例如，要从总体上评价一个员工的能力时，就要将其知识、推理判断能力、社会交际能力、语言表达能力等综合起来进行考评；在决定一个员工是否可以提薪时，要将其工作成绩、工作态度及工作能力综合起来进行考评。因此，必须为各个考评项目分配权值。确定各考评项目权值的主要依据是考评的目的、被考核者的层级及具体职务。考评的目的不同，同一项目在整个评价体系中的地位就不同，赋予的权值也不一样。例如，性格对职务安排与提升有较重要的意义，一个性格内向、不善交际的人一般难以胜任销售部门的领导职务。但性格对提级提薪和奖励不应有什么影响，一个不适合当销售部经理的人未必不能当研究部主任，其贡献未必小于性格开朗、善于交际者。而纪律性和坚持性是对安全保卫人员的基本要求，创造性对于产品开发人员的能力评价而言则是首要因素。

具体职务不同，同一考评要素的权值也不同。如营业部门容易取得成绩，人事部门的成绩则不容易看出来。这样，具体的利润和指标等业绩的考评，针对营业部门员工的权值就要比人事部门大。

（五）绩效考核反馈

绩效考核反馈的目的就是要让员工了解自己的工作情况，肯定员工所取得的成绩，确认存在的问题，并在查清导致这些问题的原因的基础上，制订出解决这些问题的行动计划。绩效考核反馈即将绩效考核的意见反馈给被考核者。绩效考核反馈一般有两种形式：一是绩效考核意见认可，二是绩效考核面谈。所谓绩效考核意见认可，即考核者将书面的评估意见反馈给被考核者，由被考核者予以认可，并签名或盖章。如果被考核者不同意考核意见，可以提出异议，并要求上级主管或人力资源部门予以裁定。绩效考核面谈，则是通过考核者和被考核者之间的谈话，将考核意见反馈给被考核者，征求被考核者的看法。同时，在绩效考核面谈中，考核者要就被考核者的要求、建议与新一轮工作计划的制订等问题与被考核者进行深入的沟通。绩效考核面谈记录和绩效考核意见也需要被考核者签字认可。

（六）制订绩效改进计划

通过对员工绩效考核结果的分析，根据员工有待发展提高的方面所制订的、在一定时期内完成的系统计划就是绩效改进计划，这一计划的内容包含工作绩效和工作能力的改进和提高。制订绩效改进计划主要是根据绩效考核反馈达成的共识，制订员工的绩效改进目标、个人发展目标和相应的行动计划，为制订下一阶段的绩效目标提供依据，为进入下一轮的绩效考核做好准备。绩效改进计划通常是管理人员和员工进行充分沟通之后，由员工自己制订的，其内容通常包括绩效改进项目、改进原因、目前的水平和期望水平、改进方式、达标期限等。

四、绩效考核流程中存在的问题及防范措施

绩效考核是组织人力资源管理活动中的一项系统性工作，因此在具体实施过程中会受到各方面因素的影响，从而使绩效考核面临诸多问题，这些问题不可避免地会对绩效考核的准确性与合理性产生影响。所以，对这些问题及其防范措施进行研究有利于组织绩效考核工作的顺利开展。下面举几个较为常见的绩效考核中存在的问题及其防范措施。

1. 信息不对称带来的误差及其防范措施

在一个中型企业中，通常有数千名员工，企业领导或者人力资源部门不可能详细了解每一位员工的工作内容和绩效标准。对每一个部门而言，部门经理也不能全面了解每一位员工在日常工作中的具体表现。这样，就造成了绩效考核中的信息不对称。

一方面，考核者并不一定十分了解员工工作的特点、绩效的体现、工作的难度等内容。这样，在考核过程中，考核者就可能对被考核者给出不合格的分数。另一方面，被考核者有时也可能不全面了解组织对自己的期望和要求，而在工作中搞错了努力的方向。

组织管理的基础性工作——工作分析，可以帮助解决这些问题，但是更重要的是在考核的全过程中，组织管理层和员工一定要密切配合，在合作中解决这些信息不对称问题。

2. 考核方法选择不当及其防范措施

如前所述，绩效考核的方法有很多种，每种考核方法都有一定的适用范围与优缺点。因

此，组织在考核工作中如果对考核方法选择不当，也会使考核结果产生偏差。此外，由于缺少经验、专业性不够强等原因，组织自行设计的各种考核表格有时会出现考核项目含糊不清、互相覆盖、缺乏具体尺度等问题。这些问题同样会使考核结果失真。

为了避免上述问题对考核结果的负面影响，组织在进行绩效考核时，要根据考核目的、考核内容等合理地选择考核方法，对自行设计的各种考核表格要从多个角度进行检查与论证，必要时可以借助专业人员的力量。

3. 组织文化带来的误差及其防范措施

组织文化是影响管理者和员工行为的大环境，因此对绩效考核也有很大的影响。在一个互不得罪的组织文化环境中，大家考核时必然从"宽"要求，人人均得高分，结果是皆大欢喜。反之，在一个利用绩效考核排除异己、突出自己的组织文化环境中，大家考核时必然从"严"要求，尽量压低对手得分，结果是人人自危。

因此，为使绩效考核真正发挥其应有的作用，必须纠正组织文化存在的问题，同时在良好的气氛中客观地考核大家的绩效。

4. 晕轮效应及其防范措施

晕轮效应也称为"哈罗效应"。组织在考核员工的业绩时，可能会过于看重某些特别的或突出的特征，而忽略了被考核者在其他方面的表现和品质，因此有时会出现只注重个别事实或特征而直接影响最终考评结果的现象，这就是所谓的晕轮效应。例如，管理人员注意到某位员工每天总是早早地赶到办公室，并且总是忙忙碌碌的，因此对这位员工很有好感，当管理人员对这位员工进行绩效评估时，给出的评估结果往往会优于其他人。然而，事实上，这位员工在一年中的综合表现如工作效率或工作成果只能算中等。

克服晕轮效应的办法是：让考核者认识晕轮效应对考核的影响；充分理解各考核要素间的相互关系；对各考核要素分别考核，不要同时进行考核；针对每一考核要素，应考核完所有的被考核者以后再转向下一项考核要素。

5. 居中误差及其防范措施

居中误差也称为居中趋势，是指考核者对一组考核对象的评价相差不多，或者考核结果都集中在考核尺度的中心附近，致使被考核者的成绩难以拉开距离。这种误差产生的原因有：考核者信奉"枣核理论"，即认为组织中大部分员工的表现都一般，表现好的员工和表现差的员工都属于极少数；考核者对被考核者不太了解，所以作出一般评价；考核要素不完整或考核方法不合理。

居中误差可以通过以下方法加以避免：加强对考核者的培训，使考核者树立正确的观念；明确各考核要素的等级定义；如考核者与被考核者接触时间太短，对被考核者不十分了解，可以考虑延期考核。

6. 近因效应及其防范措施

近因效应也称为近期效应误差。一般来说，人们对最近发生的事情的印象会比较深刻，而对远期发生的事情的印象会较为淡薄。因此，在组织具体的考核工作开始之前的较短时期内，员工的表现往往会对考核结果有较大影响。尤其对那些在考核前一到两周表现较为出色的员工，评价往往较高，而对那些过去一直表现较好但在近期内犯了较为严重错误的员工，评价往往较低。

避免受近因效应影响的较为有效的方法是：加强对被考核者平时工作中关键事件的观察和记录，必要时可建立员工的个人档案。这种方法虽然较为费事，但能保证被考核者在考核周期内较为重要的表现能够在考核中被关注，从而增强了组织绩效考核的公正性。

7. 偏见效应及其防范措施

偏见误差的产生是由于考核者对被考核者存有某种偏见或个人差异（如年龄、种族、性别），从而影响对被考核者工作绩效的考评。例如，有研究表明，在工作绩效考核中存在这样一种稳定趋势，即老年员工（60岁左右）在"工作完成能力"和"工作潜力"等方面所得到的评价一般都低于年轻员工。此外，种族和性别导致的偏见也会对考核结果产生影响，如另一项研究显示，高绩效的男性员工所得到的评价显著高于高绩效的女性员工所得到的评价。对员工过去的绩效评价印象也有可能会影响当前的绩效评价，比如，考核人员可能会低估一位过去低绩效员工的绩效改善程度，也可能将一位过去高绩效员工的业绩下滑看得过于严重。

在实际工作绩效考核过程中，首先应认识到偏见效应的存在，认真客观地评价员工近一阶段的绩效，努力避免受员工过去绩效、年龄、性别等因素的影响而对他们的工作绩效作出不公正的评价。

8. 被考核者对考核工作认知的偏差及其防范措施

要想使绩效考核工作取得成功，仅仅依靠执行考核工作的管理者的努力是不够的。重要的是，要尽可能地使被考核者了解并认同组织的考核体系。如果员工对本组织的考核体系缺乏了解或认同，就极易对考核工作产生误解。这种误解通常表现在两个方面：一是员工对考核工作态度淡漠，认为考核是管理人员的事情，与普通员工关系不大，因而以一种旁观者的姿态面对考核；二是员工对考核工作抱有抵触情绪，认为考核就是为了"整人"，从而以一种不合作的态度对待考核。另外，一部分安于现状、不思进取的员工往往不希望在考核中显示出自身与他人的差距，因此也会给组织的考核工作增加一些阻力。

为了减少绩效考核工作中产生的这些偏差，组织平时就要注意对员工进行与考核有关的培训，通过培训使员工认识到考核工作对组织和员工的重要意义。此外，还要尽可能地保证组织考核制度、考核过程的公开与公正，使员工对组织的绩效考核工作产生信任，并认同组织的考核体系。只有通过考核者和被考核者双方的合作和努力，绩效考核的根本目标才能得以实现。

五、绩效考核的反馈

（一）绩效沟通的内容

绩效沟通的内容应围绕员工上一个绩效周期的工作开展，一般包括以下四个方面的内容。

（1）工作业绩。工作业绩的综合完成情况是主管和下属进行绩效沟通时最为重要的内容。在沟通时主管应将考核结果及时反馈给下属，如果下属对绩效考核的结果有异议，主管就需要和下属一起回顾上一

视野拓展
唐僧师徒绩效考核的故事

绩效周期的绩效计划和绩效标准，并详细地向下属介绍绩效考核的理由。通过对绩效结果的反馈，总结绩效考核中目标达成的经验，找出绩效考核中目标未能有效达成的原因，为以后更好地完成工作打下基础。

（2）行为表现。除了绩效考核结果以外，主管还应关注下属的行为表现，比如工作态度、工作能力等，对工作态度和工作能力的关注可以帮助下属更好地完善自己，并提升下属的技能，也有助于帮助下属进行职业生涯规划。

（3）改进措施。绩效管理的最终目的是改善绩效。在沟通过程中，针对下属未能有效完成的绩效计划，主管应该和下属一起分析绩效不佳的原因，并应设法帮助下属提出具体的绩效改进措施。

（4）新的目标。绩效沟通作为绩效管理流程中的最后一个环节，主管应在这个环节中结合上一绩效周期的绩效计划完成情况，并结合下属新的工作任务，和下属一起提出下一绩效周期中的新的工作目标和工作标准，这实际上是帮助下属一起制订新的绩效计划。

视野拓展

及时进行绩效反馈

绩效考核是以人为中心的工作，考核的目的是改进工作行为，而不是奖惩，所以考核必须遵循人性化原则，给员工以积极的反馈、评价和改进建议。很多企业的绩效管理不太成功，这并不是因为绩效管理本身不好，而是因为这些企业的管理者没有认清绩效管理的本质，用绩效考核结果来衡量一切，缺乏对人的关心。

绩效改进

将绩效考核结果反馈给员工后，如果不对其进行绩效改进和提升方面的指导，这种反馈就失去了意义。绩效改进主要是帮助员工分析绩效不好的原因，帮助员工寻求解决问题的办法，并制订绩效改进的目标、个人发展目标和相应的行动计划。

（二）绩效沟通的方法

绩效沟通的方法可分为正式沟通与非正式沟通两类方法。

1. 正式沟通

正式沟通是指事先计划和安排好的，如定期的书面报告、面谈、有经理参加的定期的小组或团队会议等沟通形式。员工可以通过书面报告的形式向上级报告工作进展、反映发现的问题，书面报告主要有周报、月报、季报、年报。与上级不在同一地点办公的员工或经常在外地工作的员工可以通过电子邮件进行报告。书面报告可以培养员工理性、系统地考虑问题的习惯，提升其逻辑思维和书面表达能力。但应注意简化书面报告的文字，只保留必要的报告内容，避免烦琐。正式沟通又可分为以下两种方式。

（1）一对一正式面谈。正式面谈对及早发现问题，找到和推行解决问题的方法是非常有效的；可以使管理者和员工进行比较深入的探讨，可以讨论不易公开的观点，使员工有一种被尊重的感觉，有利于管理者和员工之间建立融洽的关系。但面谈的重点应放在具体的工作任务和标准上，管理者应鼓励员工多谈自己的想法，以一种开放、坦诚的方式进行谈话和交流。

（2）定期的会议沟通。会议沟通可以满足团队交流的需要，定期参加会议的人员相互之间能掌握工作进展情况。另外，通过会议沟通，员工往往能从上级口中获取有关公司战略或价值导向的信息。但组织应注意明确会议重点及其频率，以避免召开不必要的会议。

2. 非正式沟通

非正式沟通是指未经计划的沟通，其是通过组织内的各种社会关系进行的。其形式如非正式的会议、闲聊、走动式交谈、吃饭时进行的交谈等。

非正式沟通的好处是：形式多样、灵活，不需要刻意准备；沟通及时，问题发生后，马上就可以进行简短的交谈，从而使问题很快得到解决；容易拉近管理者与员工之间的距离。

（三）绩效反馈面谈的要点

绩效反馈面谈可能既是机会也是风险。由于管理者必须传递表扬和建设性批评两方面的信息，面谈时管理者和员工都容易产生情绪。在这种谈话中，管理者主要关注的是如何既强调员工工作中的积极方面，又能就员工如何改进工作中的不足与其进行讨论。如果管理者对这种谈话处理得很糟，员工就可能会产生愤慨，甚至可能会引发冲突，这样就会影响今后的工作。

在绩效反馈面谈中，以下几个方面的要点是应该注意的：①建立管理者与员工相互信任的关系，创造有利的面谈气氛；②管理者要清楚地说明面谈的目的，鼓励员工说话，倾听而不要打岔；③避免在面谈时发生对立和冲突；④集中精力讨论有关绩效的内容而不是与绩效无关的内容；⑤管理者应对未来的绩效改进提出有效的建议和措施，而不是追究既往；⑥管理者对员工的优缺点要并重反馈；⑦以积极的方式结束面谈。

经过这样的面谈，员工在离开时往往会抱着积极的态度，而不是怀着不满的情绪。负责人或管理者为进行有效的绩效反馈面谈所需注意的事项如表7.4所示。

表7.4　负责人或管理者在绩效反馈面谈中应注意的事项

应该做的事情	不应该做的事情
事先做好准备 聚焦于员工的工作表现和今后发展 对评价结果给予具体的说明 确定今后发展所需采取的具体措施 思考自己今后在员工发展过程中所充当的角色 对员工理想的表现给予强化 重点强调未来的工作表现	教训员工 只讲表现好的一面 只讲表现不好的一面 只讲不听 过分严肃或一直强调某些失误 认为双方有必要在所有方面达成一致 将该员工与其他员工进行比较

📖 本章小结

绩效是指组织、团队或个人，在一定的资源、条件和环境下，完成任务的出色程度，是对目标实现程度及达成效率的衡量与反馈。组织通过对员工工作绩效的考核，获得员工工作状况的相关信息，便可据此制定相应的组织人事决策与措施，提高组织的效能。所以绩效考核具有监控和调整的功能。绩效的主要特点有多因性、多维性和动态性。

绩效考核是指组织在既定的战略目标下，运用特定的标准和指标，对员工过去的工作行为及取得的工作业绩进行评估，并运用评估的结果对员工将来的工作行为和工作业绩产生正面引导的过程和方法。它的作用有以下几个：是确定员工薪酬的依据、是人员调配和职务升降的依据、是人员培训的依据、是对员工进行激励的手段。

绩效管理是指组织有效管理员工并确保员工的工作行为和工作产出与组织目标保持一致，进而促进个人与组织共同发展的持续过程。绩效管理与绩效考核的差异有目的不同、工作重点不同、方向不同、经理人员的角色不同、部门职能不同。

绩效考核标准应包括的内容有工作业绩考核标准、工作行为考核标准、工作能力考核标准、工作态度考核标准。绩效考核的内容有"德""能""勤""绩"。

相对基础性的绩效考核的方法可分为四大类：一是相对评价法，包括序列比较考核法、成对比较考核法和强制分布考核法；二是绝对评价法，包括目标管理法、行为锚定等级评价法、关键业绩指标法；三是描述法，包括360度考核法和关键事件考核法；四是平衡计分卡。

平衡计分卡是一种更为综合的绩效考核方法，它从财务、客户、内部运营、学习与成长等四个角度，将组织的战略落实为可操作的衡量指标和目标值的一种绩效管理体系。

绩效考核的流程包括制订计划、技术准备、收集资料和信息、分析评价、绩效考核反馈、制订绩效改进计划。

绩效沟通的内容有工作业绩、行为表现、改进措施、新的目标等。

练习题

一、名词解释

绩效　　绩效考核　　成对比较考核法　　行为锚定等级评价法　　关键业绩指标法

二、单项选择题

1. （　　）指组织的员工通过努力所达到的工作目标或完成的工作任务，包括工作效率、行为，以及这些行为对组织战略目标实现的影响程度。

　　A．绩效　　　　　　B．激励　　　　　　C．技能　　　　　　D．机会

2. （　　）是对组织人员承担工作的结果或履行职务工作结果的考核与评价。它是对组织员工贡献程度的衡量，是所有工作绩效考核中最本质的考核，能直接体现员工在组织中的价值。

　　A．工作行为考核　　　　　　　　　　B．工作业绩考核
　　C．工作能力考核　　　　　　　　　　D．工作态度考核

3. （　　）是由员工自己、上司、下属、同事甚至客户等从全方位、各个角度来考核员工绩效的方法。

　　A．强制分布考核法　　　　　　　　　B．360度考核法
　　C．共同确定法　　　　　　　　　　　D．要素评定法

4. 从财务、客户、内部运营、学习与成长等四个角度，将组织的战略落实为可操作的衡量指标和目标值的一种绩效考核方法是（　　）。

　　A．关键结果考核　　　　　　　　　　B．平衡计分卡考核
　　C．关键过程考核　　　　　　　　　　D．关键绩效指标考核

5.（　　）是指考核者对一组考核对象的评价相差不多，或者考核结果都集中在考核尺度的中心附近，致使被考核者的成绩难以拉开距离。

    A．晕轮效应   B．居中误差   C．偏见误差   D．近因效应

三、多项选择题

1. 绩效的特点有（　　）。

    A．多因性   B．动态性   C．多维性   D．直接性

2. 绩效管理与绩效考核的区别有（　　）。

    A．目的不同   B．工作重点不同   C．方向不同   D．部门职能不同

3. 下列沟通形式中属于正式沟通的有（　　）。

    A．定期书面报告 B．例会   C．开放式办公   D．工作述职

4. 适合做人事决策的评价主体有（　　）。

    A．直接主管   B．同级同事   C．员工本人   D．下级

5. 进行绩效反馈时应注意的问题有（　　）。

    A．消除员工的抵触情绪   B．强调具体行为

    C．指出员工的缺点   D．对事不对人

四、判断题

1. 绩效考核是做晋升规划、继任规划、配备规划、培训规划、职业生涯规划的重要依据。

                                                  （　　）

2. 根据统一的标准对员工进行评价属于相对评价法。   （　　）

3. 成对比较考核法适用于考核对象较多的情况。   （　　）

4. 绩效评价结果的实施需要人力资源部门的全程参与。   （　　）

5. 自我评价适合于人事决策。   （　　）

6. 非正式沟通容易对绩效管理对象造成心理压力。   （　　）

五、简答题

1. 绩效考核的含义是什么？

2. 绩效考核的方法有哪些？

3. 绩效考核和绩效管理的差异有哪些？

4. 绩效考核的作用有哪些？

5. 绩效考核的主体有哪些？

6. 论述绩效考核的流程。

7. 绩效考核流程中存在的问题有哪些？

8. 怎样防范绩效考核流程中存在的问题？

9. 举例说明怎样运用成对比较考核法进行绩效考核。

10. 举例说明怎样运用行为锚定等级评价法进行绩效考核。

六、案例分析题

小王在一家私营公司做基层主管已经有3年了。这家公司在以前不是很重视绩效考核，但是依靠自己所拥有的资源，公司发展得很快。去年，公司从外部引进了一名人力资源总监，自此，公司的绩效考核制度才开始建立起来，公司中的大多数员工也开始知道了一些有关员工绩效管理的具体要求。

在去年年终考核时，小王的上司要同他谈话，小王很是不安，虽然他对自己一年来的工作很满意，但是不知道他的上司对此怎么看。小王是一个比较内向的人，除了工作上的问题，他不经常和他的上司交流。在谈话中，上司对小王的表现总体上来讲是肯定的，同时，指出了小王在工作中需要改善的地方。小王也同意此看法，他知道自己存在一些缺点。上司同小王的整个谈话过程是令人愉快的，离开上司办公室时，小王感觉不错。但是，当拿到上司给他的年终考评书面报告时，小王感到非常震惊，并且难以置信，书面报告中写了他的很多问题、缺点等负面的东西，而他的成绩、优点等只有很少的内容。小王觉得这样的考评结果有点不准确。小王从公司公布的绩效考评规则中知道，书面考评报告是要长期存档的，这对小王在公司今后的工作影响较大。小王感到很不安和苦恼。

思考讨论：

1. 绩效反馈面谈在绩效管理中有什么作用？人力资源部门应该围绕绩效反馈面谈做哪些方面的工作？

2. 看到书面考评报告后的小王感到不安和苦恼，导致这种结果的原因何在？怎样做才能克服这种问题？

综合实训

【实训一】

一、实训内容

以学习小组为单位以本校某一岗位为对象，运用实地观察法和访谈法分析该岗位的绩效考核内容、方法及流程，并分析其绩效考核可能存在的问题和防范对策。说明小组内各成员分工情况和完成作业的过程，并附观察和访谈提纲。（参考岗位：学生食堂各岗位，学院办公室、系科各岗位，图书馆、阅览室各岗位，实验室各岗位，环卫、清洁各岗位，等等）

二、方法步骤

1. 5个人组成一个小组，对本校某一岗位的绩效考核进行分析。
2. 以小组为单位撰写某岗位的绩效考核的内容和流程。
3. 每个小组派一名代表在课堂上交流发言。

三、实训考核

1. 教师对撰写的某岗位的绩效考核的内容和流程按要求给予成绩认定。

2. 教师对讨论交流的成果给予点评。

【实训二】

一、实训目的

1. 了解中小企业是如何进行绩效考核的。

2. 了解企业现有绩效考核存在的问题及其防范措施。

二、方法步骤

1. 以学校的实习基地中的企业作为研究对象，根据所选行业，分小组确定训练的目的和内容。

2. 进行实地调查，对所选择的企业进行走访调查，了解企业是如何进行绩效考核的。

3. 总结该企业经常采用的绩效考核方法。

4. 指出该企业绩效考核中存在的问题。

5. 针对该企业在绩效考核中存在的问题，提出具体的解决方法和建议。

三、考核评价

1. 分组时视班级人数确定小组数量，每小组人数以 5～8 人为宜。

2. 小组成员要合理分工，分别搜集不同的内容和数据。

3. 搜集内容和数据之前要统一认识，统一口径，统一判断标准。

4. 依据采集的资料，进行充分的讨论和分析，小组组长负责调研报告的整理和总结，并上交任课教师进行评价。

第八章

薪酬管理

【学习目标】

知识目标：了解薪酬的含义及常见的薪酬制度，掌握薪酬体系设计的原则，掌握薪酬体系设计的运作程序。

能力目标：具备设计薪酬制度的能力。

素养目标：正确理解工作的意义，正确评价劳动报酬体系，培养全面的劳动意识和劳动观念。

【引　　言】

某公司实行了公司工资与档案工资脱钩，与岗位、技能、贡献和效益挂钩的"一脱四挂钩"工资、奖金分配制度。

一是以实现劳动价值为依据，确定岗位等级和分配标准。岗位等级和分配标准经职工代表大会通过后形成。公司将全部岗位划分为科研、管理和生产三大类，每大类岗位又划分出十多个等级，每个等级的岗位都有相应的工资和奖金分配标准。科研岗位实行职称工资，管理岗位实行职务工资，生产岗位实行岗位技术工资。科研岗位的平均工资是管理岗位的 2 倍，是生产岗位的 4 倍。

二是以岗位性质和任务完成情况为依据，确定奖金分配数额。每年年末对科研、管理和生产工作中有突出贡献的人员给予重奖，最高奖励可达到 20 万元。从总体上看，该公司加大了奖金分配的力度，进一步拉开了薪酬差距。

要掌握哪些薪酬管理知识？薪酬体系和薪酬制度应如何设计？这是本章要解决的问题。

薪酬体系设计的运作程序包括工作分析、职位评价、薪酬调查、薪酬定位、薪酬结构设计、薪酬体系的实施和修正。薪酬制度主要有职位薪酬制度、绩效工资制度、结构工资制度等。设计薪酬体系时，薪酬的带宽是需要重点关注的事项。

第一节　薪酬管理知识（一）

一、薪酬的内容

薪酬是组织因补偿员工的劳动而付给员工的货币和实物。凡是具有下列两大要素的报酬都属于薪酬的范围：第一，基于对组织或团队的贡献；第二，这种报酬被认为是具有效用的。薪酬分为直接薪酬和间接薪酬，直接薪酬包括工资、奖金、津贴、股权，间接薪酬即福利。薪酬制度和福利制度在设计和推行上，需要和组织的经营战略、组织文化相互配合，这样才能有效发挥作用。薪酬管理可以说是人力资源管理活动中人们最关切、议论最多的部分，也是最受重视的部分。

微课堂
薪酬福利
案例分析（一）

1. 工资

总体上，工资可以理解为根据劳动者的劳动数量和质量，按照事先规定的标准付给劳动者的劳动报酬。

工资可以做以下分类。

一是基本工资。员工只要在组织中工作，就能定期拿到一定数额的劳动报酬。基本工资多以时薪、月薪、年薪等形式出现。基本工资又可分为基础工资、工龄工资、职位工资等。

二是激励工资。激励工资是薪酬系统中直接与绩效挂钩的部分，有时也称为浮动薪酬或可变薪酬。设置激励工资的目的是在绩效和薪酬之间建立起一种直接的联系，而这种绩效既可以是员工个人的绩效，也可以是组织中某一业务单位、团队甚至整个组织的绩效。

2. 奖金

奖金是指与劳动者工作直接相关的超额劳动的报酬。奖金是对劳动者在创造超过正常劳动定额的社会所需要的劳动成果时，所给予的补偿。组织中常见的奖金形式有全勤奖金、生产奖金、季度奖金、安全奖金、年终奖金等。

3. 津贴

津贴是指补偿职工在特殊条件下的劳动消耗及生活费额外支出的工资补充形式。常见的有野外作业津贴、矿山井下津贴、高温津贴、冬季取暖津贴、野外矿工津贴、林区津贴、山区津贴、驻岛津贴、艰苦气象台站津贴、保健津贴、医疗卫生津贴、放射性或有毒气体津贴等。此外，生活费补贴、价格补贴也属于津贴。

4. 股权

股权是指股份制企业投资者的法律所有权，以及由此而产生的投资者对企业拥有的各项权利。以企业的股权作为对员工薪酬的补充，作为一种长期激励手段，能够让员工为企业长期利润最大化而努力。

股权激励既新鲜又古老。说新鲜，可能是因为很多企业说得多，做得少，股权转让还有着诸多限制；说古老，早在晋商"汇通天下"的年代，资深的员工就有身股，也可以理解为今天的股权激励。

视野拓展

简单有效的激励方式：干股激励

干股激励是指持有者未出资而获得股份，干股并不是真正的股份，而只是假设这个人拥有这么多股份，并按照相应比例享有企业的分红权。持有干股的人不具有对公司的实际控制权，所以，对公司所有者来说，干股激励是相对安全的股权激励方式。

华为公司的股权激励经过多年实践检验，被证明是一个十分成功的案例。

（1）华为公司的股权激励实际上是分享制，而不是股份制。任正非把原本属于股东的利润，按贡献大小与数万员工分享，通过让员工分享公司利润，激励员工工作。

（2）华为公司的股权激励是员工激励与公司融资的结合。公司通过股权激励获得了大量资金，同时由于华为公司的经济效益很高，员工在公司可以获得很高收益。

（3）"让利益，留权力"。由于采用虚股激励，公司的实际控制权始终掌握在任正非等少数股东手中，员工只分享利益，不分享权力。

问与答

问：如何理解薪酬（=工资+提成+奖金+分红+股权激励+项目跟投）各组成部分的重要性。

答：分红、股权激励和项目跟投（即员工可以跟随老板一起投资新项目）是中长期利益，工资、提成、奖金是当下的短期利益。

5. 福利

福利是薪酬体系的重要组成部分，是组织在薪酬以外提供给员工的报酬。福利是组织对员工生活的照顾，是组织为员工提供的除工资与奖金之外的物质待遇，是劳动的间接回报。它是一种补充性报酬，往往不以货币形式直接支付，而采取实物形式发放。例如，企业为减轻员工负担，丰富员工的文化活动，为员工提供生活方便，在本单位兴建生活与文化设施，建立员工各类待遇项目，如住房补贴、交通车、工作午餐、带薪休假、子女教育津贴、疾病与人身保险等。组织的福利对增强员工对组织的认同感，以及增强组织凝聚力有重要的促进作用。

案例阅读与分析

腾讯给员工发租房补贴

多年前，房价迅速上涨给购房刚需者带来了巨大的压力，即使薪酬甚高的几家科技巨头的员工也感受到了压力。为了让员工安心工作，不少企业推出了自己的住房福利计划，如华为直接提供员工住房，格力电器自筹资金建设人才公寓，阿里巴巴实行了"ihome计划"。

继2015年提高购房员工无息贷款额度（"安居计划"）后，2016年5月9日，腾讯宣布为正在租房的职场新人缓解压力，从5月起发放租房补贴（"易居计划"）。

根据"易居计划"，只要是社会工龄小于或等于3年，并且未领取过"安居计划"购房无息贷款的腾讯正式员工，就可以享受租房补贴。北上广深的员工每年最高可以领取1.5万元（2022年年初提升至4.8万元），其他城市的员工每年可以领取7 500元（2022年年初提升至2.4万元），租房补贴最长可以领取3年。

2011年，腾讯公布了"安居计划"，为首次购房的腾讯员工提供无息贷款，北上广深的腾讯员工首套房安居贷款额度最高可申请到30万元，其他城市最高可申请到20万元。2015年，腾讯提升购房安居贷款的额度，北上广深提升到50万元，其他城市提升到25万元；放宽购房地，腾讯员工可在参保地或者工作地二选一选择购房，安居贷款额度以所购房屋所在地城市的贷款标准为准。2021 年，腾讯再次提高无息贷款额度，最高可达 90 万元。

评析：福利是企业吸引员工的重要因素。在房价和房租迅速上涨的年代，无息贷款或租房补贴确实吸引人。不同的年代、不同的环境下的员工有不同的需求，有针对性的福利措施更容易增强员工对组织的认同感。

问题：请尝试分析自己院校所在地普通员工当前的需求（仅限非常规又较为普遍的需求），为企业设计临时性或阶段性福利计划。

二、薪酬的功能

薪酬的功能可以从薪酬对组织、员工和社会三个方面的功能来进行探讨。

1. 薪酬对组织的功能

（1）激励功能。组织员工的薪酬水平直接影响员工的物质、文化生活水平。员工薪酬的高低不仅取决于组织雇用员工数量，更取决于员工的劳动质量。组织的薪酬决策和员工得到薪酬的方式将对员工的工作绩效及其对客户需求的关注程度，以及学习新技能的积极性产生较大的影响。现代意义上的薪酬还具有满足员工精神、获取社会地位、自我实现等高层次需求的功能。薪酬可以用来评价员工的工作绩效，促进员工工作效率和质量的提高。因此薪酬具有激励功能，能够充分调动员工的积极性，是组织赢得竞争优势的重要源泉。

（2）调节功能。薪酬的调节功能主要表现在两个方面，即劳动力的合理流动和劳动力素质结构的合理调整。首先，各地存在劳动力稀缺程度的差别，而人们通常愿意到工资高、环境好的地方就业。薪酬即劳动力的价格，对劳动力市场有调节作用，因此薪酬能够在劳动力市场中影响劳动力供求关系并引导劳动力资源的优化配置。其次，产业结构、技术结构、产品结构等的变化，对员工的素质和技能结构的适应性提出了更高的要求，组织可以通过对薪酬结构、薪酬水平的调整来引导员工学习组织急需的知识和技能，以此来实现员工素质结构的合理调整。

（3）增值功能。薪酬对组织来说是劳动力的价格，是所投入的可变成本，是投入活劳动这一生产要素的货币表现。因此，薪酬投入也是劳动投入，而劳动是经济效益的源泉。在正常情况下，一个劳动者所创造的劳动成果总是大于他的薪酬收入，剩余部分就是薪酬的经济效益。因此，对组织来说薪酬具有增值职能，它使组织扩大再生产成为可能。

（4）竞争功能。薪酬的高低代表了组织的经济实力，高薪酬有助于吸引、留住高素质的人才，提高组织的核心竞争力。薪酬反映了员工自身能力和贡献大小，有助于引导组织内部员工竞争，推动组织整体竞争力的提高。

（5）配置功能。薪酬是组织合理配置劳动力，提高组织效率的杠杆。组织通过薪酬机制，可以将组织目标和管理者的意图传递给员工，促使员工个人行为与组织行为相融合；组织也可以通过薪酬结构的变动，调节各生产和经营环节的人力资源流动，实现组织内部各种资源的有效配置。

（6）导向功能。管理者可以将组织的政策、目标、计划和意图，通过薪酬计划和薪酬政策表现出来。薪酬不仅是组织当前管理的有效工具，也是未来管理的导向器。组织薪酬战略管理的实质就在于此。换言之，现代组织的薪酬管理已经成为组织战略管理的一个有机组成部分，战略管理赋予组织薪酬管理新的内涵。

2. 薪酬对员工的功能

（1）满足基本保障功能。薪酬的保障功能是通过基本工资来体现的。员工所获薪酬数额至少应能满足员工及其家属生活与发展的需求。薪酬的取得是员工在劳动过程中体力与脑力消耗的必需补偿，是劳动力生产和再生产的保证。为了持续胜任工作岗位，员工必须进行自我教育、培训方面的投资。持续的经济收入也可以增强员工的安全感和对预期风险的心理保障作用。

（2）满足精神需求功能。薪酬的增加是工作业绩的显示器，也是职位晋升和事业成功的一种反映。薪酬水平代表了某一职位在组织中的相对重要性，是身份的货币化表现。同时，薪酬结构也表明员工的工作对组织的重要意义。

（3）满足公平需求功能。按照亚当斯的公平理论，员工可以通过横向和纵向的薪酬比较获得一种公平感，这对提高员工的工作满意度是十分重要的。

3. 薪酬对社会的功能

薪酬对社会的功能体现为对劳动力资源的再配置。薪酬作为劳动力价格的反映，调节着劳动力的供求和流向。当某一地区、部门或某一职业及工种的劳动力供不应求时，其薪酬往往会上涨，促使劳动力从其他地区、部门和行业向紧缺的领域流动进而趋向平衡；反之，薪酬会下跌，劳动力会流出进而趋向平衡。通过薪酬的调节，可实现劳动力资源的优化配置；此外，薪酬也调节着人们对职业和工种的评价，协调着人们择业的愿望和就业选择。

第二节 薪酬管理知识（二）

一、影响薪酬的因素

组织要制定一个科学合理的、有吸引力的薪酬制度，首先应了解影响薪酬的诸多因素。概括起来，这些因素可以分为个人因素、外在因素和内在因素等三个方面。

（一）影响薪酬的个人因素

总的来看，影响薪酬的个人因素有以下两项。

（1）员工个体的差别。每个员工的性格、健康状况、学历、年龄、工作经验、技能以及工作业绩等方面不可能完全相同。员工自身投入的差异，以及在实际工作中的努力程度和取得的业绩不同，决定了他们薪酬水平的不一致。

（2）员工的岗位及职务差别。员工的岗位及职务决定了他们所要具备的技能和应承担的职责，而且员工的岗位和职务与组织内部的人力资源管理制度有关，岗位和职务不同，其薪酬也不同。

（二）影响薪酬的外在因素

影响薪酬的外在因素有很多，但下面五项是主要的。

1. 国家的有关政策和法律法规

与其他领域一样，关于工资的政策法规在决定薪酬管理方面起着相当重要的作用。

为配合建立和完善社会主义市场经济，自 20 世纪 90 年代以来，我国相继出台了一些与工资管理有关的法律法规，如：1993 年 11 月 24 日原劳动部发布的《企业最低工资规定》，对最低工资的确定、最低工资的给付、保障与监督方法等作出规定；1994 年 7 月 5 日公布的《中华人民共和国劳动法》（以下称《劳动法》），对法定假日、加班工资、工资分配原则、最低工资标准及社会福利和保险都作出明确规定；此后于 1994 年 10 月 8 日、12 月 6 日、12 月 26 日又先后发布了《劳动部关于实施最低工资保障制度的通知》《工资支付暂行规定》《违反〈中华人民共和国劳动法〉行政处罚办法》。这些有关工资的法规从宏观上对企业的薪酬管理进行了规范，从法律上为我国职工的工资及福利待遇提供了最低保障。此外，国家还对女性员工的特殊保护，员工的退休、养老、医疗保险，禁止使用童工等方面作出了相关规定，组织在制定薪酬政策时必须遵守这些法律法规。

2. 社会平均工资水平和经济发展水平

经济发展水平和劳动生产率是组织确定薪酬水平的重要因素。一般来说，如果组织所在地的经济发展处在一个较高的水平，其劳动生产率高时，组织员工的薪酬会较高；反之，组织员工的薪酬会较低。随着经济的增长和人们生活水平的提高，员工的工资也在快速增长。在我国，目前经济发达的地区与经济不发达的地区之间的薪酬存在较大的差距。沿海地区经济发展水平较高，大城市经济发展水平较高，因此这些地区的组织的员工薪酬较高。我国的劳动力价格在不同地区有所不同，这是由各地不同的消费水平、劳动力结构、劳动生产率等因素引起的。

3. 劳动力市场的供需状况

劳动力市场的供需状况和组织的薪酬的关系十分密切。表现为劳动力市场上的供需状况的变化决定着组织对人力成本的投入，从而影响组织员工薪酬水平的变化。劳动力供求对薪酬水平的影响可以归纳为：当某个行业的劳动力充沛时，该行业的组织的员工薪酬相应会降低；反之，当某个行业的劳动力匮乏时，该行业的组织的员工薪酬相应会提高。

4. 当地的生活水平

组织在设计不同地区的员工的薪酬水平时，需要将当地生活水平、薪酬水平作为重要因素加以考虑。如企业在北京、西宁两地招聘营销人员，北京员工的薪酬会明显高于西宁员工的薪酬，否则就会造成在北京招不到人、在西宁薪酬吸引力过大的问题。跨国公司各国员工的薪酬差别会更加明显。

5. 行业薪酬水平的变化

行业薪酬水平的变化主要取决于行业产品的市场需求和行业生产率两大因素。当产品需求上升时，行业的薪酬水平可能会有所提高；当行业劳动生产率上升时，薪酬水平也可能在组织效益上升的范围之内按比例提高。由于历史原因和现实需要，各行业的员工对薪酬的期望是不同的，也影响了各组织的薪酬系统。例如，金融、信息等行业的员工对薪酬的期望值较高，而纺织、环卫等行业的员工对薪酬的期望值较低。

（三）影响薪酬的内在因素

影响薪酬的内在因素也比较多，以下几项是主要的。

1. 组织所处的发展阶段

组织处于初创阶段、增长阶段、成熟阶段和衰退阶段等不同的发展阶段时，实施的战略往往不同，赢利能力也不同，因此，组织的薪酬也会受到不同发展阶段的影响。例如，企业在初创阶段，往往采用低工资、高奖金、低福利的薪酬政策；企业在成熟阶段，往往采用高工资、低奖金、高福利的薪酬政策。企业经营状况的好坏往往直接影响着整体薪酬水平的高低。企业所处发展阶段与薪酬政策的关系见表8.1。

表 8.1 企业所处发展阶段与薪酬政策的关系

关注要素	企业所处发展阶段			
	初创阶段	增长阶段	成熟阶段	衰退阶段
经营战略	以投资促发展	以投资促发展	关注市场和利润	收获利润，开拓新领域
风险	高	中	低	中—高
薪酬战略	个人激励	个人/集体激励	个人/集体激励	奖励成本控制
短期激励	股权奖励	现金奖励	利润分享，现金奖励	无
长期激励	股权激励（全面参与）	股权激励（有限参与）	股权购买	无
基本工资	低于市场水平	等于市场水平	高于或等于市场水平	低于或等于市场水平
福利	低于市场水平	低于市场水平	高于或等于市场水平	低于或等于市场水平

2. 组织的经营状况

组织的经营状况是影响薪酬水平的最直接的因素。显然，经营状况较好的组织，赢利能力强，一般都能保证薪酬有一定的增幅；而经营状况较差的组织，不得不考虑人力成本的因素，薪酬的整体水平和增幅会受到一定的影响。

3. 工作的特点和条件

工作责任、工作要求、工作条件和工作类别的不同都会不同程度地影响组织薪酬的总体水平和具体薪酬的构成。

一般来说，工作责任重大、工作活动对组织的生存和发展有重大影响的工作，薪酬水平往往较高；对技能和任职资格有特殊要求的工作，薪酬水平也较高；劳动强度和危险性越高的工作，其工资与福利水平也越高。工作条件的好坏也是影响员工薪酬高低的重要条件。对于一些工作条件差、比较危险的工作，需要更高一些的薪酬作为补偿。

4. 组织文化

组织文化是组织分配制度、价值观、目标追求、价值取向的"土壤"，组织文化不同，必然会导致观念和制度不同，从而会影响薪酬的分配机制。例如，一个劳动密集型的企业往往更偏重于利用显性薪酬来激励员工，而技术密集型企业、事业单位往往喜欢用晋升等非显性薪酬来激励员工。随着社会的发展，薪酬激励越来越不作为一种单一激励机制存在，而是更多地和晋升等方式结合起来使用。

5. 工会组织和劳资谈判

劳资谈判也是影响薪酬的一个主要因素。

在市场经济环境中，工会作为劳动者利益的代表，同用工者或用工单位就工作条件、工资水平等进行谈判，保护劳动者的合法权益，改善在劳动用工关系中劳动者个体所处的不利地位。薪酬对劳动者来说是收入，对用工方来说则是成本，因此两者在薪酬方面是互相冲突的。在这种情况下，双方的谈判和实力的较量对工资水平的影响就比较明显。对劳动者来说，薪酬水平的高低往往取决于劳动者所在的单位是否具有强大的工会组织，以及工会组织采取何种谈判策略来达到提高薪酬的目的。

🐟 问与答

问：请对影响薪酬的因素进行总结。

答：影响组织间和组织内部劳动者之间薪酬水平及其变动的因素很多，在所有影响因素中，外在因素起着宏观调节和导向的作用，内在因素则起着决定性的作用。组织在制定薪酬政策时，应综合权衡这些内外因素。除上述三个方面的因素外，组织还可能会根据自身情况进行一些特殊考虑。

二、薪酬管理的原则

所谓薪酬管理，是指一个组织为实现组织发展战略目标，根据组织状况（内部及外部状况），设计、确立和调整与薪酬相关的一系列项目的过程。

合理有效的薪酬管理应遵循公平性、竞争性、激励性、经济性、合法性等原则。

1. 公平性

薪酬管理应具备公平性，这是最主要的原则。员工对薪酬的公平感也就是对薪酬发放是否公正的认识和判断，是设计薪酬制度和进行薪酬管理时必须首先考虑的。员工的满足感固然重要，但更重要的是组织要让员工认为自己是被公平对待的，自己能够通过改进工作绩效来提高薪酬。公平感取决于员工所获得的薪酬和他所作的贡献之比，与某一衡量标准相比是高还是低。这种衡量标准既可以是组织内的其他员工或组织外部员工获得的薪酬与他们的贡献之比，也可以是员工自我价值的估价或者是组织所作出的承诺等。

2. 竞争性

竞争性是指在社会上和人才市场中，组织的薪酬水平要有吸引力，才足以战胜其他组织，招聘到组织所需要的人才。组织可根据自己的薪酬战略、财力水平、所需人才可获得性的高低、所想留住人才的市场价格等具体条件决定到底应付给员工何种水平的薪酬。要想有竞争力，则组织的薪酬水平至少不应低于市场平均水平。

一般来说，在同行业中处于领先水平的组织，其薪酬也会处于领先水平。因此，在制定薪酬制度时，不妨先了解一下同行业的其他组织，尤其是实力相当的竞争对手，以及虽属不同行业但与本组织在人才市场上争夺人才的其他组织的薪酬水平，然后使本组织的薪酬水平稍高一些（浮船效应）。同时，组织的薪酬战略还必须与组织所处的发展阶段相适应。

3. 激励性

激励性是指薪酬管理要体现对员工的激励作用，要遵循在组织内部各类、各级职务的薪酬水平与员工在工作中的贡献相匹配的原则。在组织内部，各类、各级职务的薪酬水平应适当拉开差距，真正体现按劳分配的原则。只有这样，才能不断激励员工掌握新知识，提升业务能力，创造出更佳的业绩。因为当他们业绩突出时，就能获得比别人更多的薪酬。相反，如果组织内部不同类别、等级的职务之间的薪酬水平相差不大，就难以产生足够的吸引力，优秀的、能力出众的员工就可能不甘于埋没自己的才华而离职，而那些没有离职的员工的工作积极性也难以提高。

企业应根据职位的重要程度以及员工个人绩效，在员工的收入上适当拉开差距。

4. 经济性

提高组织的薪酬水平固然可提高其竞争性与激励性，但同时组织支付给员工的报酬是组织所生产的产品或服务的成本的重要组成部分，过高的劳动报酬必然会导致组织人力成本的上升，不可避免地会导致产品在市场上的价格提高，从而降低组织的产品在市场上的竞争力。所以，薪酬制度不能不受经济性的制约，要在成本许可的范围内确定薪酬，而且组织薪酬系统的各个方面都要平衡，工资、奖金或奖励、津贴与福利的结构都要遵循经济性的原则。不过，组织的管理者在对人力成本进行考察时，不能仅看薪酬水平的高低，更要看员工绩效的质量水平的高低。事实上，员工绩效的质量对组织产品的竞争力的影响远大于成本因素。此外，人力成本的影响还与行业的性质及产品的成本构成有关。

5. 合法性

组织薪酬制度必须符合国家的政策与法律法规。例如《劳动法》中，有许多有关薪酬的法律条文，它应作为组织在制定薪酬制度时的依据。《工资支付暂行规定》中规定：工资应以法定货币支付，不得以实物及有价证券替代；工资至少每月支付一次，实行周、日、小时工资制的可按周、日、小时支付工资；工资的支付对象是劳动者本人。另外，员工的所得税比例，工厂安全卫生规定，女性员工的特殊保护，员工的退休、养老、医疗保险等的规定，也是组织制定薪酬制度的依据，如《中华人民共和国妇女权益保障法》。

三、薪酬管理的职能

薪酬分配的目的绝不是简单的"分蛋糕"，而是通过"分蛋糕"使得组织今后的"蛋糕"做得更大。薪酬管理对组织吸引和留住人才、提升员工士气、提高组织的竞争力等，都有着不可忽视的作用。

1. 组织与员工关系存在的前提

科斯认为，企业的本质就是契约。企业与员工通过签订劳动合同建立了一种契约关系：员工付出劳动，企业支付劳动报酬。薪酬管理是组织履行劳动合同的必然要求和结果。薪酬管理保证了组织与员工双方的生存和发展。

2. 具有激励的功能

激励功能是薪酬管理的核心功能，是薪酬管理的主要目标。激励就是组织通过促进员工个人需要的满足、提高员工的满意度来提高他们的工作积极性，引导他们在组织经营中的行为，而薪酬是主要的驱动力之一。

3. 具有信息传递的功能

薪酬水平的变动，可以将组织的目标、发展战略以及管理者的意图等及时有效地传递给员工。比如，工资的提升意味着组织对员工业绩的肯定；采用绩效工资制度，或提高绩效工资（或奖金）的比重意味着组织鼓励员工之间或部门之间的竞争；采用年薪工资制度意味着组织希望员工长期为本单位效力，减少员工的流动；等等。通过薪酬管理可以多方位地向员工传递组织的各种信息。

4. 个人"自我实现"与否的一个外在的判断依据

所有生命的本质就是维护和肯定它自身的存在，人生活的目的是根据人的本性法则展现其特殊的力量，保持自我存在，成为他能够成为的人。一个人如果成为"他能够成为的人"，那么必定会在某种程度上受到这个社会的认可和肯定。薪酬可以给人一种"自我实现"的感觉。

第三节　薪酬体系设计

一、薪酬体系设计的原则

薪酬体系设计的原则有很多，比较重要的有以下几个。

（1）合法原则。组织在设计薪酬体系时，必须遵守国家和地方的法律法规和政策，这是最起码的要求。特别是国家有关的强制性规定，组织在设计薪酬体系时是不能违反的。比如，国家有关最低工资的规定、有关职工加班工资支付的规定等，各类组织必须严格遵守。

（2）战略原则。战略原则强调组织设计薪酬体系时必须从组织战略的角度进行分析，制定的薪酬政策和制度必须体现组织发展战略的要求。合理的薪酬制度能驱动和鞭策那些有利于实现组织发展战略的因素的成长和提高，同时也能使那些不利于实现组织发展战略的因素得到有效的遏制、消退和淘汰。因此，组织在设计薪酬体系时，必须从战略的角度分析哪些因素重要、哪些因素不重要，并按照一定的价值标准，给予这些因素一定的权重并体现在薪酬设计上。

（3）经济原则。提高组织的薪酬水平，固然可以提高其竞争性与激励性，但同时不可避免地会导致组织人力成本的上升。因此，薪酬水平的高低不能不受经济性的制约，即要考虑组织的实际承受能力。组织在设计薪酬体系时应该坚持工资增长幅度不超过组织经济效益增长幅度、员工平均实际收入增长幅度不超过组织劳动生产率增长幅度的"两不超"原则。

（4）公平原则。合理的薪酬制度首先是公平的。只有公平的薪酬才是有激励作用的薪酬。薪酬制度的公平原则，包括内在公平和外在公平两个方面。内在公平是指组织内部员工的一种心理感受，让他们觉得自己与组织内部其他员工相比，所得到的薪酬是公平的。外在公平指与同行业的其他组织相比，本组织所提供的薪酬是否具有竞争力和吸引力，是否能保证组织在人才市场上招聘到优秀人才，是否能留住组织现有的优秀人才。

（5）竞争原则。竞争原则是指在社会上和人才市场中，组织的薪酬水平要有吸引力，才足以战胜其他对手，招到本组织所需的人才，同时也才能达到留住人才的目的。当然，一个组织的薪酬水平在市场中的位置，要视组织的财力、战略定位、所需人才的供需状况以及组织拥有的其他资源（如组织的诚信度、社会声誉等）的具体情况而定。

（6）激励原则。外在公平和上述的竞争原则相对应，内在公平则和激励原则相对应。激励原则就是强调组织在设计薪酬体系时必须充分考虑薪酬的激励作用，即薪酬的激励效果。要真正解决内在公平问题，组织就要根据员工的能力和贡献大小，拉开收入差距，真正体现按贡献分配的原则，发挥薪酬的激励作用，从而提高员工的工作积极性。

视野拓展

企业薪酬体系设计的四点注意事项

二、薪酬体系设计的运作程序

一个典型的薪酬体系设计的运作程序包括以下六个方面。

1. 工作分析

工作分析是确定完成各项工作所需的技能、责任和知识的系统过程，它需要对每项工作的内容进行清楚准确的描述，对完成该工作的职责、权力、隶属关系、工作条件提出具体的要求。工作分析的具体内容已在第三章第一节中做了较详细的介绍，在此不再阐述。

2. 职位评价

职位评价的常用方法有排序法、归类法、因素比较法和评分法等。

科学的职位评价体系是通过综合评价各方面因素得出的，而不是简单地把薪酬与职位挂钩，这有助于解决"当官"与"当专家"的等级差异问题。比如，高级研发工程师并不一定比技术研发部经理的薪酬低。对前者的考核注重技术难度与创新能力，对后者的考核注重管理难度与综合能力，二者各有所长。

3. 薪酬调查

薪酬调查就是通过各种科学的手段，来获取相关组织各职位的薪酬水平及相关信息，是薪酬体系设计中的重要组成部分。它解决的是组织薪酬的对外竞争力和对内公平的问题，是整个薪酬体系设计的基础。只有实事求是地进行薪酬调查，才能使薪酬体系设计做到有的放矢，解决组织薪酬激励的根本问题。

薪酬调查需要从以下三个方面进行。

（1）组织薪酬现状调查。通过科学的问卷设计，从薪酬水平的两个公平（内在公平、外在公平）的角度了解组织现有薪酬体系中的主要问题及其原因。

（2）薪酬水平调查。薪酬水平调查主要收集行业和地区的薪酬增长状况、不同薪酬结构对比、不同职位和不同级别的薪酬数据、长期激励措施以及未来薪酬走势分析等信息。

（3）薪酬影响因素调查。要综合考虑薪酬的外部影响因素（如国家的宏观经济政策、通货膨胀率、行业特点和行业竞争状况、人才供应状况）和组织内部影响因素（如组织的赢利能力和支付能力、人员的素质要求及组织的发展阶段、人才稀缺程度、招聘难度）。

薪酬调查的数据来源可以是公开的资料，如国家和地区统计部门、劳动人事部门、工会等公开发布的资料，图书馆及档案馆中的统计年鉴等工具书，人才交流市场与有关组织、有关高等院校、研究机构及咨询机构等的调查研究结果；也可以通过抽样调查等方式获取第一手资料；还可以通过招聘收集外部工资状况的一些数据资料。

4. 薪酬定位

薪酬定位是指在薪酬体系设计过程中，确定组织的薪酬水平在劳动力市场中的相对位置的决策过程，它直接决定了组织的薪酬水平在劳动力市场上的竞争力的强弱程度。薪酬定位是薪酬管理的关键环节，是确定薪酬体系中的薪酬政策线、等级标准和等级范围的基础。

在分析同行业的薪酬数据后，组织需要做的是根据组织状况确定相应的薪酬水平。影响组织薪酬水平的因素有多种。从组织外部看，国家的宏观经济、通货膨胀率、行业特点和行业竞争、人才供应状况甚至外币汇率的变化，都对组织的薪酬定位和工资增长水平有影响。在组织内部，薪酬战略和薪酬理念、赢利能力和支付能力、人员的素质要求都是决定薪酬水平的关键因素。组织所处的发展阶段、组织的品牌价值和综合实力、组织的人力资源规划也都是重要的影响因素。

在薪酬定位上，组织可以选择领先策略或跟随策略。薪酬方面的领头羊未必是品牌名气大的单位，因为品牌名气大的单位可以依靠其综合优势，不必花费最高的工资也能找到最好的人才。有些财大气粗的后起之秀常采用高薪策略，它们多处在创业初期或快速上升期，愿意用金钱买时间，希望通过挖到一流人才来快速缩小与巨头公司的差距。

5. 薪酬结构设计

薪酬的构成因素反映了组织关注的内容，因此采取不同的策略、关注不同的方面就会形成不同的薪酬结构。组织在考虑薪酬的构成时，往往要综合考虑三方面的因素：一是职位等级，二是个人的技能和资历，三是个人绩效。在薪酬结构上与其相对应的，分别是职位工资、技能工资、绩效工资。综合起来说，确定职位工资，需要对职位作出评价；确定技能工资，需要对员工的技能和资历作出评价；确定绩效工资，需要对员工的工作表现和成绩作出评价；确定组织的整体薪酬水平，需要对组织赢利能力、支付能力作出评价。每一种评价都需要一定的程序和方法。所以说，薪酬体系设计是一个系统工程。

职位工资由职位等级决定，它是员工工资水平的主要决定因素。职位工资是一个区间，而不是一个点。组织可以从薪酬调查中选择一些数据作为这个区间的中点，然后根据这个中点确定每一职位等级的薪酬上限和薪酬下限。例如，对于某一职位等级，薪酬的上限可以高于中点20%，薪酬的下限可以低于中点20%。

相同职位上不同的任职者由于在技能、经验、资源占有、工作效率、历史贡献等方面存在差异，导致他们对组织的贡献可能并不相同（由于绩效考核存在局限性，这种贡献不可能被完全量化体现出来），因此技能工资往往有差异。所以，同一等级内的任职者，基本工资未必相同。综上所述，在同一职位等级内，根据职位工资的中点设置一个工资变化区间，就能用来体现技能工资的差异。这就增强了工资变动的灵活性，使员工在不变动职位的情况下，随着技能的提升、经验的增加而在同一职位等级内逐步提升工资水平。

绩效工资是对员工完成业务目标进行的奖励，即薪酬必须与员工为组织创造的经济价值相联系。绩效工资可以是短期性的，如销售奖金、项目浮动奖金、年度奖励，也可以是长期性的，如股权、期权等。此部分薪酬的确定与组织的绩效考核制度密切相关。

6. 薪酬体系的实施和修正

组织的薪酬体系建立后，如何实施和调整，真正发挥其应有的功能，是一项长期而复杂的工作，需要根据薪酬体系的运行状况和组织经营环境的变化来灵活处理。在确定薪酬调整比例时，要对组织总体薪酬水平做出准确的测算。目前，大多数组织都是财务部门在做此测算。准确起见，最好同时也由人力资源部参与测算。人力资源部需要建好员工工资台账，并设计一套比较好的测算方法。

组织在制定和实施薪酬体系的过程中，应及时与相关的部门和员工进行沟通、进行必要的宣传和培训。从本质意义上讲，劳动报酬是在人力资源成本与员工薪酬需求之间进行权衡的结果。世界上不存在绝对公平的薪酬方式，只存在令员工满意与否的薪酬制度。人力资源部门可以利用薪酬制度问答、员工座谈会、满意度调查、内部刊物甚至社区宣传、论坛等形式，充分介绍组织薪酬体系的制定依据，及时、动态地修正组织的薪酬体系。

第四节　薪酬制度设计

几乎所有的组织都把建立一个既能充分调动员工工作热情、提高组织绩效，又能使组织人力成本支出保持在合理范围之内的薪酬制度作为组织的薪酬制度设计目标。比较典型的薪酬制度有以下几种。

一、职位薪酬制度

所谓职位薪酬制度，就是首先对职位本身的价值作出客观的评价，然后再根据这种评价的结果给予承担这一职位工作的人与该职位的价值相当的薪酬的制度。职位薪酬制度是确定员工基本薪酬的一种传统的薪酬分配制度。

问与答

问：薪酬档位通常应怎么设计？

答：薪酬的档位数量宜为单数，因为在设计某个职位等级的基准薪酬时，通常选取的都是中位值，但在实际操作中，将人与岗位进行匹配的时候，岗位上的某个人不一定总是完全对应该档位的薪酬中位值，可能稍高一些，也可能稍低一些，所以薪酬档位宜为单数，否则容易造成薪酬等级正负分布不均衡的情况，不利于薪酬套档。

问：薪酬档位是越多越好吗？为什么？

答：薪酬档位并不是越多越好，因为需要考虑相邻薪酬等级之间的重叠度，还要考虑某一薪酬等级的带宽问题。如果薪酬档位太多，就会导致薪酬带宽太大，则相邻薪酬等级的重叠度也就会越高，不利于职位等级的合理划分。

　　薪酬档位也不宜过少，因为过少的薪酬档位意味着处在该薪酬等级内的员工加薪的空间较小。我们都清楚组织中的高等级职位永远都是稀缺的，所以，宽带薪酬相当于给员工设计了一个薪酬发展通道，而如果薪酬档位数量过少就意味着薪酬发展通道过短，会降低薪酬激励的效果。此外，过少的薪酬档位也会导致在职位评估之后，现有的薪酬带宽无法覆盖员工在职位评价之前的薪酬数值。虽然进行薪酬设计并非为了加薪，而是为了理顺组织内部各个职位的相对价值的高低，同时给薪酬调整提供合理依据，但从实际操作的角度看，职位评价完成之后，可以不加薪或少加薪，但不太可能降薪，除非组织原有的薪酬定位就极高或者想与员工解除劳动关系。

　　大多数中小企业每个薪酬等级设置 9 档就基本可以满足需要，但对于大型企业，每个薪酬等级的档位数量通常为 15～16 个，大型集团公司的每个薪酬等级的档位数量通常为 25 个。

（一）职位薪酬制度的特点

　　职位薪酬制度最大的特点是：员工担任什么样的职位就得到什么样的薪酬，与新兴的技能薪酬制度和能力薪酬制度相比，职位薪酬制度在确定基本工资的时候，基本上只考虑职位本身的因素，很少考虑人的因素。

（二）职位薪酬制度的优缺点

　　职位薪酬制度的优点表现在以下三个方面：①实现了真正意义上的同工同酬，因此可以说是一种真正的按劳分配体制；②有利于按职位系列进行薪酬管理，操作比较简单，管理成本较低；③晋升和基本工资增加之间的连带性，加大了员工提升自身技能和能力的动力。

　　职位薪酬制度的缺点表现在以下几个方面：由于薪酬与职位直接挂钩，当员工晋升无望时，也就没有机会获得较大幅度的加薪，其工作积极性必然会受挫，甚至会出现消极怠工或者离职的现象；由于职位相对稳定，与职位联系在一起的员工薪酬也就相对稳定，这显然不利于组织对多变的外部经营环境做出迅速的反应，也不利于及时地激励员工。

（三）职位薪酬制度的设计流程

　　职位薪酬制度的设计流程是：①搜集关于特定工作的性质的信息，即进行工作分析；②按照工作的实际执行情况对其进行确认、界定以及描述，即编写职位说明书；③对职位进行价值评价，即进行职位评价或工作评价；④根据工作的内容和相对价值对职位进行排序，即建立职位结构。这一流程可用图 8.1 来表示。

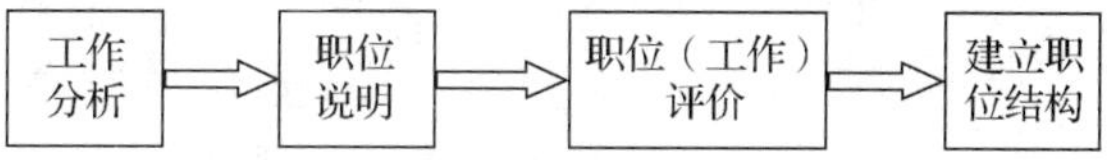

工作分析 → 职位说明 → 职位（工作）评价 → 建立职位结构

图 8.1　职位薪酬制度的设计流程

（四）职位评价的方法

1．排序法

　　排序法就是由负责工作评价的人员，根据其工作经验和主观判断，对各项工作的相对价值进行整体比较，并加以排序的方法。也就是将不同的工作职位两两比较，最后对所有工作职位

表 8.2　配对比较职务排列表

职务	美工	采购	运营	客服	财务	得分
美工					√	1
采购	√		√	√	√	4
运营	√				√	2
客服	√		√		√	3
财务						0

说明：若横排职务的重要性较竖排职务的重要性高，便画上"√"。

按重要性进行排序，如表 8.2 所示。

排序法的优点是简单、成本低。但是这种方法的缺点也非常明显：主观性强，职位评价缺乏科学的评价标准，尤其是在职位较复杂的情况下，很难避免受主观因素的影响，如市场部经理与销售部经理，哪一个职位的价值更高、更重要，并无精确的度量手段可用；另外，它虽然可以比较出各职位价值的相对高低，却无法判断出它们之间的差距到底有多大。

一般来说，排序法适合那些规模较小、结构简单、职位较少的企业。

2. 归类法

归类法是指按照一定的标准将职位归入事先确定好的职位等级（即职级）中的一种职位评价方法，这种方法最早是在美国政府对其文职职位进行评价时使用的。使用这种方法时，首先要确定职位等级的数量，这要根据组织的具体情况来作出决策。一般来说，组织的职位数量越多、职位类型越多，职位等级的划分相应也越多。表 8.3 所示为归类法示例。

归类法也是比较简单的一种职位评价方法，尤其是当组织的职位数量比较多时，它比排序法要节省时间。虽然归类法在一定程度上克服了排序法的一些缺点，但是，实际上组织很难建立起通用的职位等级定义，特别是职位类型差异较大时，进行等级定义的难度会更大；此外，与排序法一样，它也无法准确地度量出组织各个职位之间的价值差距到底有多大，它也具有主观性比较强的缺点。

表 8.3　归类法示例：某学校教学岗位职级

职级类别	岗位条件
A 级岗	具有教授任职资格，专业教师具备"双师"认证资格，学院根据具体情况商定
B 级岗	具有教授任职资格，专业教师具备"双师"认证资格
C 级岗	具有副教授任职资格或博士学位，专业教师具备"双师"认证资格
D 级岗	具有讲师任职资格或硕士学位，专业教师具备"双师"认证资格
E 级岗	具有助教任职资格
F 级岗	具有学士学位，听从系里安排

3. 因素比较法

因素比较法是指按照一些客观标准评价组织的工作，把组织内所有工作付酬因素与标准工作的付酬因素进行比较，确定各项工作的薪金的一种职位评价方法。

付酬因素是指一些与工作有关，并可进行工作价值比较的因素。常用的付酬因素包括技能、智力、体力、责任和工作环境等。组织在确定付酬因素后，便要把组织的标准工作和薪酬按这些因素的重要性进行分配，建立一个薪金结构表，并按照付酬因素和薪金资料，把标准工作填入表中。然后，将非标准工作也逐一填入表内，以确定这些非标准工作的薪金。表 8.4 以一个机械加工企业为例，将技术员、机床操作工和文员作为标准工作进行付酬因素分析。

表 8.4　按职务付酬因素排列的标准工作

职务	付酬因素				
	技能	智力	体力	责任	工作环境
技术员	1	1	2	1	2
机床操作工	2	3	1	2	1
文员	3	2	3	3	3

说明：数字代表要求程度，1 代表要求最高，而 3 表示要求最低。

然后按付酬因素排序分配适当的薪金，结果如表 8.5 所示。

在上述例子中，只要确定技术员、机床操作工和文员的薪金，就可以决定其他工作的薪金，假设某工作岗位的技能需求介于技术员和机床操作工之间，那么，月薪可设为 5 200 元。其中，技能因素为 2 100 元，智力因素为 950 元，体力因素为 680 元，责任因素为 780 元，工作环境因素为 690 元。即使当两份工作的月薪一样时，其薪金组合也未必相同。有些企业会以一些业务标准（例如营业额、市场占有率、成本率和员工流失率等）作为高级管理人员的比较因素，以便将他们的工作评价和一般员工的工作评价区别开来。

因素比较法的优点是合理和客观，缺点是复杂、费时、费力。

表 8.5　按付酬因素分配薪金

职务	付酬因素					月薪/元
	技能	智力	体力	责任	工作环境	
技术员	2 200（1）	1 050（1）	750（2）	900（1）	700（2）	5 600
机床操作工	1 700（2）	750（3）	850（1）	750（2）	750（1）	4 800
文员	1 650（3）	800（2）	730（3）	730（3）	690（3）	4 600

4. 评分法

评分法（要素计点法）和因素比较法类似，均按照付酬因素来确定薪金结构，只是计算方法不同：首先选定一些主要的付酬因素，如技能、智力、体力，其次细分已选定的因素为小因素，总细分数目适宜为 6～16 个，细分因素太少不够客观，细分因素太多则会令评价过程过于复杂。按等级排列这些因素，如由Ⅰ级至Ⅴ级，并在付酬因素中设定不同的权重，代表这些因素之间的相对价值，例如技能占 40%、智力占 30%、体力占 20%、责任占 10% 等。最后根据这些因素的等级和权重以及标准工作的薪金水平，制定薪金点数表和薪金换算表。

制定薪金点数表的方法是：先选定一个总点数，通常是 400 点或 500 点，再以算术级差法或几何级差法来计算各项点数。至于选取哪种级差则由管理者决定。倘若管理者认为付酬因素差异程度的影响是非常重要的，其薪金点数应选取几何级差法来计算（薪金点数法示例见表 8.6）。

表 8.6　薪金点数法示例

算术级差法（选用四项因素、五个等级和 500 点计算）						
因素	权重/%	等级				
		Ⅰ	Ⅱ	Ⅲ	Ⅳ	Ⅴ
技能	40	40	80	120	160	200
智力	30	30	60	90	120	150
体力	20	20	40	60	80	100
责任	10	10	20	30	40	50
总点数		100	200	300	400	500
几何级差法（选用四项因素、五个等级和 400 点计算）						
因素	权重/%	等级				
		Ⅰ	Ⅱ	Ⅲ	Ⅳ	Ⅴ
技能	40	10	20	40	80	160
智力	30	7.5	15	30	60	120
体力	20	5	10	20	40	80
责任	10	2.5	5	10	20	40
总点数		25	50	100	200	400

表 8.7　点数-工资率转换表举例

工资职级	点数范围	月薪/元
1	101～150	1 860～2 360
2	151～200	2 350～2850
3	201～250	2 840～3 340
4	251～300	3 330～3 830
5	301～350	3 820～4 320
6	351～400	4 310～4 810
7	401～450	4 800～5 300
8	451～500	5 290～5 790

计算薪金点数时，应从最高等级的总分算起，以此类推，最后计算最低等级的薪金点数。

一般来说，管理者在制定薪金点数表后，便会把所有有关的资料汇集成为组织的职务评价点数手册，手册内附有详细说明。在评价工作时，将该职位的规范与等级的详细说明，按付酬因素逐个进行比较，再根据最合适的等级，分配一个薪金点数给该职位，然后按薪金换算表，计算出该项工作的薪金。表 8.7 所示为点数-工资率转换表的例子。

使用评分法的困难在于制定薪金点数表，但薪金点数表一旦制成，便容易明白及使用。利用这种方法评价工作比较客观和准确，故这种方法颇受欢迎。

如以胜任能力为基础的工资制度，即按员工表现出的能力强弱而不是职责的轻重定酬。实行此法时，同类职务只设置一定工资变化范围，每人都从最低工资出发，按工作或考核显示出其掌握的有关知识与技能的多少来确定其加薪幅度。此法特别适合组织重组中减人增效后的要求，是一种挖掘员工潜力的薪金分配方法。

评分法的优点是：首先，与非量化的职位评价方法相比，评分法的评价更精确，评价结果更容易被员工接受，而且还允许对职位之间的差异进行微调；其次，可以运用有可比性的点数来对不相似的职位进行比较；最后，这种方法明确指出了职位比较的基础——付酬因素，因而能够反映组织独特的需要和文化，能强调组织认为有价值的那些因素。

评分法的缺点是：方案的设计和应用要耗费较长的时间，它要求组织必须进行详细的工作分析，有时还可能会用到结构化的职位调查问卷。此外，在付酬因素的界定、等级定义以及薪金点数、权重确定等方面都存在一定的主观性，并且在多人参与时可能会出现意见不一致的现象，这些都会加大运用评分法的复杂性和难度。

评分法广泛应用于蓝领和白领职位评价。

二、绩效工资制度

与员工业绩挂钩的薪酬制度是指组织在对员工的工作业绩进行科学评价和考核的前提下，主要依据员工实际业绩决定其薪酬水平，将薪酬与员工绩效直接挂钩的一种薪酬制度。它关注员工对组织的实际贡献，鼓励员工提高绩效，是一种激励导向型的薪酬制度，如绩效工资制度、经营者年薪制度。在此主要对绩效工资制度进行探讨。

绩效工资制度（简称"绩效工资制"）是指主要以员工的工作效率、劳动产品数量和质量、为组织创造的经济效益或其他贡献为依据，将员工个人业绩与个人收入直接挂钩，以确定员工工资报酬的一种工资制度。其具体形式和种类繁多，如传统的计件工资形式、按员工工作业绩的提薪或奖金计划，以及与各种工效挂钩的工资等。现代绩效工资制度不是简单地把工资与个人业绩挂钩，而是建立在科学的

视野拓展

怎样使绩效工资不会适得其反

工资标准和管理程序的基础上，把基本工资与绩效工资、福利等有机结合的一种工资体系。

1. 绩效工资制度的特点

绩效工资制度的优点表现在以下几个方面：绩效工资使员工工资与可量化的业绩挂钩，有利于发挥工资的激励作用，实现组织目标与个人利益的统一；有利于绩效工资分配向优秀员工倾斜，提高效率、减少成本；有利于突出团队精神，增强组织凝聚力；有利于提高外部公平性，吸引高素质员工加入本组织。

绩效工资制度的缺点表现在以下几个方面：绩效工资对绩效差的员工会产生约束乏力的负面作用；容易导致员工产生虚报业绩或忽视质量的行为；对员工业绩的准确评价和有效监督相当困难；员工绩效受组织的外部因素（如市场状况）和内部因素（如组织内其他部门或其他员工的工作状况）的影响较大，个人对其绩效缺乏独立和充分的控制能力，导致一些绩效工资计划难以顺利实施。工作业绩是绩效工资的计量基础，因此，业绩指标的确立和业绩考核就成为绩效工资制度的核心。业绩指标要支持组织的战略目标和业务流程，其标准要科学合理，通过管理者与员工充分交流后能被员工接受和认可，员工经过努力能达到。

2. 业绩评价的手段

业绩评价的手段有非正式体系（主要指组织的管理者对员工工作业绩的个人主观判断）和正式体系（建立完整的评价系统）之分，后者更为客观、公正和规范，应成为业绩评价的主要手段。业绩测量技术和方法要客观、可靠和公正，评价结果要及时反馈给被考评者。对业绩优秀者，组织除了要给予其外在奖励（货币报酬）外，还要给予其内在奖励（如晋级等发展机会）。对于业绩较差者，组织应帮助其寻找差距、分析原因，给予其接受培训的机会，从而提高其业绩。业绩评价应选择典型性的业绩评价要点，这些要点应既能全面、客观反映被评价者的工作业绩，又有利于保持评价者评价工作的公正性、可操作性和量化分析。业绩评价要点举例如表 8.8 所示。

表 8.8 业绩评价要点举例

一级业绩要点	1. 相关知识技能和能力 2. 工作态度、进取心和责任感 3. 工作质量 4. 工作数量
二级业绩要点	1. 处理问题的能力和创新精神 2. 独当一面的工作能力 3. 领导能力 4. 业务熟练程度 5. 出勤守时情况 6. 对目标的把握能力 7. 劳动卫生和安全意识

案例阅读与分析

某县甲公司成立好多年了，虽称公司，其实在县城只有两家小门市，主销本地山货。

近几个月老板家的孩子和几个朋友在村里"玩"直播"带货"，好山好水好山货让直播间迅速热闹起来，业务规模迅速扩大，几位老员工帮老板紧急从附近乡村找货源，门市增加了人手，孩子那也得有人帮忙，还有几家连锁超市找上门来要进货……

员工从数人增加到了数十人，人多了不好管，和几位老员工一商量，设立了采购部、直播短视频部、大客户部、零售部等部门并设了一些管理岗，让几个能力强的老员工分别担任各部门经理。

分部门前，奖金都是老板分，分部门后老板专门交代几位部门经理，奖金分配务必公平。

但怎么公平？大家都说不太清楚。没一两个月，就有人向老板告状或打小报告：不少人听说直播短视频部奖金超高，很眼红；自己孩子私下反映担任直播短视频部经理的老员工偏心，几位主播的奖金明显和业绩或工作量没关系；采购部最麻烦，听外边人反馈，有人开始向供货商要回扣了……

问题：请帮这位老板谋划一下该公司的绩效工资制度。

三、结构工资制度

结构工资制度又称分解工资制或组合工资制。结构工资制度是指基于工资的不同功能将工资划分为若干相对独立的工资单元，各单元又规定不同的结构系数，组成有质的区分和量的比例关系的工资结构。

企业结构工资制度的内容和构成，不宜简单照搬国家机关、事业单位的现行办法，各企业可以根据不同情况作出具体规定。工资的组成部分可以按劳动结构的划分或多或少，各个组成部分的比例可以依据生产和分配的需要或大或小，没有固定的格式。结构工资制度一般包括五个部分：一是基础工资，二是岗位（职务）工资或技能工资，三是效益工资，四是浮动工资，五是年功工资。各个组成部分既有内在的联系，又相互依存、相互制约，形成一个有机的统一体。

1. 基础工资

基础工资是保障职工基本生活需要的一种工资形式。设置这一工资单元的目的是维持劳动力的简单再生产。基础工资主要由职工基本生活费用及其所占工资的比重来确定，不同地域和行业的基础工资有所不同。

2. 岗位（职务）工资或技能工资

岗位（职务）工资或技能工资是根据岗位（职务）的技术要求、业务要求、劳动繁重程度、劳动条件的不同、所负工作责任的大小等因素来确定工资多少的一种工资形式。它是结构工资制度的主要组成部分，发挥着激励职工努力提高技术、业务水平，尽心尽责地完成本人所在岗位（职务）工作的作用。岗位（职务）工资或技能工资有两种具体形式：一种是岗位（职务）等级工资的形式，岗（职）内分级，一岗（职）几薪，各岗位（职务）工资上下交叉；另一种是一岗（职）一薪的形式。岗位（职务）工资标准一般按组织的行政管理人员、专业技术人员、技术工人、非技术工人分别列表。

3. 效益工资

效益工资是根据组织的经济效益和职工实际完成的劳动的数量和质量，组织支付给职工工资的一种工资形式。效益工资发挥着激励职工努力实干、多作贡献的作用。效益工资没有固定的标准，它一般采取奖金或计件工资的形式，下不保底。

4. 浮动工资

浮动工资是劳动者劳动报酬随着组织经营状况变化及劳动者劳动贡献大小而上下浮动的一种工资形式，形式多样。有利于调动员工的工作积极性，促使员工关心组织的集体事业。

5. 年功工资

年功工资是组织根据员工参加工作的年限，按照一定标准支付给员工工资的一种工资形式。它是用来体现员工逐年积累的劳动贡献的一种工资形式。它有助于鼓励员工长期在本组织工作并多作贡献，同时，又可以适当调节新老员工的工资关系。年功工资一般采取按绝对额或按系数两类形式发放。按绝对额发放年功工资又可分为按同一绝对额或分年限按不同绝对额的办法来发放。按系数发放年功工资又可分为按同一系数或不同系数的办法来发放。一般来说，年功工资的增加，主要取决于员工工龄的增长。

6. 设计结构工资制的基本模式

设计结构工资制的基本模式就是根据提供的相关资料，确定工资结构，如设置基础工资、岗位（职务）工资、年功工资、效益工资、浮动工资五个单元。再确定工资中各单元的比例，即将结构工资总额视为 100%，分别确定各工资单元所占的百分比。一般来说，生产、工作的重点环节，其相对应的工资单元比例应当高一些；反之，则可以低一些。然后，按各工资单元比例求出各单元的工资额。其计算公式为

单元工资额=结构工资总额×该工资单元所占百分比

例：某组织确定结构工资制中的岗位（职务）工资所占百分比为 40%，结构工资总额为每月 1 000 万元，那么岗位（职务）工资单元的工资额即 400 万元。

7. 确定各工资单元的内部结构

组织确定各工资单元的内部结构要按照岗位功能测评办法，确定岗位工资单元中各类岗位的顺序。如实行"一岗一薪"的，需确定各岗位之间的岗差系数；如实行岗位等级工资的，还需确定每类岗位内部各等级的工资系数，并测算平均工龄，确定效益工资的具体工资形式和发放办法；等等。与此同时，组织要根据各工资单元内部结构的安排，规定相应的技术标准、业务标准、职责条例、劳动定额等要求，并拟定具体考核办法。

8. 确定各工资单元的最低工资额

下面以结构工资中的岗位工资单元为例进行说明。

假设某组织已确定岗位工资占结构工资总额的比例为 40%，即 400 万元，设计岗位工资为"一岗一薪"制。岗位类别按岗位功能测评法划分为五类，每类岗位的工资系数（即每类岗的工资标准与最低的工资标准的比例关系）已按岗位之间的劳动差别分别确定。按五类岗位的顺序，每类岗的工资系数和岗位的人数如下所示。

一类岗：工资系数为 1，人数为 150，工资系数乘人数为 150；

二类岗：工资系数为 1.2，人数为 200，工资系数乘人数为 240；

三类岗：工资系数为 1.4，人数为 300，工资系数乘人数为 420；

四类岗：工资系数为 1.6，人数为 250，工资系数乘人数为 400；

五类岗：工资系数为 1.8，人数为 100，工资系数乘人数为 180；

人数合计为：1 000 人

各类岗的工资系数与人数加权以后的工资总量的系数为 1 390，则

最低工资额=岗位工资总额÷工资总量系数=4 000 000÷1 390≈2 878（元）

二至五类岗的工资标准可按各类岗的工资系数乘最低工资额求出，再对求出的一至五类岗的工资标准的尾数做适当调整，可得出各类岗的工资标准分别为 2 900 元、3 450 元、4 000 元、4 600 元和 5 200 元。

视野拓展

薪酬调整简介

9. 测算、检验并调整结构工资制方案

组织相关部门须根据初步确定的结构工资制各单元工资标准，将全部员工（或抽样）纳入方案测算：一是要看全部（或样本）员工个人的结构工资相加后是否基本符合事先安排的结构工资总额；二是要看员工个人结构工资水平与其本人以前的工资水平是否基本相当，多数人是否略有增加，其中原拟安排增加工资的生产、业务骨干的工资是否较多地增加了；三是要根据员工各方面情况的变化（如工龄增长、技术业务水平提高、岗位职务变动等）预测各类员工个人工资增长以及结构工资总额增长的趋势。如果存在工资总额超过或剩余过多，或是多数员工工资水平下降，以及今后结构工资增长速度过快或过慢等问题，都需要适当调整结构工资制方案。

10. 拟定职工纳入结构工资制的具体办法

组织相关部门按照职工原标准工资的一定百分比，就近纳入岗位（职务）工资，如工资结构中设置了基础工资单元的，则应先确定基础工资，再按上述办法纳入岗位（职务）工资，提升岗位、职务者按新岗位、新职务计发工资，然后，分别确定员工的年功工资，确定计提效益工资的办法等。

11. 结构工资制的实施和应注意的问题

组织实行结构工资制，比实行其他工资制度的工作量更大，各方面要求也较高，需要认真细致地做好有关工作。在结构工资制方案经过分析、论证、测算基本可行后，组织领导和人力资源管理部门应通过深入细致的宣传解释工作，使组织员工了解并接受结构工资制方案。方案讨论通过以后，组织的人力资源管理部门要制定结构工资制的管理制度和实施细则，包括：基础工资管理；技术、业务、职责等方面的考核办法；各工资单元的计发工资办法；升降级制度；职工调动和岗位、职务变动工资处理办法；关于减发工资的特殊规定；等等。在此基础上，工资主管部门还应按结构工资制的要求设计工资单元，注明各工资单元的数额，并据此对员工计发工资。

实行结构工资制是企业内部工资制度改革的新探索。从目前的实践来看，需要注意处理好以下几个问题。

（1）要明确实行结构工资制的目的，明确实行结构工资制是为了更好地贯彻按劳分配原则，调动员工的工作积极性。关键要看企业是不是具备了实行结构工资制的条件。

（2）企业员工的劳动不同于国家机关工作人员的劳动，因此，具备条件的企业实行的结构工资制，应区别于国家机关的以职务工资为主的结构工资制，尽可能充分适应企业生产经营的特点。

（3）企业员工是物质生产者，因此，企业实行的结构工资制，其工资结构中可变的部分应占有较大比例，以便于将员工的工资同其实际劳动成果紧密联系起来，及时、有效地激励员工为社会创造更多的物质财富。

（4）结构工资制要求对劳动诸要素进行比较细致的划分和归类，并要求各工资单元要有其相应的比例，因此，实行这种工资制度，<u>要求企业有较高的管理水平、较健全的规章制度</u>，同时还要求<u>企业经济效益能持续、稳定地增长</u>，<u>还要求企业有较强的资金负担能力</u>。

四、薪酬的带宽

确定带宽是薪酬制度设计的重要事项之一。带宽中的"带"意指薪酬级别，参见图8.2。

窄带薪酬工资浮动范围小，级别较多，甚至会有二三十个。窄带薪酬模式是一种传统模式，岗位薪酬实质上属窄带薪酬，岗位变化薪酬也随之发生变化。

宽带薪酬工资浮动范围比较大，级别较少甚至可能只有几个。宽带薪酬实质就是从注重岗位薪酬转变为注重绩效薪酬，职级减少，很多岗位

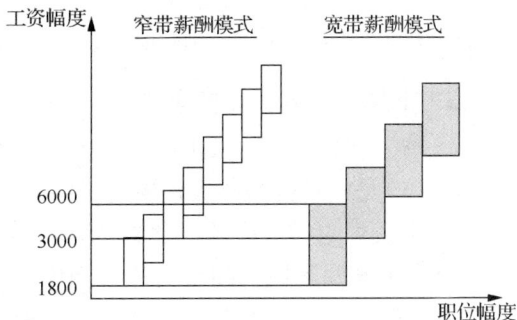

图 8.2　薪酬带宽示意图

被归类到同一个薪酬级别当中，带宽拉大，员工薪酬有了更大的升降幅度。这样带来的一个直接结果就是一个能力强的业务员的收入可能高于市场部经理的收入。

宽带薪酬是随着能力模型的逐渐流行而兴起的，它背后的逻辑是员工因能力差异巨大造成业绩差异巨大，故而薪酬差异也应该是巨大的。尽管窄带薪酬也承认能力的差异，但是窄带薪酬认为员工的薪酬主要依靠职位的价值，即使能力有差异，也不主张薪酬差异过大。

我们应该看到，不同组织、不同岗位的需求不同，宽带薪酬和窄带薪酬各有其适用的范围。

1. 带宽的计算和带宽的设计

带宽是指某薪酬级别的最小值和最大值的区间变动范围，也可以理解成每一薪酬级别下限到上限的涨幅，通常用百分比表示，计算公式为

$$带宽=[(最大值/最小值)-1]×100\%$$

例如，某薪酬级别的最高工资1万元，最低工资5 000元，则该级别的薪酬带宽=[(10 000/5 000)-1]×100%=100%。

宽带薪酬的带宽一般超过100%，通常在100%～400%。窄带薪酬的带宽通常在80%或100%以内。能力差异对工作的影响并不是特别大的低端职位的带宽一般为 20%～30%，对个人能力要求高的业务岗带宽能到60%以上。

一般来说，带宽的设计主要受以下因素的影响。

（1）职位层级的影响：随着职位层级的上升，通常带宽逐渐增大，这是因为级别越高，个人能力差异带来的贡献价值差异也就越大。

（2）能力差异的影响：能力对工作影响越大的岗位的带宽越大。比如一些技术类的岗位，尽管职位级别可能不是很高，但是员工能力差异对工作的影响很大，因此需要适当增大其带宽。

（3）岗位标准化程度的影响：岗位标准化程度越高，带宽越小；标准化的程度越低，带宽越大。这是因为标准化程度较高的岗位，员工发挥的空间较小，不同任职者的岗位贡献差异不

会太大，因此薪酬不需要拉开太大的差距，其带宽可以设置得小一些。而标准化程度较低的岗位，任职者发挥的空间较大，不同任职者的岗位贡献会有较大的差异，因此薪酬应该拉开差距，设计的带宽也应该大一些。

除以上因素外，在设计薪酬带宽时，还要考虑企业战略、组织架构与层级、市场薪酬定位、产品及岗位特点、现有人员薪酬特点等因素，这样才能制定出适合本企业的薪酬架构。

需要注意的是：带宽过小可能会导致"吃大锅饭"的隐患；带宽过大可能会造成员工注重个人业绩而忽视团队协作，继而造成人工成本增加等弊端。

2. 中位值、级差、重叠度

设计带宽时，还会遇到中位值、级差、重叠度等几个概念。

中位值是指对应薪酬级别中处于中间位的薪酬值。中位值为$(N+1)/2$所对应的薪酬值，其中N指数列的样本数量。当N为单数时，中位值为中间数据的薪酬值；当N为双数时，中位值为中间两个数据的平均值。当中位值和带宽确定后，我们就可以计算出此等级的最高值和最低值。当企业要制定或调整薪酬结构时，多会根据市场定位并参考市场中位值来确定中位值。

级差是指两个相邻薪酬级别的中位值的增长率，计算公式为

$$级差=[(较高职级的薪酬中位值/较低职级的薪酬中位值)-1]×100\%$$

级差越大，薪酬结构中的级别数越少，一般来说，级差随着薪酬的提高而逐渐加大。级差范围一般为30%～40%比较合理。在制定中位值级差时有两个需要考虑的因素：级差过大，员工晋升的付薪成本较高，即企业负担过重；级差过小，那么晋升员工不能得到相应激励。

一般而言，相邻的薪酬级别之间会有部分重叠。这样设计不仅考虑了员工资历因素，也增大了薪酬的弹性，体现差别。重叠度是指在两个相邻的薪酬级别之间的交叉或重叠程度，计算公式为

$$重叠度=\frac{低等级薪酬级别的高位工资-高等级薪酬级别的低位工资}{高等级薪酬级别的高位工资-高等级薪酬级别的低位工资}×100\%$$

微课堂

薪酬福利案例分析（二）

不同的重叠度，体现出不同的激励程度，通常重叠度越大，激励作用越大。一般在薪酬结构设计中不同层次的工资之间使用不同的重叠度，即低层级工资采用小重叠度，高层级工资采用大重叠度。

重叠的程度取决于两个因素：一是相邻两个薪酬级别的职务相对价值的差别大小，差别越大，重叠的程度就越小；反之，重叠的程度就越大。二是对有些长期从事某一工作，但晋升机会不多的员工，企业为激励其继续保持工作积极性，就只能在同一职级内，由下限向上限提升。这就要求工资等级有较大的范围，而范围越大，重叠的程度就越高。

📖 本章小结

薪酬是组织因补偿员工的劳动而付给员工的货币和实物。薪酬分为直接薪酬和间接薪酬。直接薪酬包括工资、奖金、津贴、股权，间接薪酬即福利。

影响薪酬的个人因素有员工个体的差别、员工岗位及职务差别；影响薪酬的外在因素有国家的有关政策和法律法规、社会平均工资水平和经济发展水平、劳动力市场的供需状况、当地的生活水平、行业薪酬水平的变化；影响薪酬的内在因素有组织所处的发展阶段、组织的经营状况、工作的特点和条件、组织文化、工会组织和劳资谈判。

薪酬管理是指一个组织为实现组织发展战略目标，根据组织状况（内部及外部状况），设计、确立和调整与薪酬相关的一系列项目的过程。合理有效的薪酬管理应遵循公平性、竞争性、激励性、经济性、合法性等原则。

薪酬体系设计运作程序包括工作分析、职位评价、薪酬调查、薪酬定位、薪酬结构设计、薪酬体系的实施和修正。

职位薪酬制度就是首先对职位本身的价值作出客观的评价，然后再根据这种评价的结果给予承担这一职位工作的人与该职位的价值相当的薪酬的制度，这是一种传统的薪酬分配制度。

绩效工资制度是指主要以员工的工作效率、劳动产品数量和质量、为组织创造的经济效益或其他贡献为依据，把员工个人业绩与个人收入直接挂钩，确定员工工资报酬的一种工资制度。

结构工资制度是指基于工资的不同功能将工资划分为若干相对独立的工资单元，各单元又规定不同的结构系数，组成有质的区分和量的比例关系的工资结构。

确定带宽是薪酬制度设计的重要事项之一。

练习题

一、名词解释

薪酬　　奖金　　津贴　　福利　　薪酬管理　　职位薪酬制度　　绩效工资制度　　结构工资制度

二、单项选择题

1. （　　）不属于工资总额。
   A. 计时工资
   B. 计件工资
   C. 劳动保护的各种支出
   D. 加班加点工资

2. 在组织内部各类、各级岗位的薪酬水平上，适当拉开差距，真正体现按贡献分配的原则，这体现的是薪酬管理的（　　）。
   A. 公平性
   B. 竞争性
   C. 激励性
   D. 合法性

3. 薪酬水平的设计要考虑组织的承受能力，这体现的是薪酬的（　　）。
   A. 公平性
   B. 竞争性
   C. 激励性
   D. 经济性

4. （　　）是薪酬设计的内部制约因素。
   A. 劳动力市场的供需关系与竞争状况
   B. 本单位的业务性质与内容
   C. 地区及行业的特点与惯例
   D. 当地生活水平

5. 正确的薪酬体系设计程序是（　　）。

A. 制定本组织的付酬原则与策略—工作设计与工作分析—薪酬结构设计—工作评价—薪酬调查—薪酬分级和定薪—薪酬制度的执行、控制和调整

B. 制定本组织的付酬原则与策略—薪酬分级和定薪—工作设计与工作分析—工作评价—薪酬结构设计—薪酬调查—薪酬分级和定薪—薪酬制度的执行、控制和调整

C. 制定本组织的付酬原则与策略—工作设计与工作分析—工作评价—薪酬调查—薪酬分级和定薪—薪酬结构设计—薪酬制度的执行、控制和调整

D. 制定本组织的付酬原则与策略—工作设计与工作分析—工作评价—薪酬结构设计—薪酬调查—薪酬分级和定薪—薪酬制度的执行、控制和调整

6. （　　）是指用同一客观标准对公司内部职位的相对价值进行评价的管理方法，以职位的价值点数来反映职位的价值。

A. 工作分析　　　　B. 职位评价　　　　C. 薪酬定位　　　　D. 薪酬实施

7. （　　）是指按照一定的标准，将职位归入事先确定好的职位等级中的职位评价方法，这种方法最早是美国政府对其文职职位进行评价时使用的。

A. 排序法　　　　B. 演绎法　　　　C. 归类法　　　　D. 要素计点法

8. 根据各个职位在付酬因素上的得分来确定职位价值的相对大小的工作评价方法是（　　）。

A. 排序法　　　　B. 归类法　　　　C. 因素比较法　　　　D. 要素计点法

9. （　　）是指基于工资的不同功能将工资划分为若干相对独立的工资单元，各单元又规定不同的结构系数，组成有质的区分和量的比例关系的工资结构。

A. 职位薪酬制度　　B. 绩效工资制度　　C. 能力薪酬制度　　D. 结构工资制度

10. 下列不属于国家法定福利的是（　　）。

A. 公休假日　　　　B. 带薪休假　　　　C. 心理咨询　　　　D. 法定休假日

三、多项选择题

1. 直接薪酬包括（　　）。

A. 基本工资　　　　B. 奖金　　　　C. 津贴　　　　D. 福利

2. （　　）是薪酬对组织的功能。

A. 激励功能　　　　B. 增值功能　　　　C. 约束功能　　　　D. 导向功能

3. （　　）是薪酬管理的原则。

A. 合法性　　　　B. 竞争性　　　　C. 激励性　　　　D. 经济性

4. 常用的职位评价方法有（　　）。

A. 排序法　　　　B. 归类法　　　　C. 因素比较法　　　　D. 评分法

5. （　　）是结构工资制度的组成部分。

A. 基础工资　　　　　　　　　　B. 岗位（职务）工资

C. 浮动工资　　　　　　　　　　D. 股权工资

6. （　　）是法定福利。

A. 职工食堂　　　　B. 社会保险　　　　C. 工资性津贴　　　　D. 通信补助

四、判断题

1．福利在本质上是一种补充性报酬，它往往不以货币形式直接支付给员工，而是以服务或实物的形式支付给员工。 （　）

2．排序法的工作程序是：将一个组织中相对价值最高与最低的岗位选择出来，作为高低界限的标准，然后在此限度内，将所有的岗位，按其性质与难易程度逐一排列，显示岗位与岗位之间价值的差异。 （　）

3．不可能存在一种薪酬管理制度能够适用于所有的企业，实际上不同性质的企业，其薪酬管理制度有不同的具体构成部分，侧重点也有所不同。 （　）

4．以绩效为导向的薪酬结构属于高弹性类的薪酬结构，员工的绩效工资占工资总额的比重较大。 （　）

5．管理部门的人员由于其劳动不直接影响企业的经济效益，所以应重保障，浮动工资（奖金）占工资总额的比重要大一些。 （　）

五、简答题

1．薪酬的含义是什么？其功能有哪些？

2．影响薪酬的因素有哪些？

3．薪酬体系设计的原则有哪些？

4．薪酬体系设计的运作程序是什么？

5．怎样设计职位薪酬制度？

6．怎样设计绩效工资制度？

7．怎样设计结构工资制度？

六、案例分析题

【案例一】

企业薪酬需要保密吗

小王进入一家小有名气的外企，他对这份工作很满意。一方面，公司员工之间很和谐，气氛非常轻松，工作虽累却很舒心；另一方面，薪水也不错，底薪有 3 000 元，还会有一些奖金。他进入该公司以来，一心扑在工作上，经常加班加点，有时还把工作带回家，确实也成绩斐然。比如说，上次湖北的一个设备安装项目，在小王的努力下，只用 1/3 的时间就完成了，为公司节约了大量的成本。项目负责人还专门写了一份报告表扬小王。同事们都很佩服他，主管也很赏识他。

同年进入公司的小李却开心不起来，因为他今年的业绩并不好。午饭时两人聊了起来，小李唉声叹气地说："小王，你今年真不错，不像我这么倒霉，薪水都加不了，干来干去还是 3 900 元。"这时，小王才知道，原来小李的底薪比自己高 900 元。他对小李没意见，可他想不通，论业绩、能力和学历，小李都不比他强，公司怎么能这样做呢？他想也没想就往人力资源部跑去……

思考讨论：

1．什么是薪酬公平？

2．结合该案例讨论薪酬保密的优缺点。

【案例二】

我们对《西游记》中调皮机灵的孙悟空，有时心软、有时固执的唐僧，嗜吃如命的猪八戒，老实忠厚、谦虚谨慎的沙悟净都比较熟悉。现假设唐僧师徒四人历尽千辛万苦西天取经归来，以如来、观音菩萨为首的董事会经过研究决定，奖励唐僧师徒四人西天取经项目小组500万元奖金。

考虑到取经路途遥远，困难重重，虽然他们都扮演好了自己的角色，对目标的实现作出了贡献。但是，每个人的贡献是有差异的，奖金应根据贡献程度进行分配，进一步肯定他们对完成目标的贡献和他们的价值，提高他们的工作满意度。

思考讨论： 本着奖金设计应以激励导向为主、兼顾公平的分配原则，讨论最适合这个团队的绩效考核（奖金分配）方案。

综合实训

一、实训内容

以学习小组为单位，以本校某一岗位为对象，运用实地观察法和访谈法对其薪酬进行分析。试分析应如何对其进行薪酬制度设计，并说明小组内各成员分工情况和完成作业的过程，同时附观察和访谈提纲。（参考岗位：学生食堂各岗位，学院办公室各岗位，图书馆、阅览室各岗位，实验室各岗位，环卫、清洁各岗位，等等）

二、方法步骤

1. 5个人组成一个小组，对本校某一岗位的薪酬进行分析。
2. 每个小组派一名代表在课堂上交流发言。

三、实训考核

1. 教师对小组完成的岗位薪酬制度设计按要求给予成绩认定。
2. 教师对讨论交流的内容给予点评。

第九章

劳动关系管理

【学习目标】

知识目标：了解劳动关系的含义，掌握劳动合同管理的内容，掌握劳动争议处理的内容。

能力目标：掌握劳动合同管理的内容和劳动争议处理的原则和程序。

素养目标：理解建立健全社会保障体系的重要性，培养积极面对、正确处理劳动关系问题的理念和意识。

【引　言】

多年来，超过法定退休年龄的就业人员已经形成了一个庞大的群体，这种情况在物业、保洁、环卫等工作岗位上较为明显。此类人员与用人单位发生争议时，常遭遇维权的困境。由于法律规定不明确，各地做法不一。有的按照劳务关系处理，有的按照劳动关系处理，这两种不同处理方式导致的结果相差甚远。

聘用退休人员劳动合同纠纷案例

什么是劳动关系？如何建立劳动关系？如何按照劳动法律法规处理发生的劳动争议？本章将进行解答。

劳动关系的建立、管理和协调，劳动合同的签订和管理等对用人单位和员工都十分重要，全社会劳动者都要学习劳动法律法规，为实现和谐社会而努力。

本章对劳动关系管理方面的内容进行了具体的阐述和分析。从劳动关系的含义、特征及内容、劳动关系的发展演变、处理劳动关系的基本原则、劳动关系的协调、劳动合同的管理、劳动争议的处理等方面进行了较详细的阐述。

第一节　劳动关系概述

一、劳动关系的特征及内容

劳动关系是指劳动者与用人单位在实现劳动的过程中发生的社会关系，是指国家劳动法律法规规范的劳动法律关系，即双方当事人是被一定的劳动法律规范所规定和确认的，双方当事人的权利和义务是联系在一起的，其权利和义务的实现，是由国家强制力来保障的。劳动法律关系中的劳动者一方必须加入另一方的用人单位，成为该单位的成员，并参加单位的生产劳动，遵守单位内部的劳动规则；而用人单位一方则必须按照劳动者完成的劳动数量和质量给付其报酬，提供工作条件，并不断提高劳动者的物质文化生活水平。

劳动关系的法律特征有以下三点：①劳动关系是劳动者与用人单位双方在现实劳动过程中所发生的关系，与劳动者有着直接的联系；②劳动关系的双方当事人，一方是劳动者，另一方是提供生产资料的劳动者所在的用人单位；③劳动关系中的劳动者，是用人单位的成员，要遵守用人单位内部的各种规定和制度。

劳动关系包括劳动者与用人单位之间在工作时间、休息时间、劳动报酬、劳动安全、劳动卫生、劳动纪律及奖惩、劳动保护、职业培训等方面形成的关系。此外，与劳动关系密不可分的一些关系还包括劳动行政管理部门与用人单位、劳动者在劳动就业方面、劳动争议以及社会保险等方面的关系，工会与用人单位、职工之间因履行工会的职责和职权、代表和维护职工合法权益而发生的关系，等等。

二、劳动关系的发展及我国劳动关系的现状

1. 影响劳动关系的主要因素

不同社会的生产关系、经济体制、政治体制、文化层面等因素对劳动关系的形成、性质及变化有必然的影响作用。

（1）企业所有制。企业所有制性质不同，生产资料的占有、使用形式，生产资料和劳动者的结合方式，劳动成果的分配方式往往也不同，这就决定了不同所有制企业的劳动关系具有不同的性质和特点。

（2）经济体制。经济体制是决定劳动关系性质和特点的直接因素。经济体制主要是指社会经济的组织结构和运行机制。如在计划经济体制向社会主义市场经济体制转型期，劳动关系必然要发生深刻的变化，劳动关系的主体、形式以及双方的地位和利益格局也都会因此而发生改变。

（3）政治体制。政治体制也是决定和影响劳动关系性质和特点的重要因素。政治体制主要是指国家政治权力的结构及其运行机制。作为一种基本的社会经济利益关系，劳动关系必然要反映在国家政治关系中。政治体制要求政府对劳动关系的结构、运行及其利益关系进行干预和施加影响，以保障劳动者的政治地位和经济权利。

（4）文化因素。这里的文化因素主要是指处于不同文化层面上的国家或民族的人们的思维方式、行为方式和民族性格等内在因素。劳动关系作为一种特殊的人与人之间的关系，不可避免地要体现各种文化的内容。一个国家、民族和地区的各个组织在劳动关系方面具有共性；而单个组织劳动关系所体现出的异质性，则受到微观层面文化及组织文化的影响。

2. 发达国家劳动关系的发展阶段

发达国家劳动关系的发展大体经历了以下三个阶段。

（1）自由契约式的关系。在资本原始积累时期，劳动关系主要靠劳资双方自由形成，工会尚未形成或尚处于十分薄弱的阶段，法治尚不完善。在这一阶段，资方力量占有绝对优势，他

们以牺牲劳动者的权益为代价，攫取最大剩余价值，工人则以消极怠工、罢工甚至以武力冲突的方式与资方对抗。

（2）集体谈判式的关系。由于工会力量逐步强大，可代表劳方与资方在谈判的基础上订立契约。在这一阶段，工人因为工会的产生而具有了强大的集体力量，足够与资方抗衡，推动了劳动法律法规的建立和完善，具备了与资方平等谈判的资格，使劳资调和成为可能，从而使原来无序的、对抗性的、不可调节的劳资斗争走向有序的、理性的、合法的谈判与调解，合作与共赢成为这一时期劳动关系的明显特征。

（3）人力资源式的关系。随着生产力和科学技术的发展，人类社会进入后工业化社会后，人力资源要素在生产中的作用日益重要，使劳动者的弱势地位得到根本性扭转，资方不得不更加尊重和维护劳方的权益。这一阶段的劳动关系只有在社会经济高度发达之后，随着科技进步和知识经济的兴起，才初见端倪，并逐步显现。

3. 我国劳动关系的现状

我国劳动关系的现状如下。

（1）劳动关系相对独立。劳动关系双方表现为两个相对独立的利益主体，劳动关系由用人单位和劳动者直接构成并自行管理，双方需要通过对具体劳动条件、劳动报酬以及劳动标准的协商，求得共识，获得各自应得到的利益。

（2）劳动关系多元化。我国经济模式不仅包括国有经济，即国有企业及国有控股企业，也包括非公经济，即私营企业、合资企业、合作企业，同时也包括多种经济成分的混合所有制企业。以非全日制、临时性和弹性工作等多种形式实现就业的非正规就业人员的逐步增加，劳动关系的表现形式越来越趋向于多元化，已形成适应不同所有制形式、不同就业形式、不同企业经营管理方式的多种劳动关系。

（3）劳动关系契约化。劳动关系的形成和调节，主要通过合同、契约等方式来实现。由劳动者个人与用人单位签订劳动合同，确定劳动关系并明确双方的权利与义务；由工会代表劳动者与用人单位通过协商谈判签订集体合同，确定整体的劳动标准和权益保障条件并予以实施，使之能够依照有关的法律规范正常运行。

（4）劳动关系以市场调节为基础。劳动关系的形成、劳动条件的确定以及劳动力价格水平在很大程度上取决于市场的供求状况。现阶段，我国劳动力市场调节机制还有待进一步健全，劳动关系中的各种矛盾还有待进一步解决。

（5）劳动关系步入法治化轨道。市场经济是法治经济，它要求人们的经济行为要遵守市场规则和法律法规。随着我国市场经济法治化进程的推进，劳动关系已逐步进入法治化的轨道。

（6）劳动关系国际化。随着经济全球化步伐的不断加快，我国劳动关系也受到国际上诸多因素的制约和影响。既有经济因素（如非贸易壁垒、社会条款、社会责任标准等），也有政治因素。

三、处理劳动关系的基本原则

处理劳动关系应遵循以下几项基本原则。

（1）以法律为准绳的原则。劳动关系是最基本的社会关系，关系到社会成员的根本利益，影响重大。处理组织内部劳动关系时不能随心所欲，必须以国家有关法律、法规和政策为依据，做到依法办事，以实现劳动关系的协调发展。目前，我国已初步形成了以《劳动法》为主体的调整劳动关系的法律法规体系，建立了劳动合同和集体合同制度、三方协调机制、劳动标准体系、劳动争议处理体制和劳动保障监察制度等，为劳动关系的处理提供了有力的法律保障。

（2）合理性原则。劳动关系管理活动受社会道德、风俗习惯、传统文化等多种因素的影响，只有合理、公正的劳动关系管理活动才会被组织成员接受，劳动关系管理活动才能顺利地进行。

（3）兼顾各方利益的原则。要使组织内部各方保持和谐的合作关系，就必须兼顾各方利益，而不能偏顾一方的利益，甚至损害另一方的利益。例如，在处理薪酬福利问题时，既要考虑组织的发展需要，也要考虑员工收入的增长。过分强调组织的长远发展而忽视员工收入的增加，就会挫伤员工的积极性；片面强调增加员工收入而不考虑组织的长远发展，则容易使组织缺乏发展后劲，削弱组织的竞争力。

（4）民主协商原则。当组织内部劳动关系紧张，发生劳动争议时，劳动关系双方应尽量采取协商的办法解决，不应轻易采取极端行动，如罢工、怠工、开除等形式，以免形成尖锐对立的局面，对双方造成更大的损失。

（5）创新发展原则。综上所述，可知劳动关系管理需要管理者更新观念，改善组织结构，创新组织行为方式，采用有效的措施和方法进行管理，做到与时俱进。

📖 视野拓展

劳动关系批量处理有哪些法律风险及法律外风险

订单减少、业务萧条时，在生死线上挣扎的企业有时不得不选择裁员，或转移劳动关系到关联公司，或成批地让员工停工待岗，等等，这称为劳动关系批量处理。这种做法会带来哪些法律风险呢？这种做法违反上述的处理劳动关系的基本原则吗？

四、劳动关系的协调方法

（1）会议协调法。这是应用比较广泛的劳动关系协调方法之一。选择合适的场所，劳动关系协调者、劳动关系双方当事人或代表共同参加，在会议上表达自己的意见和主张，进行充分的协商，最终达成一致意见，签署劳动关系双方应共同遵守的协议。

（2）组织协调法。由劳动关系双方派出代表，组成一定的机构，就双方有关问题进行讨论、协商，达成一致意见，实现劳动关系的改善和发展。

（3）信息沟通法。许多矛盾的产生是因为沟通有障碍，信息不畅通，相互之间不了解。公开更多的相关信息，能使劳动关系双方加强了解，消除误会，改善关系。

（4）第三方协调法。当劳动关系双方当事人的冲突比较激烈，难以面对面地进行协商时，可以寻找双方都能够接受的第三方进行协调，由第三方站在公正的立场上对劳动关系进行调解。

（5）法律协调法。依据国家有关法律规定，通过政府劳动执法部门对劳动关系进行协调并解决存在的问题。

第二节　劳动合同管理（一）

　　劳动合同是劳动者与用人单位之间有关双方权利和义务的协议，是规范、约束、调节、激励劳动行为和协调劳动关系的重要方式。劳动合同订立的过程以及对劳动合同的管理是人力资源管理的重要内容，也是人力资源管理的基础。

一、劳动合同概述

　　劳动合同是指劳动者与用人单位之间确立劳动关系、明确双方权利和义务的协议。其条款主要包括用人单位的名称、住所和法定代表人或者主要负责人的姓名，劳动者的姓名、住址和公民身份号码或者其他有效身份证件号码，劳动合同期限，工作内容和工作地点，工作时间和休息休假，劳动报酬，社会保险，劳动保护、劳动条件和职业危害防护，以及法律法规规定的应当纳入劳动合同的其他事项。订立或变更劳动合同，应当遵循平等自愿、协商一致的原则，不得违反有关法律法规的规定。

📖 视野拓展

劳动合同与劳务合同的区别

　　宋某在北京工作已经 3 年了，一直在某公司做销售员。公司和她签订劳动合同时说，由于她没有北京户口，不能签订劳动合同，而只能签订劳务合同。不料，她突然患病住院，医药费高达几万元。这时她才想到自己还没有办理社会医疗保险。她找公司要求按社会医疗保险的相应标准报销医药费，公司却答复她，她与公司签订的是劳务合同，公司不承担医药费。

　　那么，劳动合同与劳务合同有什么不同呢？

（一）劳动合同的特点

　　相较于其他合同，劳动合同有以下几个特点。

　　（1）劳动合同的主体具有特定性。即劳动合同的一方主体是劳动者，劳动者是符合一定条件的自然人，即具有劳动权利能力和劳动行为能力的中国人、外国人和无国籍人；另一方主体是用人单位，用人单位是符合法定条件的法人单位或其他社会组织，即具有使用劳动力的权利能力和行为能力的企业、个体经济组织、国家机关、事业组织、社会团体等用人单位。

　　（2）劳动合同的内容具有权利与义务的统一性和对应性。劳动合同规定了劳动者、用人单位双方在实现劳动过程中的权利和义务。双方的权利与义务具有统一性。没有只享受权利而不履行义务的劳动合同，也没有只履行义务而不享受权利的劳动合同。劳动合同双方当事人的权利与义务还具有对应性，劳动合同一方的权利就是另一方的义务。

　　（3）劳动合同的客体具有单一性。劳动合同双方当事人的权利与义务共同指向劳动者的劳动力，即蕴含在劳动者体内的脑力与体力结合而成的劳动能力。劳动力是劳动合同的唯一客体。因此，劳动合同的客体具有单一性。

　　（4）劳动合同是要式合同。劳动者与用人单位依法就劳动合同条款内容协商并达成一致意见，采用书面形式签订劳动合同，用书面形式订立劳动合同可以更好地维护劳动者和用人单位的利益，有利于劳动合同的使用和管理，有利于劳动关系的协调。

（5）劳动合同是诺成合同。劳动合同双方根据国家有关法律法规的规定，经过平等协商，达成一致意见，签订劳动合同，互相作出各自的承诺，答应履行一定的义务，享受一定的权利。因此劳动合同是在当事人双方互相承诺给对方一定利益的情况下订立的，违背劳动合同的条款就要承担相应的民事责任和其他责任。

（6）劳动合同具有涉及第三人利益的特性。劳动合同中的社会保险和福利待遇的权利须附带没有参加签订劳动合同的第三人即劳动者直系亲属依法享受有关的社会保险和福利待遇的权利。

（二）劳动合同的内容

劳动合同的内容是劳动合同双方当事人依法经过平等协商达成的有关权利和义务的条款。《劳动法》规定，劳动合同应当以书面形式订立，并具备以下条款：①劳动合同期限；②工作内容；③劳动保护和劳动条件；④劳动报酬；⑤劳动纪律；⑥劳动合同终止的条件；⑦违反劳动合同的责任。劳动合同除前款规定的必备条款外，当事人可以协商约定其他内容。根据这一规定，劳动合同的内容可分为法定内容与约定内容两部分。

1. 法定内容

法定内容是指劳动法律规范规定的、劳动合同双方当事人必须遵照执行的内容。用人单位与劳动者订立劳动合同时，必须在劳动合同中规定下列法定内容。

微课堂
劳动合同中常犯
的四个错误

（1）工作时间和休息休假。

（2）劳动保护和劳动条件。前者是为保障劳动者在劳动过程中的安全和健康所采取的各项保护措施，后者则是用人单位应为劳动者提供的符合国家劳动安全卫生标准的工作环境。劳动合同中规定的劳动保护和劳动条件必须符合劳动法律法规的有关规定。

（3）劳动待遇。工资、保险、福利等劳动待遇，不得低于国家规定的标准。

劳动合同中的法定内容是劳动法律法规规定的，双方当事人可以在有关法律法规规定的范围内协商具体执行办法。

案例阅读与分析

下面是甲方（用人单位）和乙方（员工）签订的劳动合同的内容。

1. 乙方的职务为内部网络维护工程师，主要负责甲方内部网络的规划和建设，负责甲方内部网络的安全和维护。

2. 乙方的正常工作时间为每日8小时。

3. 甲方根据工作需要要求乙方加班时，乙方除不可抗力外，应予以配合。

4. 乙方须遵守《员工手册》中规定的各项劳动纪律。

5. 甲方应按月支付乙方报酬，乙方的工资待遇为6 000元/月。

6. 本合同一式两份，甲、乙双方各执一份，经双方签字后于20××年8月1日起生效。

7. 本合同为长期合同，甲、乙双方若不特别声明，本合同持续有效。

8. 如甲、乙双方在履行本合同的过程中发生争议，同意提交劳动仲裁机构进行仲裁。

问题：指出以上劳动合同条款中缺少哪些法定内容。

2. 约定内容

约定内容是指劳动合同双方当事人协商约定的内容。约定内容又分为必要内容和补充内容。必要内容是指劳动合同必须具备的内容，缺少了它，劳动合同就不能成立。必要内容包括劳动合同期限、工作内容和劳动待遇等。补充内容并非劳动合同必须具备的内容，缺少了它，劳动合同依然成立。例如劳动合同是否规定试用期，是否约定保守用人单位商业秘密，以及用人单位是否向劳动者提供住房、班车、托儿所、幼儿园和其他生活福利设施，等等。劳动合同双方当事人约定的内容，无论是必要内容还是补充内容，都不得违反劳动法律法规的有关规定，否则一律无效。需要强调的是，用人单位在与劳动者订立劳动合同时，不得以各种名目向劳动者收取定金、保证金（物）、抵押金（物）和其他费用。对违反这一规定的，应责令用人单位立即退还给劳动者本人。

案例阅读与分析

石某在一所技校学习烹饪，毕业后到黄河饭店做厨师。黄河饭店与石某签订了为期 4 年的劳动合同。约定试用期为半年，期满考核不合格要延长半年的试用期，饭店每月付给石某工资5 000 元。石某在试用期内积极、勤奋，但由于经验不足，在试用期满考核中，未能合格。饭店决定延长半年的试用期，并将石某的工资减半为 2 500 元。石某认为自己工作勤奋，饭店不应降低工资，于是找到经理要求恢复原来的工资，但遭到拒绝。经理的理由是在延长的试用期内降低工资是饭店的一贯做法，也是饭店内部规定的一项内容。双方协商不成，石某向该地劳动争议仲裁委员会申请仲裁。劳动争议仲裁委员会经核查，裁决黄河饭店有关延长试用期及在延长试用期内工资减半的规定违法、无效。

问题：

（1）劳动争议仲裁委员会的裁决正确吗？

（2）黄河饭店应当承担什么责任？

二、劳动合同的订立

劳动合同的订立是指劳动者与用人单位之间为建立劳动关系，依法就双方的权利与义务协商一致，设立劳动合同关系的法律行为。《劳动法》规定：订立和变更劳动合同，应当遵循平等自愿、协商一致的原则，不得违反法律、行政法规的规定。根据这一规定，订立劳动合同必须遵守下列原则。

1. 合法的原则

所谓合法，就是依法订立劳动合同。订立劳动合同，不得违反法律、行政法规的规定。依法订立劳动合同，必须符合以下要求。

（1）当事人必须具备合法资格。用人单位，应是依法成立的企业、个体经济组织、国家机关、事业组织、社会团体等。劳动者，<u>必须具有劳动权利能力和劳动行为能力，凡年满 16 周岁、具备初中及以上文化程度、身体健康的中国人、外国人和无国籍者，均具有签订劳动合同的资格。</u>

（2）劳动合同内容合法。劳动合同各项条款必须符合法律、行政法规的规定。

（3）劳动合同形式合法。<u>劳动合同应以书面形式订立。</u>只有依法订立的劳动合同，才能得到国家承认，并受法律保护。

（4）劳动合同订立的程序要合法，劳动合同的履行要合法。

问与答

问：员工未按时（一个月之内）签订劳动合同是谁的责任？

答：一个月内未签订劳动合同，无后果。满一个月后未签订劳动合同，用人单位承担相关责任。

2. 平等自愿、协商一致的原则

<u>平等是指劳动者与用人单位的法律地位平等，</u>双方以平等的身份订立劳动合同。自愿是指订立劳动合同完全出于双方当事人自己的意志，<u>任何一方不得将自己的意志强加给对方，任何第三者也不得对订立劳动合同进行非法干涉。</u>双方当事人应经过平等协商，取得一致意见，签订劳动合同。

3. 科学原则

双方当事人在签订劳动合同时，应根据实际情况，实事求是，劳动合同的内容应科学合理。

签订劳动合同时还应注意，劳动者必须亲自同用人单位签订劳动合同。<u>任何单位（包括工会）和个人无权代表劳动者同用人单位签订劳动合同。</u>

在确定劳动合同内容的阶段，主要有以下环节：①提出劳动合同草案。劳动合同一般由用人单位拟定，并向劳动者作出说明和解释。②用人单位向劳动者介绍内部劳动规则。③用人单位与劳动者商定劳动合同内容。④双方当事人签名盖章。⑤鉴证。鉴证不是劳动合同成立和生效的必经程序，只起到证明合同真实性和合法性的作用。但是当事人明确约定或者法律明确规定必须鉴证的，则鉴证后劳动合同才可生效。

案例阅读与分析

某印刷厂对外招工，招工简章要求应聘者视力达 2.0（标准对数视力 5.3）。女工宋某前来应聘，印刷厂对宋某考核后，准备录用宋某，随即安排其体检。宋某知道自己视力不好，就让与其相貌相近的胞妹顶替她体检，从而通过了视力检查，被厂方录用。双方签订了为期 1 年的劳动合同，其中试用期为 3 个月。

上岗后，该厂发现宋某在工作中常常出错，对宋某的视力产生怀疑而进行复检，宋某的双眼视力分别仅为 0.2（标准对数视力 4.2）和 0.3（标准对数视力 4.5），远远低于该岗位的要求。后经调查，厂方得知宋某在体检时由其胞妹顶替，隐瞒了本人视力不好的真实情况。由于视力等原因，宋某不能胜任工作。但厂方在宋某的试用期内未及时处理。在试用期满后，厂方以宋

某不符合录用条件为由，书面通知宋某解除劳动合同。

宋某在1个月内向当地劳动争议仲裁委员会申请仲裁，请求认定该印刷厂与其解除劳动合同的行为是违法、无效的，并要求裁决该印刷厂继续履行与其签订的劳动合同。

问题：印刷厂的劳动合同是否有效？应如何进行处理？

三、劳动合同管理的含义

劳动合同的管理是指国家司法机关、劳动行政部门、组织的主管部门、组织的内部行政部门和工会，按照国家的授权和法律法规的规定，在各自的职责范围内，根据法律、法规和政策的要求，运用指导、组织、监督、检查等手段，分别对劳动合同的订立、履行、变更、解除等行为实施司法管理、行政管理、企业管理和民主管理，制止、纠正和查处劳动合同运行中的违法行为，以保障劳动合同的贯彻实施。

1. 劳动行政部门对劳动合同的管理

劳动行政部门作为主管劳动合同制度建立的政府机构，应当按照指导、监督的原则，在劳动合同管理方面行使以下职能。①建立一套科学的劳动合同管理制度，包括相配套的管理办法。如制定劳动合同行为规范，提供示范合同或合同文本等。②督促、指导、检查用人单位与劳动者依照劳动法律、劳动法规及有关政策签订劳动合同，切实履行合同。③对用人单位的劳动合同管理工作进行业务指导。④制止和纠正违反劳动法律、法规、政策和劳动合同的行为等。

2. 员工所在组织对劳动合同的管理

员工所在组织对劳动合同的管理包括以下内容。①建立劳动合同台账。为有效管理劳动合同，组织必须建立劳动合同台账，准确记录合同期内的各种文件，根据情况进行分类归档。劳动合同台账一般包括员工登记表、劳动合同、员工统计表、专项协议以及福利待遇、解除劳动关系等方面的文件。②劳动合同的调整。随着环境的改变，即工作内容、手段、方式、技术、人员等方面情况的变化，管理部门应及时调整劳动合同的内容，并更新其中的一些条款，变静态管理为动态管理。③劳动合同的公示。在合理有效的前提下，组织应公开劳动合同中的一些资料和情况，增强员工的合同意识、权利意识、责任意识，加强员工与组织之间的协调和合作，并利用其中的信息资料，促进组织的发展等。

案例阅读与分析

某公司是一家中型企业，该公司的劳动合同文档资料按照员工姓氏笔画排列，检索员工的资料很方便。但是对于劳动合同续订、终止，试用期考察，企业人力资源规划，以及开展员工专业技术培训、资格证书检验等人力资源动态管理业务来说，劳动合同文档管理服务很不到位。

问题：如何提高劳动合同文档管理水平，对劳动合同如何实施分类管理？

3. 工会对劳动合同的干预

工会通过职工大会、职工代表大会等形式参与民主管理或与用人单位平等协商；代表职工与用人单位进行谈判和签订集体合同；对劳动合同的签订和履行进行监督；参与劳动争议的调解和仲裁；对用人单位遵守劳动法律、法规的情况进行监督。

第三节　劳动合同管理（二）

一、劳动合同的履行

履行劳动合同是指劳动合同双方当事人按照劳动合同规定的条件，履行义务并且行使权利的行为。《劳动法》规定：劳动合同依法订立即具有法律约束力，当事人必须履行劳动合同规定的义务。任何第三方不得非法干预劳动合同的履行。履行劳动合同，必须遵循以下原则。

（1）亲自履行原则。指劳动合同当事人必须自己履行所应承担的义务。任何一方当事人不得将自己的义务转给他人代为履行。

（2）权利与义务相统一原则。指当事人的权利与义务相辅相成，是一个不可分割的整体。任何一方当事人既享有权利又履行义务。劳动合同双方当事人互为权利、义务主体，其权利与义务在劳动过程中实现。劳动合同双方当事人互有请求权，以保证劳动合同规定的双方权利与义务得以实现。

（3）全面履行原则。指劳动合同当事人按双方约定的各项条款履行劳动合同。当事人任何一方不得分割履行各项义务或不按合同约定履行义务。

（4）协作履行原则。指双方当事人相互协作，保证劳动合同得以履行。

劳动合同条款与所在单位集体合同有关规定不一致的，按照集体合同的有关规定履行。

二、劳动合同的变更

变更劳动合同应当遵循平等自愿、协商一致的原则，不得违反法律、行政法规的规定。

下面为允许变更劳动合同的条件。①经双方当事人协商同意；②订立劳动合同时所依据的法律、行政法规和规章已经修改或废止；③劳动合同条款与集体合同的规定不同；④企业经上级主管部门批准或根据市场变化决定转产或调整生产任务；⑤企业严重亏损或因发生自然灾害，确实无法按照原约定的条件履行劳动合同；⑥因其他客观情况发生重大变化，致使劳动合同无法履行；⑦劳动者因健康状况而不能从事原工作；⑧法律、法规允许的其他情况。

在劳动合同没有变更的情况下，用人单位不得安排劳动者从事劳动合同规定以外的工作，但下列情况除外：①发生事故或遭遇灾害，需要及时抢修或救灾；②发生短期停工；③劳动者违反劳动纪律而被调动从事其他工作；④法律、法规允许的其他情况。

变更劳动合同的程序，一般分为以下三个步骤：①及时提出变更合同的建议。当事人一方向对方提出变更劳动合同的建议，说明变更合同的理由、内容、条件以及请求对方答复的期限等内容。②按期作出答复。当事人一方得知另一方提出变更合同的建议后，应在对方规定的期限内作出答复，可以依法表示同意、不完全同意或不同意。③双方达成书面协议。双方当事人就变更劳动合同的内容经协商取得一致意见，达成变更劳动合同的书面协议。劳动合同部分内容变更后其他内容可以维持原劳动合同的规定，也可以作相应的修改。

问与答

问： 非全日制劳动合同变更需提前多少日通知对方？

答：《中华人民共和国劳动合同法》(以下简称《劳动合同法》)规定，非全日制用工双方当事人可以订立口头协议，因此，变更劳动合同可以随时进行，任何一方以原约定形式尽到通知义务即可。

三、劳动合同的解除

劳动合同的解除是指劳动合同当事人在劳动合同期限届满之前终止劳动合同关系的法律行为。劳动合同的解除可以分为以下几种情况。

1. 双方协商解除劳动合同

《劳动法》规定，经劳动合同当事人协商一致，劳动合同可以解除。双方协商解除劳动合同的条件：一是双方自愿，二是平等协商，三是不得损害另一方利益。双方协商解除劳动合同，须达成解除劳动合同的书面协议。

2. 用人单位单方解除劳动合同

用人单位单方解除劳动合同，可分为以下三种情况。

（1）因劳动者不符合录用条件、有严重过错或触犯刑法的，用人单位可随时通知劳动者解除劳动合同。《劳动法》规定，劳动者有下列情形之一的，用人单位可以解除劳动合同：①在试用期间被证明不符合录用条件的；②严重违反劳动纪律或者用人单位规章制度的；③严重失职，营私舞弊，对用人单位利益造成重大损害的；④被依法追究刑事责任的。

案例阅读与分析

孟某自2007年起在某公司担任操作工，并与公司签订了无固定期限劳动合同。2020年9月，孟某与黄某在更衣室午休时被发现，公司对二人进行了谈话教育，下午黄某作了书面检讨，表示其在更衣室睡觉的行为与公司规定不相符，经批评教育意识到问题的严重性，但孟某认为午餐后属于休息时间，拒绝检讨。2020年9月28日，公司及工会对黄某及孟某午餐后在更衣室躺倒睡觉一事形成处理意见，一致认为该行为属于严重违反劳动纪律，根据两人的态度及平时工作表现，作出对黄某行政警告一次留用察看半年、与孟某解除劳动合同的决定。孟某认为公司是违法解除劳动合同并提起诉讼。

问题： 你认为，本案中法院会支持孟某的诉求吗？

（2）劳动者不能胜任工作或客观情况致使劳动合同无法履行的，用人单位提前30日书面通知劳动者，方可解除劳动合同。《劳动法》规定，有下列情形之一的，用人单位可以解除劳动合同，但是应当提前30日以书面形式通知劳动者本人：①劳动者患病或者非因工负伤，医疗期满后，不能从事原工作也不能从事由用人单位另行安排的工作的；②劳动者不能胜任工作，经过培训或者调整工作岗位，仍不能胜任工作的；③劳动合同订立时所依据的客观情况发生重大变化，致使原劳动合同无法履行，经当事人协商不能就变更劳动合同达成协议的。

（3）经济性裁减人员。《劳动法》规定，用人单位濒临破产进行法定整顿期间或者生产经营状况发生严重困难，确需裁减人员的，应当提前 30 日向工会或者全体职工说明情况，听取工会或者职工的意见，经向劳动行政部门报告后，可以裁减人员。用人单位依据该条规定裁减人员，在 6 个月内录用人员的，应当优先录用被裁减的人员。

📖 **视野拓展**

公司单方解除劳动合同未通知工会有问题吗？

如果出现用人单位单方解除劳动合同，而没有事先将理由通知工会或者征求工会意见的情况，用人单位单方解除劳动合同的行为是否具有法律效力？劳动者能否以用人单位解除劳动合同违法为由要求撤销解除决定，继续履行劳动合同，或者要求用人单位支付解除劳动合同赔偿金？

3. 劳动者单方解除劳动合同

劳动者单方解除劳动合同，可分为以下两种情况：一是提前 30 日书面通知用人单位解除劳动合同。《劳动法》规定，劳动者解除劳动合同，应当提前 30 日以书面形式通知用人单位。二是随时通知用人单位解除劳动合同。《劳动法》规定，有下列情形之一的，劳动者可以随时通知用人单位解除劳动合同：①在试用期内的；②用人单位以暴力、威胁或者非法限制人身自由的手段强迫劳动的；③用人单位未按照劳动合同约定支付劳动报酬或者提供劳动条件的。

4. 劳动合同自行解除

劳动者被开除、除名或因违纪被辞退，劳动合同自行解除。

应当注意的是，《劳动法》规定，劳动者有下列情形之一的，用人单位不得依据本法相关条款规定解除劳动合同：①患职业病或者因工负伤并被确认丧失或者部分丧失劳动能力的；②患病或者负伤，在规定的医疗期内的；③女职工在孕期、产期、哺乳期内的；④法律、行政法规规定的其他情形。

📖 **视野拓展**

如何认定和处理员工"旷工"

四、解除劳动合同的经济补偿

解除劳动合同的经济补偿是指因解除劳动合同而由用人单位给予劳动者的一次性的经济补偿金。《劳动法》规定，用人单位依据本法相关条款规定解除劳动合同的，应当依照国家有关规定给予经济补偿。

📖 **问与答**

问：用人单位和员工签订两次合同到期后能否解除劳动合同？能不给经济补偿吗？

答：①若员工未提出签订劳动合同要求的，用人单位提出签订新的固定期限或者无固定期限劳动合同，待遇不低于前合同约定的，可以不支付经济补偿金。②若待遇降低导致员工不签订的，用人单位应支付经济补偿金。③员工提出签订无固定期限劳动合同的，用人单位应当与员工签订无固定期限劳动合同。（相关内容参考《劳动法》有关规定）

案例阅读与分析

2014 年 8 月 1 日，聂某与某公司建立劳动关系。2021 年 6 月 25 日，聂某向公司发送退伙及停薪留职申请，其中载明"保留普通员工身份"。2021 年 9 月 7 日，聂某向公司法定代表人提出解除劳动合同，公司未予以回应。2021 年 12 月 13 日，公司同意聂某提出的辞职申请，同意双方解除劳动关系。聂某认为公司违法解除劳动合同，要求公司支付赔偿金 56.76 万元。

问题：你认为，本案中法院会支持聂某的诉求吗？

第四节　劳动合同管理（三）

一、劳动合同的终止

劳动合同终止是指终止劳动合同的法律效力。《劳动法》规定，劳动合同期满或者当事人约定的劳动合同终止条件出现，劳动合同即行终止。根据这一规定和终止劳动合同的实际情况，有下列情形之一的，劳动合同即行终止：①劳动合同期限届满；②企业宣告破产或者依法解散、关闭、撤销；③劳动者被开除、除名或因违纪被辞退；④劳动者完全丧失劳动能力或者死亡；⑤劳动者达到退休年龄；⑥法律、法规规定的其他情况。

视野拓展
单位不能终止劳动合同的情况

二、违反劳动合同的赔偿责任

（1）用人单位违反《劳动法》有关劳动合同的规定，应承担以下赔偿责任：①用人单位故意拖延不订立劳动合同的，即招用员工后故意不按规定与员工订立劳动合同以及劳动合同到期后故意不及时续订劳动合同的；②由于用人单位的原因订立无效劳动合同，或订立部分无效劳动合同的；③用人单位违反规定或劳动合同的约定，侵害女职工或未成年工合法权益的；④用人单位违反规定或劳动合同的约定，解除劳动合同的。

（2）用人单位有上述情形之一，对劳动者造成侵害的，应按下列规定赔偿劳动者损失：①造成劳动者工资收入损失的，应按劳动者本人应得工资收入支付给劳动者，并加付应得工资收入25%的赔偿费用；②造成劳动者劳动保护待遇损失的，应按国家规定补足劳动者的劳动保护津贴和用品；③造成劳动者工伤、医疗待遇损失的，除按国家规定为劳动者提供工伤、医疗待遇外，还应支付劳动者相当于医疗费用25%的赔偿费用；④造成女职工和未成年工身体健康损害的，除按国家规定提供治疗期间的医疗待遇外，还应支付相当于其医疗费用25%的赔偿费用；⑤劳动合同约

微课堂
劳动合同效力优于单位规章制度吗？

定的其他赔偿费用。

（3）劳动者违反《劳动法》有关劳动合同的规定或劳动合同的约定，解除劳动合同，对用人单位造成损失的，劳动者应赔偿用人单位下列损失：①用人单位招收录用其所支付的费用；②用人单位为其支付的培训费用，双方另有约定的按约定办理；③对生产、经营和工作造成的直接经济损失，应赔偿相应的损失；④劳动合同约定的其他赔偿费用。劳动者违反劳动合同中约定的保密事项，对用人单位造成经济损失的，按《反不正当竞争法》的规定支付用人单位赔偿费用。

（4）连带赔偿责任。用人单位招用尚未解除劳动合同的劳动者，对原用人单位造成经济损失的，除该劳动者承担直接赔偿责任外，该用人单位应当承担连带赔偿责任。其连带赔偿的份额应不低于对原用人单位造成的经济损失总额的 70%。劳动者应向原用人单位赔偿下列损失：①对生产、经营和工作造成的直接经济损失；②赔偿因获取商业秘密给原用人单位造成的经济损失，按《反不正当竞争法》的规定执行。

📚 案例阅读与分析

2021 年 2 月，孟女士担任广州某化妆品公司北京销售部的业务经理，并与该公司签订了劳动合同，劳动合同中将产品研发和客户名单等规定为商业秘密，并按照泄密程度和造成经济损失的情况规定了赔偿责任。孟女士于 2024 年 2 月向公司书面提出将一个月后离职。公司在此之前已经发现，孟女士在进行一个重要项目谈判时，有泄露客户名单等商业秘密的情况，因此向她发出了不同意解除劳动合同的书面通知。但孟女士仍于次月自行离职。该公司以其擅自离职和泄露商业秘密，给公司造成经济损失为由提起仲裁，请求确认孟女士单方面解除劳动合同无效。

问题：结合前面所学知识，预测该公司提起仲裁的结果。孟女士单方面解除劳动合同应具备哪些条件？

三、集体合同

《集体合同规定》自 2004 年 5 月 1 日起施行。该规定所称集体合同，是指用人单位与本单位职工根据法律、法规、规章的规定，就劳动报酬、工作时间、休息休假、劳动安全卫生、职业培训、保险福利等事项，通过集体协商签订的书面协议；所称专项集体合同，是指用人单位与本单位职工根据法律、法规、规章的规定，就集体协商的某项内容签订的专项书面协议。

1. 集体合同的特征

在我国，集体合同具有以下特征。①集体合同当事人一方是企业或事业组织工会或职工代表，另一方是企业或事业组织；②集体合同内容是职工集体劳动事项，包括劳动报酬、工作时间、休息休假、劳动安全、卫生、保险福利等事项；③集体合同是要式合同，报送劳动行政部门登记、审查、备案，方为有效；④集体合同适用于企业或事业组织及其工会和全体职工；⑤集体合同的效力高于劳动合同，劳动合同规定的职工个人劳动条件和劳动报酬等标准不得低于集体合同的规定。

2. 集体合同的订立、履行、变更、解除和终止

集体合同订立是指企业或实行企业化管理的事业组织与其工会或职工代表之间，就职工集体劳动事项经过协商一致，设立集体合同关系的法律行为。《劳动法》规定，集体合同由工会代表职工与企业签订；没有建立工会的企业，由职工推举的代表与企业签订。订立集体合同时应当遵循以下原则。①遵守法律、法规、规章及国家有关规定。集体合同的当事人、内容、期限、形式、签订程序，必须符合法律、法规的规定。②相互尊重，平等协商。③诚实守信，公平合作。④兼顾双方合法权益。⑤不得采取过激行为。

根据《劳动法》《集体合同规定》的规定，集体合同内容包括：劳动报酬；工作时间；休息休假；劳动安全卫生；补充保险和福利；女职工和未成年工特殊保护；职业技能培训；劳动合同管理；奖惩；裁员；集体合同期限；变更、解除集体合同的程序；履行集体合同发生争议时的协商处理办法；违反集体合同的责任；双方认为应当协商的其他内容。

《集体合同规定》规定，集体合同期限一般为 1 至 3 年，订立集体合同应按下列程序进行：①集体协商。所谓集体协商，是指企事业工会或职工代表与相应的企事业代表，为签订集体合同进行商谈的行为。②讨论、通过集体合同。集体协商双方代表分别或共同组织集体合同起草委员会或小组，在广泛调查研究、征求职工意见的基础上拟定集体合同草案。③报送审查。集体合同签字后，在 7 日内由企业或事业组织一方将集体合同（一式三份）及说明书报送劳动行政部门登记、审查、备案。④公布集体合同文本。劳动行政部门自收到集体合同文本之日起 15 日内未提出异议的，集体合同即行生效。经劳动行政部门审查的集体合同，双方应及时以适当的形式向各自代表的全体成员公布。

履行集体合同应当遵循以下三项原则：①全面履行原则。双方当事人必须按照集体合同规定的条件全面履行自己承担的各项义务并且行使各项权利。②相互监督原则。双方当事人相互监督对方履行集体合同规定的义务和正确行使各项权利。③协作履行原则。双方当事人协作、保证集体合同履行。

在集体合同有效期限内，有下列情形之一的，允许变更或解除集体合同：①经双方当事人协商同意；②订立集体合同依据的法律、法规已经修改或废止；③因不可抗力等原因致使集体合同部分或全部不能履行；④企业转产、停产、破产、被兼并，致使集体合同无法履行；⑤工会组织被依法撤销。

变更或解除集体合同的程序是：①提出变更或解除集体合同的要求。集体合同的任何一方均可提出变更或解除集体合同的要求。②双方协商并达成变更或解除集体合同书面协议。③审议通过变更或解除集体合同书面协议。由职工代表大会或职工大会审议、通过变更或解除集体合同书面协议。④提交劳动行政部门审议。

集体合同期限届满或双方约定的终止条件出现，集体合同即行终止。

案例阅读与分析

职工张某 2009 年 9 月参加工作，先后在某市运输公司、邮电局等单位任职，2023 年 10 月调到某食品公司工作，2024 年 5 月 17 日不幸摔伤住院，经医院确诊为轻度骨折，需要半年多时间才能痊愈。2024 年 8 月 20 日，公司通知张某 3 个月的医疗期已满，如不能回到公司上班将解除劳动合同。张某提出自己工作了十多年，3 个月医疗期太短，而该公司以张某只在公司

工作不到一年为由，提出张某如不能在8月30日前回到公司上班便解除劳动合同。为此，张某向当地劳动争议仲裁委员会提出申诉，请求劳动争议仲裁委员会依法确定自己应享受的医疗期待遇。劳动争议仲裁委员会受案后，对双方根据实际情况作出调解，公司接受了仲裁调解，给予张某6个月的医疗期。

问题：

（1）该食品公司计算医疗期的方法正确吗？

（2）劳动争议仲裁委员会为什么会作出这样的调解？

第五节　劳动争议的处理

劳动争议是指劳动关系当事人之间因劳动的权利与义务发生分歧而引起的争议，又称为劳动纠纷。其中有的属于既定权利的争议，即因适用《劳动法》和劳动合同、集体合同的既定内容而发生的争议；有的属于要求新的权利而出现的争议，是因制定或变更劳动条件而发生的争议。在现代社会，劳动争议是一种较为普遍的社会现象。正确地处理劳动争议是维护和谐的劳动关系、发挥人力资源潜力的重要内容。

一、劳动争议产生的原因

劳动争议产生的原因十分复杂。根据引起劳动争议的原因不同，可以将劳动争议划分为以下几种。

（1）因用人单位开除、除名、辞退职工和职工辞职、自动离职而产生的劳动争议。开除是用人单位对严重违反劳动纪律，屡教不改，不适合在单位继续工作的劳动者，依法令其脱离本单位的一种最严厉的处分。除名是用人单位对无正当理由经常旷工，经批评教育无效，连续旷工超过15天，或者1年以内累计旷工超过30天的劳动者，依法解除其与本单位劳动关系的一种处分。辞退是用人单位对严重违反劳动纪律、规章、规程或严重扰乱社会秩序但又不符合开除、除名条件的劳动者，经教育或处分仍然无效后，依法与其解除劳动关系的一种处分。辞职是劳动者辞去原职务，离开原用人单位的一种行为。自动离职是劳动者自行离开原工作岗位，并自行脱离原工作单位的一种行为。上述情况均导致劳动关系终止，也是产生劳动争议的重要原因。

（2）因执行国家有关工资、保险、福利、培训、劳动保护等的规定而产生的劳动争议。工资是劳动者付出劳动后应得的劳动报酬。保险主要是指工伤、生育、失业、养老、病假待遇、死亡丧葬抚恤等社会保险。福利是指用人单位用于补助职工及其家属和举办集体福利事业的费用。培训是指职工在职期间所接受的职业技术培训。劳动保护是指为保障劳动者在劳动过程中获得适宜的劳动条件而采取的各种劳动保护措施。由于上述事项涉及劳动者的切身利益，不仅容易发生纠纷，而且容易导致矛盾激化。

（3）因劳动合同而产生的劳动争议。劳动合同纠纷在劳动合同的订立、履行、变更和解除过程中都可能发生。具体体现在以下几个方面：一是由于劳动关系双方没有订立劳动合同，遇到问题时各自从自己的利益出发，导致劳动争议。二是虽有劳动合同，但劳动合同订立得过于笼统，不能具体界定双方的责、权、利。三是订立的劳动合同不合理或已不适应新形势，使一方或双方不能接受。四是双方对劳动合同的理解有差异，引起争执；当然也有一方不承认劳动合同、法规的约束，提出无理要求从而引发劳动争议的。

（4）法律、法规规定的其他劳动争议。

案例阅读与分析

孙先生供职于 H 国的一家公司。该公司在孙先生入职之后，就送其到 H 国总部接受半年培训，孙先生的来往费用、在 H 国的生活费用以及在 H 国购买的保险，公司总计花费了 12 万元。孙先生出国前，公司与其签订了关于服务期的合同，约定孙先生回国后，须为公司服务满 5 年，如果提前无正当理由解约，孙先生应当向公司支付违约金 12 万元，逐年递减（每年递减 2 万元）。结果孙先生回国不到半年，就向公司提出解除劳动合同的请求。

问题：在上述情况下，依照《劳动合同法》的规定，判断一下孙先生的行为是不是一种违约行为，是否需要赔偿公司违约金。如果需要，应该赔偿多少违约金。

二、劳动争议的常见类型

按不同划分标准，劳动争议有不同的分类。

（1）按劳动者人数的不同，劳动争议可分为个人劳动争议和集体劳动争议。个人劳动争议是指劳动者个人与其所在用人单位发生的劳动争议。集体劳动争议是指劳动者（3 人或 3 人以上）与其所在用人单位发生的有共同申诉理由的劳动争议。

（2）按合同类型的不同，劳动争议可分为劳动合同争议和集体合同争议。劳动合同争议是指因确认劳动合同效力和履行劳动合同发生的争议；集体合同争议是指因订立、履行集体合同发生的争议。

（3）按争议内容的不同，劳动争议可分为：因开除、除名、辞退职工和职工辞职、自动离职发生的争议；因执行国家有关工时、工资、保险、福利、培训、劳动保护的规定发生的争议；因履行劳动合同、集体合同发生的争议；法律、法规规定的其他劳动争议。

微课堂
劳动纠纷和争议
案例分析

三、劳动争议处理机构

劳动争议处理机构有以下几类。

1. 劳动争议调解委员会

劳动争议调解委员会是指依法成立的调解本单位发生的劳动争议的群众性组织。《劳动法》规定，在用人单位内，可以设立劳动争议调解委员会。劳动争议调解委员会由职工代表、用人单位代表和工会代表组成。职工代表由职工代表大会选举产生；用人单位代表由法定代表人指定；工会代表由工会委员会指定。劳动争议调解委员会组成人数由职工代表大会提出并与用人单位法定代表人协商确定，用人单位代表的人数不得超过劳动争议调解委员会成员总数的1/3。《劳动法》规定，劳动争议调解委员会主任由工会代表担任。劳动争议调解委员会的办事机构设在工会委员会。没有建立工会组织的用人单位，劳动争议调解委员会的设立及其组成由职工代表和用人单位代表协商决定。劳动争议调解委员会的职责：一是调解本单位内发生的劳动争议；二是检查督促争议双方当事人履行调解协议；三是对职工进行劳动法律、法规的宣传教育，做好劳动争议的预防工作。

2. 劳动争议仲裁委员会

劳动争议仲裁委员会（以下简称仲裁委员会）是指依法成立的行使劳动争议仲裁权的劳动争议处理机构。《劳动法》规定：劳动争议仲裁委员会由劳动行政部门代表、同级工会代表、用人单位方面的代表组成。其中用人单位方面的代表是指政府指定的经济综合管理部门或者有关社会团体即企业家协会的代表。仲裁委员会委员由组成仲裁委员会的三方组织各自选派。仲裁委员会组成人数必须是单数。仲裁委员会设主任1人，副主任1至2人。《劳动法》规定，仲裁委员会主任由劳动行政部门代表担任。副主任由仲裁委员会委员协商产生。

劳动行政部门的劳动争议处理机构为仲裁委员会的办事机构。仲裁委员会办事机构在仲裁委员会领导下，负责劳动争议处理的日常工作，其主要职责：一是承办处理劳动争议案件的日常工作；二是根据仲裁委员会的授权，负责管理仲裁员，组成仲裁庭；三是管理仲裁委员会的文书、档案、印鉴；四是负责劳动争议及其处理方面的法律、法规及政策咨询；五是向仲裁委员会汇报、请示工作；六是办理仲裁委员会授权或交办的其他事项。

仲裁委员会处理劳动争议，实行仲裁员、仲裁庭制度。

仲裁员包括专职仲裁员和兼职仲裁员。专职仲裁员由仲裁委员会从劳动行政部门专门从事劳动争议处理工作的人员中聘任。兼职仲裁员由仲裁委员会从劳动行政部门或其他行政部门的人员、工会工作者、专家、学者和律师中聘任。仲裁员资格经省级以上的劳动行政部门考核认定。只有取得仲裁员资格的人员方可在一个仲裁委员会担任专职或兼职仲裁员。兼职仲裁员与专职仲裁员在执行仲裁公务时享有同等权利。

仲裁庭在仲裁委员会领导下处理劳动争议案件，实行"一案一庭"制。仲裁庭由1名首席仲裁员、2名仲裁员组成。首席仲裁员由仲裁委员会负责人或授权其办事机构负责人指定，另2名仲裁员由仲裁委员会授权其办事机构负责人指定或由当事人各选1名。简单案件，仲裁委员会可以指定1名仲裁员单独处理。仲裁庭的书记员由仲裁委员会办事机构指定，负责仲裁庭的记录工作，并承办与仲裁庭有关的具体事项。

3. 人民法院

人民法院是指行使审判权的审判机关。劳动争议案件由人民法院的民事审判庭受理，若对仲裁裁决不服，应在15日内向人民法院起诉，过期人民法院将不再受理。

四、劳动争议处理的原则

劳动争议处理应遵循以下原则。

（1）合法原则。以事实为依据、以法律为准绳是我国法律制度的基本原则，组织处理劳动争议是一项政策性很强的工作，既不能主观臆断，更不能徇私枉法。

（2）公平公正原则。依法维护劳动争议双方当事人的合法权益体现了当事人适用法律上一律平等的原则。用人单位与劳动者在申请调解、仲裁和诉讼时，在参加调解、仲裁、诉讼活动时都享有同等的权利。为了实现公平公正原则，劳动争议处理实行回避制度。

（3）调解原则。《劳动法》规定，劳动争议发生后，首先当事人可以向本单位劳动争议调解委员会申请调解，调解不成再申请仲裁，对仲裁不服可以起诉。而且《劳动法》还规定，调解原则适用于仲裁和诉讼程序。

（4）及时处理原则。一旦发生劳动争议，当事人双方应及时进行协商，协商不成的应及时向劳动争议处理机构申请处理。劳动争议处理机构也应对申请处理的劳动争议案件，依据法律、法规所规定的时限，抓紧审查和作出处理决定，保证按时结案。另外，当事人不履行劳动争议案件的处理结果，要及时解决，以保证案件处理的顺利进行及处理结果的最终落实。

问与答

问：离职的员工重新应聘进公司，如何约定试用期？

答：同一单位与同一劳动者只能约定一次试用期，因此不能再约定试用期。

问：如果签订 3 年的劳动合同，试用期 3 个月合适吗？

答：依《劳动合同法》，可以约定 3 个月试用期。

问：员工自动离职可以暂扣员工的工资吗？

答：员工没有进行工作交接，可以缓发工资。但建议依规章制度终止劳动关系，以规避其他风险。

五、劳动争议处理的程序

《劳动法》规定，用人单位与劳动者发生劳动争议，当事人可以依法申请调解、仲裁、提起诉讼，也可以协商解决。劳动争议发生后，当事人应当协商解决，不愿协商或者协商不成的，可以向本单位劳动争议调解委员会申请调解；调解不成，当事人一方要求仲裁的，可以向劳动争议仲裁委员会申请仲裁。当事人一方也可以直接向劳动争议仲裁委员会申请仲裁。对仲裁裁决不服的，可以向人民法院提起诉讼。根据这些规定，劳动争议处理程序可分为协商、调解、仲裁、诉讼等四个阶段。

1. 协商

协商是指发生劳动争议的双方当事人在尊重事实、明辨是非、依据法律并充分考虑对方利益的情况下，通过谈判、磋商，在双方达成共识的基础上解决纠纷的一种形式。协商的前提是双方自愿，协商的基础是取得一致意见。未达成协商协议的叫协商不成。协商不是处理劳动争议的必经程序。不愿协商的，可以申请调解。

2. 调解

劳动争议发生后，当事人不愿协商或者协商不成的，可以向本单位劳动争议调解委员会申请调解，劳动争议调解是处理劳动争议的基本方式。调解并不是处理劳动争议的必需程序，当事人任何一方不愿调解的，可以直接向有管辖权的劳动争议仲裁委员会申请仲裁。当事人申请调解，应当自知道或应当知道其权利被侵害之日起 30 日内，以口头或书面形式向劳动争议调解委员会提出申请，并填写劳动争议调解申请书。劳动争议调解委员会应在 4 日内作出受理或不受理申请的决定，对不受理的，应向申请人说明理由。劳动争议调解委员会调解劳动争议，应当自当事人申请调解之日起 30 日内结束；到期未结束的，视为调解不成。经调解达成协议的，制作调解协议书，双方当事人应当自觉履行。

3. 仲裁

调解不成的，劳动争议的当事人可以向劳动争议仲裁委员会申请仲裁。当事人也可以直接向劳动争议仲裁委员会申请仲裁。仲裁是处理劳动争议的必经程序。劳动仲裁是指劳动争议仲裁委员会为解决劳动争议而作出裁决的执法活动。劳动仲裁的全过程简述如下。

（1）当事人申请。《劳动法》规定，提出仲裁要求的一方应当自劳动争议发生之日起 60 日内向劳动争议仲裁委员会提出书面申请。若劳动争议当事人向劳动争议调解委员会申请调解，从当事人提出申请之日起，仲裁申诉时效中止，劳动争议调解委员会应当在 30 日内结束调解，即中止期间最长不超过 30 日。自结束调解之日起，当事人的申请仲裁时效继续计算。调解超过 30 日的，申诉时效从 30 日之后的第一天继续计算。当事人因不可抗力或者有其他正当理由超过规定的申请仲裁时效的，劳动争议仲裁委员会应当受理。当事人向劳动争议仲裁委员会申请仲裁，应当提交申诉书，并按照被诉人数提交副本。当事人可以委托 1 至 2 名律师或者其他人代理参加仲裁活动。无民事行为能力的和限制民事行为能力的职工或者死亡的职工，可以由其法定代理人代为参加仲裁活动；没有法定代理人的，由仲裁委员会为其指定代理人代为参加仲裁活动。

（2）案件受理。《劳动争议调解仲裁法》规定，劳动争议仲裁委员会应当自收到申诉书之日起 5 日内作出受理或者不予受理的决定。劳动争议仲裁委员会决定受理的，应当自作出决定之日起 5 日内将申诉书的副本送达被诉人，并组成仲裁庭；决定不予受理的，应当说明理由。被诉人应当自收到申诉书副本之日起 10 日内提交答辩书和有关证据。被诉人没有按时提交或者不提交答辩的，不影响案件的审理。

（3）案件审理。若劳动争议仲裁委员会决定受理劳动争议案件，应自立案之日起 5 日内组成仲裁庭。仲裁庭审理劳动争议案件，应于开庭 5 日前，将仲裁庭组成人员、开庭时间、开庭地点的书面通知送达双方当事人。当事人接到通知，无正当理由拒不到庭的，或在开庭期间未经仲裁庭同意自行退庭的，对申诉人按撤诉处理，对被诉人作缺席裁决。仲裁庭处理劳动争议应当先行调解，促使当事人双方自愿达成协议。调解达成协议的，仲裁庭应当根据达成协议的内容制作调解书，调解书自送达之日起具有法律效力。调解未达成协议或者调解书送达前当事人反悔的，仲裁庭应当及时作出裁决。仲裁庭作出裁决后，应当制作裁决书，送达双方当事人。《劳动法》规定，仲裁裁决一般应在收到仲裁申请的 60 日内作出。对仲裁裁决无异议的，当事人必须履行。

4. 诉讼

《劳动法》规定：劳动争议当事人对仲裁裁决不服的，可以自收到仲裁裁决书之日起 15 日内向人民法院提起诉讼。一方当事人在法定期限内不起诉又不履行仲裁裁决的，另一方当事人可以申请人民法院强制执行。劳动争议诉讼是法院通过司法程序解决劳动争议的手段。诉讼的最大特点在于它的权威性，双方当事人必须履行生效的法律文书。

六、特殊劳动争议处理

（1）集体合同争议的协调处理。根据《劳动法》的规定，因签订集体合同发生争议，当事人协商解决不成的，当地人民政府劳动行政部门可以组织有关各方协调处理。因履行集体合同发生争议，当事人协商解决不成的，可以向劳动争议仲裁委员会申请仲裁；对仲裁不服的，可以自收到仲裁裁决书之日起 15 日内向人民法院提起诉讼。

（2）女职工劳动权益受到侵害发生的劳动争议的处理。女职工劳动权益受到侵害发生的争议，按照《妇女权益保障法》的规定，当事人有权要求有关部门处理，或向妇联等妇女组织机构进行投诉。

本章小结

劳动关系是指劳动者与用人单位在实现劳动的过程中发生的社会关系，是指国家劳动法律法规规范的劳动法律关系，即双方当事人是被一定的劳动法律规范所规定和确认的，双方当事人的权利和义务是联系在一起的，其权利和义务的实现，是由国家强制力来保障的。劳动法律关系中的劳动者一方必须加入另一方的用人单位，成为该单位的成员，并参加单位的生产劳动，遵守单位内部的劳动规则；用人单位一方则必须按照劳动者的劳动数量或质量给付其报酬，提供工作条件，并不断提高劳动者的物质文化生活水平。

劳动合同是指劳动者与用人单位之间确立劳动关系、明确双方权利和义务的协议。其条款主要包括用人单位的名称、住所和法定代表人或者主要负责人的姓名，劳动者的姓名、住址和居民身份证或者其他有效身份证件号码，劳动合同期限，工作内容和工作地点，工作时间和休息休假，劳动报酬，社会保险，劳动保护、劳动条件和职业危害防护，以及法律、法规规定应当纳入劳动合同的其他事项。订立和变更劳动合同，应当遵循平等自愿、协商一致的原则，不得违反有关法律、法规的规定。

劳动争议是指劳动关系当事人之间因劳动的权利与义务发生分歧而引起的争议。其中有的属于既定权利的争议，即因适用《劳动法》和劳动合同、集体合同的既定内容而发生的争议；有的属于要求新的权利而出现的争议，是因制定或变更劳动条件而发生的争议。在现代社会，劳动争议是一种较为普遍的社会现象。正确地处理劳动争议是维护和谐的劳动关系、发挥人力资源潜力的重要内容。

练习题

一、名词解释

劳动关系　工会　　　劳动者　劳动争议　　劳动争议仲裁制度　劳动争议诉讼制度
社会保险　养老保险　　工伤保险

二、单项选择题

1. 受到国家法律规范调整和保护的用人单位与劳动者之间以权利与义务为内容的是（　　）。

    A．双务关系　　　　B．双方行为　　　　C．劳动关系　　　　D．生产关系

2. 由劳动关系双方派出代表，组成一定的机构，就双方有关问题进行讨论、协商，达成一致意见，实现劳动关系的改善和发展的劳动关系协调方法是（　　）。

    A．会议协调法　　B．组织协调法　　　C．信息沟通法　　　D．法律协调法

3. 双方当事人在签订劳动合同时，应根据实际情况，实事求是，劳动合同的内容应科学合理的原则称为（　　）。

    A．协商一致原则　B．合法原则　　　　C．科学原则　　　　D．平等自愿原则

4. 职工王某2007年4月1日在甲公司参加工作，2019年4月1日调入乙公司工作。2020年5月1日王某患重病需住院治疗，他的医疗期应该是（　　）。

    A．3个月　　　　　B．4个月　　　　　C．5个月　　　　　D．6个月

5. 履行集体合同应当遵循双方当事人必须按照集体合同规定的条件履行自己承担的各项义务并行使各项权利的原则称为（　　）。

    A．协作履行原则　B．相互监督原则　　C．全面履行原则　　D．自觉履行原则

6. 关于集体合同，表述正确的是（　　）。

    A．我国劳动立法规定集体合同的期限为1～5年

    B．集体合同以双方代表的签字日期为生效日期

    C．我国的集体合同以行业集体合同为主导体制

    D．集体合同协商代表双方人数对等，各方为3～10名，并确定一名首席代表

7. 劳动关系是指用人单位与劳动者在（　　）中所发生的关系。

    A．生产过程　　　B．劳动过程　　　　C．雇佣过程　　　　D．合作过程

8. 处理劳动争议必须遵循（　　）原则。

    A．调解、及时、合法、平等　　　　　B．调查、及时、依法、平等

    C．调查、受理、调解、处理　　　　　D．申请、受理、调解、处理

9. 向劳动争议仲裁委员会提出书面申请的时效为（　　）。

    A．15日　　　　　B．30日　　　　　C．60日　　　　　D．90日

10. 仲裁裁决书自双方当事人收到之日的（　　）内不向人民法院起诉的，即发生法律效力。

    A．7日　　　　　　B．15日　　　　　C．30日　　　　　D．60日

三、多项选择题

1. 劳动争议的处理原则有（　　）。

    A．着重调解，及时处理　　　　　　　B．在查清事实的基础上依法处理

    C．当事人在适用法律上一律平等　　　D．强制性

    E．维护当事人的利益

2. 在（　　），用人单位不得解除劳动合同。

    A．劳动者患职业病或者因工负伤并被确认丧失或部分丧失劳动能力的条件下

    B．劳动者患病或者负伤，在规定的医疗期内

    C．女职工孕期、产期内

    D．用人单位濒临破产的情况下

    E．法律法规规定的其他情况下

3. 企业劳动争议调解委员会调解与劳动争议仲裁委员会、人民法院处理劳动争议时的调解的区别有（　　）。

    A．在劳动争议处理中的地位不同   B．主持调解的主体不同

    C．调解的对象不同   D．调解案件的范围不同

    E．调解的效力不同

4. 订立集体合同应遵循的原则是（　　）。

    A．只维护集体的利益   B．内容合法

    C．相互尊重，平等协商   D．兼顾双方合法权益

    E．诚实守信，公平合作

5. 劳动争议的预防措施有（　　）。

    A．强化劳动关系当事人的劳动法治观念

    B．强化对劳动法律、法规执行情况的监督检查

    C．强化对劳动合同、集体合同的管理

    D．强化和完善企业的民主管理体制

    E．完善我国的劳动法律法规

6. 劳动合同无效是由（　　）认定的。

    A．当事人双方   B．劳动行政机关

    C．劳动争议仲裁委员会   D．人民法院

    E．劳动争议调解委员会

7. 集体合同的内容一般包括（　　）。

    A．劳动报酬   B．一般性规定   C．休息休假

    D．劳动安全卫生   E．其他规定

8. 集体合同订立的主要步骤有（　　）。

    A．拟定集体合同草案   B．协商准备

    C．讨论   D．审议

    E．签字

9. 企业劳动争议调解委员会的组成成员包括（　　）。

    A．职工代表   B．工会代表

    C．劳动行政部门代表   D．用人单位代表

    E．仲裁委员会的办事机构

10. 企业劳动争议调解委员会调解的程序包括（　　）。

    A．申请和受理   B．案件仲裁准备

  C．开庭审理和裁决   D．仲裁文书的送达

  E．劳动争议当事人履行协议

11．劳动争议按争议的标的划分为（ ）。

  A．权利争议   B．劳动合同争议

  C．利益争议   D．劳动报酬争议

  E．关于劳动安全卫生、工作时间、休息休假、保险福利而发生的争议

12．集体合同制度在协调劳动关系中处于重要地位，其意义表现在（ ）。

  A．有利于协调劳动关系   B．加强企业的民主管理

  C．维护职工合法权益   D．弥补劳动法律法规的不足

  E．维护集体利益

13．集体合同的特征有（ ）。

  A．集体合同是规定劳动关系的协议

  B．集体合同是要式合同

  C．工会或劳动者代表职工一方与企业或事业组织签订

  D．集体合同是定期的书面合同，其生效需经特定程序

  E．集体合同具有法律约束性

四、改错题

  1．集体合同均为定期集体合同，我国劳动法律法规规定：集体合同的期限为 3～5 年。劳动者一方的签约人，法定为基层工会委员会；用人单位一方的签约人，法定为用人单位行政机关，即法定代表人。集体合同各方协商代表的人数对等，各方为 3～10 人，并确定一名首席代表。记录员在协商代表中产生，集体合同草案经讨论修订并提交职工代表大会或职工会议审议通过后，所有协商代表要在经过审议通过的集体合同文本上签字。

  2．由企业一方将签字的集体合同文本（一式三份）及说明材料，在集体合同签订后的 7 日内报送县级以上政府劳动行政部门审查。劳动行政部门在收到集体合同后的 20 日内将审核意见书送达，集体合同的生效日期以审核意见书确认的日期为准。若集体合同经劳动行政部门审核认定存在无效条款或部分无效条款，签约双方应在 30 日内对其进行修改并重新报送审核。

  问题：

  试指出上述描述中存在的 5 个错误的地方，并予以改正。

五、简答题

  1．劳动关系的含义是什么？它有哪些特征？

  2．处理劳动关系的基本原则有哪些？

  3．劳动合同包括哪些内容？

  4．劳动合同变更、解除、终止的条件分别是什么？

  5．集体合同的概念和特征是什么？

  6．劳动争议处理的程序是什么？

六、案例分析题

【案例一】

北京某食品公司因赶制中秋月饼，连续 3 天每天延长职工工作时间 2 小时，谢某日工资标准为 160 元/天，小时工资标准为 20 元/小时，公司每天支付给谢某加班工资 20 元，3 天共计 60 元。谢某认为公司付给自己的加班工资不对，要求按不低于工资报酬的 150%发给其加班工资，而公司劳资科则认为，3 天共发给谢某 60 元加班工资是符合《劳动法》规定的，其计算办法为 20×2×150%=60（元），扣除已发给谢某 2 小时的标准工资 40 元外，每天应发给谢某 20 元的加班工资。对此，双方意见不一。

思考讨论：该公司劳资科的计算对不对？为什么？

【案例二】

谭谈 20×2 年 6 月与大华科技公司签订了为期 3 年的劳动合同。合同期间，大华科技公司为了研制新项目派谭谈外出培训半年，当时双方书面约定，在谭谈培训期间合同中止履行，待谭谈培训结束后继续履行，合同期按谭谈培训时间顺延。20×5 年 12 月 31 日，按顺延时间劳动合同期满。公司提出要与谭谈续签劳动合同，谭谈不同意。公司提出若不续签劳动合同，谭谈就必须退还公司为其支付的培训费 20 000 元，否则不办理终止劳动关系手续。为此谭谈向当地劳动争议仲裁委员会提出申诉，请求该公司为其办理终止劳动关系的手续。仲裁委员会受理后，经调查谭谈与该公司所签劳动合同按协议已到期，谭谈不愿意续订劳动合同，要求终止劳动关系的请求是正当的，公司应予以支持。经调解，公司放弃了索要培训费的要求，为谭谈办理了终止劳动关系的手续。

思考讨论：在此案例中，大华科技公司的要求是否正确？为什么？公司的权益应如何保护呢？

【案例三】

陈雄是广州市城镇居民，2006 年 4 月 1 日到光明饮料厂工作。陈雄入职后，光明饮料厂一直未与其签订劳动合同。2019 年 7 月，光明饮料厂在为陈雄办理社会保险手续时，将陈雄参加工作的时间写成 2018 年 7 月，并把陈雄作为临时工，根据光明饮料厂提供的材料，广州市社会保险基金管理中心便将陈雄列入外地临时工的类别，养老保险的缴费日期从 2018 年 7 月开始。2020 年 11 月 15 日，光明饮料厂以"厂经营情况变更"为由书面通知陈雄解除劳动关系。陈雄对光明饮料厂未为其缴纳 2018 年 7 月前的养老保险费的做法不服，向劳动争议仲裁委员会申请仲裁，要求光明饮料厂补缴其 2018 年 7 月前的养老保险费，并赔偿其失业后不能享受失业保险待遇造成的损失。

劳动争议仲裁委员会经审理后认为：申诉人在职期间，虽然被诉人（光明饮料厂）一直未与其依法签订劳动合同，但双方存在事实劳动关系，被诉人在 2019 年 7 月为申诉人办理社会保险登记时，擅自更改申诉人城镇居民的身份，将申诉人列入外地临时工的类别。同时，由于被诉人未为申诉人办理失业保险，造成申诉人失业后不能享受失业保险待遇。经调解无效后，劳动争议仲裁委员会根据相关规定，裁决被诉人为申诉人补办 2006 年 4 月至 2018 年 6 月的养老保险费，赔偿申诉人失业保险待遇损失 16 400 元。

思考讨论：（1）在此案例中，劳动争议仲裁委员会的裁决是否正确？为什么？

（2）如果你是该厂人力资源部门的经理，你认为与员工建立劳动关系过程中应该注意些什么问题？

【案例四】

高某被某化肥厂录用，双方签订了为期5年的劳动合同，约定试用期为4个月，待高某转正成为正式员工后再为高某办理各种社会保险。高某在试用期还没有结束时患病住院，治疗一个月后仍未痊愈。住院期间，该化肥厂停发了高某全部工资，并以他在试用期内不适应工作，不符合录用条件为由解除劳动合同。高某不服，遂向当地劳动争议仲裁委员会提出申诉，请求该化肥厂收回解除劳动合同的决定，继续履行合同，并给予其医疗期及相关的社会保险待遇。

思考讨论：

1. 该化肥厂是否应给在试用期的高某办理各种社会保险？

2. 高某在试用期内患病，用人单位是否应给予一定期限的医疗期？

3. 用人单位在高某住院期间，停发其全部工资是否违反有关规定？

4. 该化肥厂可否因高某在试用期内，随意解除劳动合同？

综合实训

一、实训目的

1. 了解企业拟定劳动合同的程序和方法、劳动合同订立和变更的程序、劳动合同解除的程序。

2. 了解企业订立和执行劳动合同中存在的问题。

二、方法步骤

1. 以不同企业作为调研对象，根据所选行业，分小组确定调研的目的和内容。

2. 进行实地调查，对所选择的企业进行走访，了解企业劳动合同订立后的执行情况。

3. 总结企业劳动合同订立、变更和解除的程序和方法。

4. 指出所调查企业在订立和执行劳动合同方面存在的问题。

5. 针对存在的问题，提出具体的解决方法和建议。

三、实训考核

1. 分组时视班级人数确定小组数量，每组人数以5～8人为宜。

2. 小组成员要合理分工，分别搜集不同的内容。

3. 搜集内容和数据之前要统一认识，统一口径，统一判断标准。

4. 依据搜集的资料，进行充分的讨论和分析，小组组长负责调研报告的整理和总结，并由任课教师进行评价。

更新勘误表和配套资料索取示意图

说明 1：本书配套教学资料存于人邮教育社区（www.ryjiaoyu.com），资料下载有教师身份、权限限制（身份、权限需网站后台审批，参见示意图）。

说明 2："用书教师"，是指为学生订购本书的授课教师。

说明 3：本书配套教学资料将不定期更新、完善，新资料会随时上传至人邮教育社区本书相应的页面内。

说明 4：扫描二维码可查看本书现有"更新勘误记录表""意见建议记录表"。如发现本书或配套资料中有需要更新、完善之处，望及时反馈，我们将尽快处理！

咨询邮箱：13051901888@163.com　　咨询电话/微信：13051901888

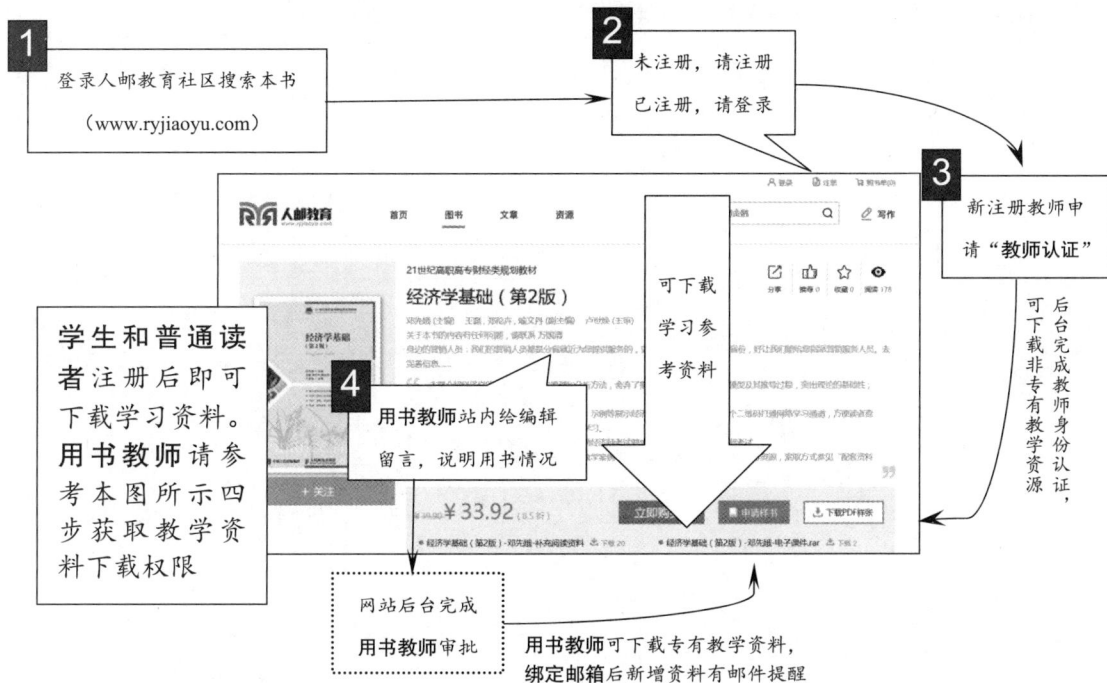

更新勘误及
意见建议
记录表

1 登录人邮教育社区搜索本书
（www.ryjiaoyu.com）

2 未注册，请注册
已注册，请登录

3 新注册教师申请"教师认证"
后台完成教师身份认证，可下载非专有教学资源

学生和普通读者注册后即可下载学习资料。用书教师请参考本图所示四步获取教学资料下载权限

可下载学习参考资料

4 用书教师站内给编辑留言，说明用书情况

网站后台完成用书教师审批

用书教师可下载专有教学资料，绑定邮箱后新增资料有邮件提醒

主要参考文献

[1] 陈维政，程文文，吴继红，2020. 人力资源管理[M]. 5 版. 北京：高等教育出版社.

[2] 董萍，闫娜，2016. 人力资源管理教程[M]. 北京：人民邮电出版社.

[3] 方振邦，周航，2021. 人力资源管理（附微课）[M]. 2 版. 北京：人民邮电出版社.

[4] 樊丽丽，2005. 趣味招聘案例集锦[M]. 北京：中国经济出版社.

[5] 廖泉文，2022. 招聘与录用[M]. 4 版. 北京：中国人民大学出版社.

[6] 诺伊，2022. 雇员培训与开发[M]. 8 版. 徐芳，邵晨，译. 北京：中国人民大学出版社.

[7] 王世英，吴能全，闫晓珍，2008. 培训革命：世界著名公司企业大学的最佳实践[M]. 北京：机械工业出版社.

[8] 张德，2016. 人力资源开发与管理[M]. 5 版. 北京：清华大学出版社.

[9] 张一弛，张正堂，2019. 人力资源管理教程[M]. 3 版. 北京：北京大学出版社.

[10] 赵曙明，2019. 绩效考核与管理：理论、方法、工具、实务（微课版）[M]. 2 版. 北京：人民邮电出版社.

[11] 赵曙明，赵宜萱，2020. 招聘、甄选与录用：理论、方法、实务[M]. 北京：人民邮电出版社.

[12] 周朗天，吴少华，2009. 人力资源管理[M]. 南京：南京大学出版社.